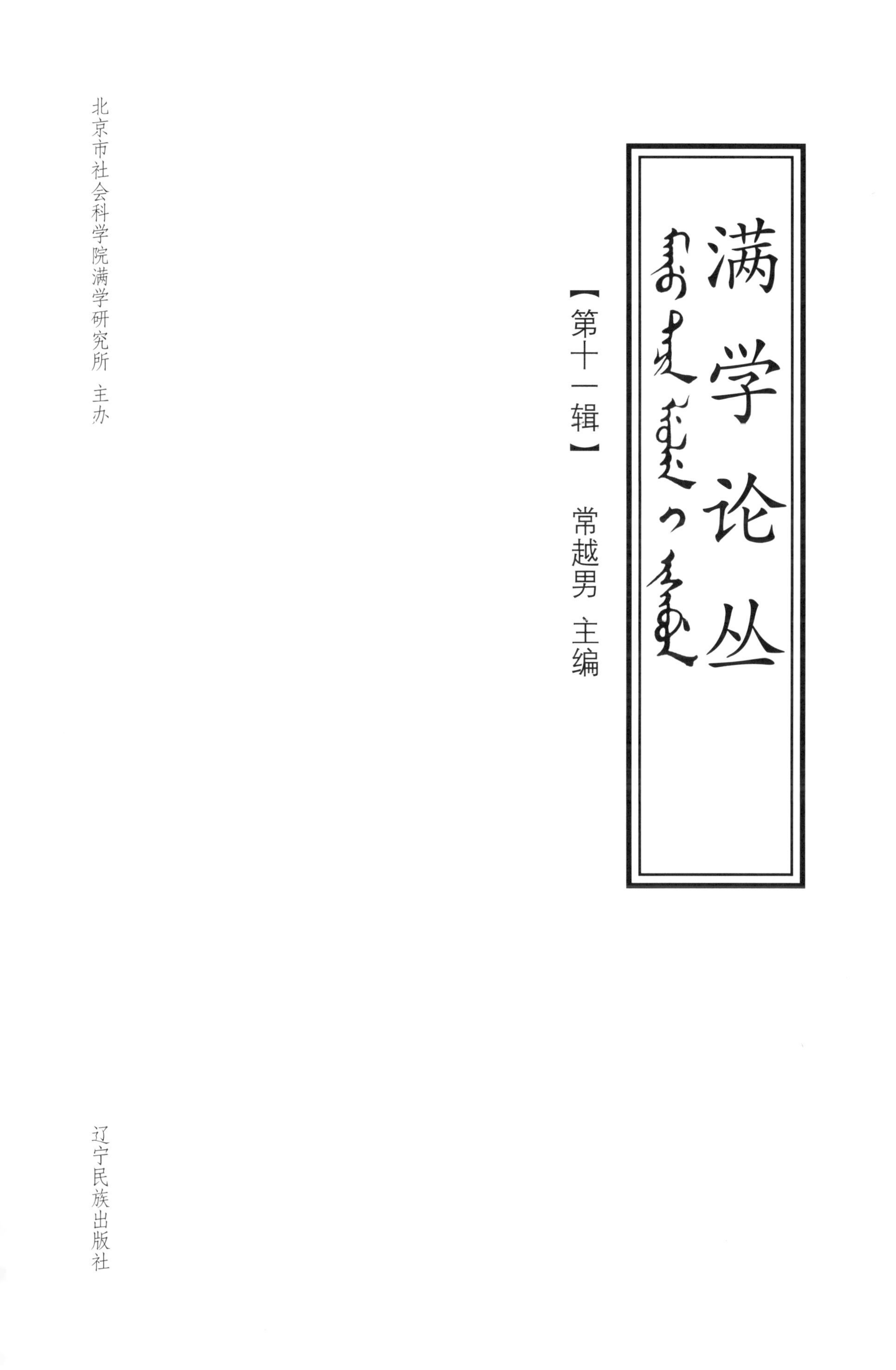

满学论丛

【第十一辑】

常越男 主编

北京市社会科学院满学研究所 主办

辽宁民族出版社

图书在版编目（CIP）数据

满学论丛. 第十一辑 / 常越男主编. —沈阳：辽宁民族出版社，2022.4

ISBN 978-7-5497-2579-3

Ⅰ. ①满… Ⅱ. ①常… Ⅲ. ①满族—民族学—中国—文集 Ⅳ. ①K282.1-53

中国版本图书馆CIP数据核字（2021）第271405号

满学论丛. 第十一辑

MANXUE LUNCONG. DI-SHIYI JI

出版发行者：辽宁民族出版社
地　　址：沈阳市和平区十一纬路25号　邮编：110003
印 刷 者：辽宁鼎籍数码科技有限公司
幅面尺寸：180mm×250mm
印　　张：16.25
字　　数：320千字
出版时间：2022年4月第1版
印刷时间：2022年4月第1次印刷
责任编辑：赵越辉
助理编辑：杜璐珊
封面设计：杜　江
责任校对：王　荷

标准书号：ISBN 978-7-5497-2579-3
定　　价：60.00元

网　　址：www.lnmzcbs.com　邮购热线：024-23284335
淘宝网店：http://lnmz2013.taobao.com
如有印装质量问题，请与出版社联系调换　联系电话：024-23284340

《满学论丛》编辑委员会

目　录

【纪念满学研究所成立30周年专栏】

编者按：

1991年3月，北京市社会科学院（简称北京社科院）成立满学研究所（简称满学所）。30年来，在院领导及学界同仁的支持下，满学研究所依照国家的战略部署，立足北京，着力学科建设，加强国内外学术交流，促进民族团结，取得了丰硕成果。如今，满学已经成为北京市社会科学院一张独具特色的名片。2021年6月20日，本所召开了“纪念满学研究所建所30周年学术座谈会”，来自中国历史研究院、北京大学、中央民族大学、中国第一历史档案馆、北京市社会科学院的专家学者出席会议。会上围绕满学学科理论构建、学术前沿动向、人才队伍建设、《满学论丛》编辑等问题展开深入研讨。本专栏选编部分领导和专家的发言，以飨读者。

继往开来 书写满学研究的新篇章
——在满学研究所成立30周年学术座谈会上的致辞

唐立军

尊敬的各位专家学者：

大家上午好!

今年是中国共产党建党100周年，也是我院学习贯彻习近平总书记建设中国特色新型智库重要论述、加快推进“北京社科”新型高端智库建设关键之年，更是我院深入扎实开展党史学习教育、推动转型发展、开创新局的重要之年，特别是在全国上下喜迎建党100周年之际，我院满学研究所举办成立30周年学术座谈会，具有特殊重要的意义。我们要深入学习贯彻习近平总书记在党史学习教育动员大会上的重要讲话精神，以实际行动践行“学史明理、学史增信、学史崇德、学史力行，学党史、悟思想、办实事、开新局”。学历史、增践悟、通古今、知未来，总结30年的建所经验和实践成果，明确未来发展方向，扎实努力，不懈奋斗，不断把满学研究所建设成为不可替代、有较大影响力的学术科研机构和历史文化基地。

满学研究所是北京市社会科学院14个研究所之一，满学是我院的特色学科。建所30年来的成绩特别是学术成果值得肯定，在学科建设、队伍培养、学术成果和社会影响力上都有厚植积淀。自1991年建所以来，满学研究所已出版《满学论集》（阎崇年）、《满学概论》（赵志强）等满学专著数十部，学术论文数百篇，在满学研究领域产生重要的学术影响力；创办满学辑刊《满学研究》《满学论丛》，荟集海内外满学研究的最新成果；举办全国性、高水平的满学学术研讨会，展示满学研究的最新动态；组织对清代八旗驻防进行学术调研，了解民族政策，增进民族团结。30年来，满学研究所在满学研究领域形成较强的学术影响力，也涌现了阎崇年、赵志强、王灿炽等多位知名学者。

作者系北京市社会科学院党组书记、教授。

满学研究所要持续厚植基础，着眼时代要求，推动创新发展。满学研究要深耕学术、练好内功。满学是研究满族历史、语言、文化、社会及其同中华各族和域外各国文化双向影响的一门学科。作为一门基础学科，满学有着非常鲜明的学术特征。研究中，必须强调史学基本功，利用满文、汉文、蒙古文等多语种历史文献，形成有学术价值的成果。

满学研究要拓宽视野，促进学科融合。满学是社会科学领域的珍珠学科，具有内在属性、文化本源、历史发展、社会交融和时代创新的特性和与其相适应的使命任务。满学研究应着眼于中华文明发展的大历史观和跨文化视野，促进跨学科的学术研究发展。在中华民族共同体、中华文化的视野下，运用历史学、语言学、民族学等方法，从事满族史、满语文、满族文化的研究。同时，加强与国内外的学术交流，凸显满学作为一门国际性学科的特点。

满学研究要面向新时代，展现新思路，产出新成果。满学研究既要有理论探讨，又要有现实关怀。做好满学研究，既要“论从史出”，又要“以史鉴今”。在扎扎实实做好基础研究的前提下，关注“北京”要素，发挥团队优势，加强成果转化，为市委、市政府决策服务，为北京市社会科学院新型高端智库建设贡献力量。

预祝今天的研讨会圆满成功！祝与会专家学者身体健康！

沉潜治学　薪火相传
——满学研究所成立30周年回顾与展望

常越男

北京市社会科学院满学研究所成立于1991年，是全国社科院系统中唯一的专门研究满学的机构，具有显著的北京特色。1991年3月6日，根据北京市委领导同志关于加强对满族历史研究的指示精神，经北京市编制委员会批准，北京市社会科学院院长办公会研究决定，成立满学研究所。同年3月24日，召开了满学研究所成立大会。30年来，满学研究所在几任院领导、所领导的带领下，立足北京，加强满学研究，增进民族团结，联络满学力量，加强信息交流，在满学研究领域具有较强的影响力。以下从学科建设、学术交流、学术成果三个方面进行回顾。

一、学科建设

30年来，满学研究所努力进行学科建设，以学科方向建设、学科基地建设、学术成果建设、学科队伍建设、学术环境建设为主要内容，为满学事业的繁荣发展奠定了坚实的科研基础。

（一）学科方向建设

满学研究所成立之初，对“满学”的界定是“研究满洲历史、语言、文化、社会及其同中华各族和域外各国文化双向影响的一门学科”。在学科建设的过程中，满学研究所的研究领域主要包括满学理论、满族历史和语言、满族文化和宗教、八旗制度和旗人社会、满文档案和文献等。

作者系北京市社会科学院满学研究所所长、研究员。

（二）学科基地建设

满学研究所先后建立了相关学科基地，与国内各高校、研究机构共同研究。如：1993年，建立北京满学会，每年举行一次学术年会，交流信息。2003年，建立北京满学研究中心，以团结海内外满学研究力量，充分发挥团队优势，共同推进满学的繁荣和发展。

（三）学科队伍建设

满学研究所的成员是北京市社会科学院管理下的专职科研人员。目前，满学研究所有在职科研人员9人。建所以来，就职的科研人员总计18人。

二、学术交流

满学研究所在建立时，确定其宗旨为“加强满学研究，增进民族团结，联络满学力量，加强信息交流”。30年来，研究所在满学研究领域积极开展学术交流，有力地推动了满学的繁荣与发展。

（一）举办全国性学术研讨会

满学研究所成立之初，就开始积极筹备召开国际、国内学术会议，促进满学研究成果的交流。经过30年的努力，满学研究所主办的学术研讨会，已经成为中国大陆非常有影响力、有代表性的满学论坛。举办的国际性、全国性大型研讨会有近20次。例如：1992年召开北京满学学术讨论会，来自中国大陆、台湾、香港和日本、美国、韩国、意大利、俄罗斯等国家的满学专家70余人莅会，这是满学研究历史上第一次国际性学术会议，有力地推动了满学的发展。2010年召开“满学：历史与现状国际学术研讨会”，来自中国大陆、台湾和日本、美国的几十位专家学者莅会，交流满学研究的现状。2010—2016年，满学所与北京大学明清研究中心每年举办一次全国性的满学学术研讨会，在学界产生了重要影响。国际性、全国性大型研讨会主要有以下17次：

1. 北京满学学术讨论会。1992年8月15日至17日，满学研究所主办。

2. 第二届国际满学研讨会。1999年8月10日至13日，满学研究所、故宫博物院、沈阳故宫博物院、北京满学会联合主办。

3. 北京国际八旗学术研讨会。2003年7月28日至30日，满学研究所、沈阳故宫博物院、北京满学会、中国紫檀博物馆联合主办。

4. 满学与北京文化国际学术研讨会。2004年8月23日至25日，满学研究所、北京师范大学北京文化发展研究院主办。

5. 第二届中国纳兰性德研究学术研讨会。2006年6月23日至25日，满学研究所、承德民族师专科研处联合主办。

6. 满族文化学术研讨会。2007年11月18日至19日，满学研究所主办。

7. 满族与东北亚历史学术研讨会。2008年11月14日至15日，满学研究所、北京大学明清研究中心联合主办。

8. 纪念满文创制410周年学术研讨会。2009年11月19日至21日，满学研究所、中国第一历史档案馆联合主办。

9. 满学：历史与现状国际学术研讨会。2010年8月30日至9月1日，满学研究所主办。

10. 清代政治制度与民族文化学术研讨会。2010年9月4日至5日，满学研究所、北京大学明清研究中心联合主办。

11. 辛亥革命百年纪念暨晚清社会变革学术研讨会。2011年11月25日至27日，满学研究所、北京大学明清研究中心联合主办。

12. 交流与融合：清代民族文化学术研讨会。2012年11月24日至25日，满学研究所、北京大学明清研究中心联合主办。

13. 北京民族文化学术研讨会。2013年12月27日至29日，满学研究所、北京大学明清研究中心联合主办。

14. 社会转型视角下的明清鼎革学术研讨会。2014年4月25日至28日，满学研究所、北京大学明清研究中心联合主办。

15. 满洲民族共同体及其文化学术研讨会。2015年6月26日至28日，满学研究所、北京大学明清研究中心联合主办。

16. 清朝建立与中国社会学术研讨会。2016年6月17日至19日，满学研究所、北京大学明清研究中心联合主办。

17. 满洲民族文化与历史文献记忆学术研讨会。2018年6月22日至24日，满学研究所主办。

（二）启动“满学工作坊”

2017年，满学研究所启动“满学工作坊”，以学术交流形式，先后邀请中国历史研究院、北京大学、中国人民大学、中央民族大学、中国第一历史档案馆的专家学者进行主题报告，内容涉及满族史、满语文、满文文献等方面。“满学工作坊”目前已经成为北京地区具有一定影响力的满学研究交流平台。截至目前，已经举办了13期主题报告，主题如下：

1. 第一期：满洲民族构建与多元文化交融。
2. 第二期：中国民族关系中的若干理论界定问题。
3. 第三期：北京口述史的研究与体会。
4. 第四期：清代遗迹调查的新成果——与细谷良夫教授同行。
5. 第五期：北京话中的满语借词研究。
6. 第六期：《新编满族大词典》的编纂与满族研究。
7. 第七期：中国第一历史档案馆馆藏档案及其利用——以满蒙古文档案为中心。
8. 第八期：《满文原档》研读心得。
9. 第九期：满文与满文文献。
10. 第十期：大一统与清代制度文化的整合——以国家礼仪为中心。
11. 第十一期：北京大学图书馆馆藏满文古籍概述。
12. 第十二期：明清档案整理刊布的百年回望与学术贡献。
13. 第十三期：谁是包衣——包衣群体特征解析。

（三）举办专题学术座谈会

近几年，满学研究所举办了关于满学学科建设、专业辑刊编辑出版的相关专题座谈会。例如，2019年《满学论丛》（1—8辑）编辑出版座谈会；2020年满学学科建设与研究动态学术座谈会；2021年北京市社会科学院满学研究所建所30周年学术座谈会。专题座谈会围绕满学的学科定位、研究内容、研究方法、辑刊编辑、交流平台、人才队伍等方面，进行了深入探讨。

30年来，满学研究所积极参加海内外有关科研机构或高等院校举办的学术会议。据不完全统计，本所科研人员应邀参加海内外有关学术会议达上百人次，促进了学术交流。2011年，满学研究所与韩国高丽大学民族文化研究院签订学术交流协议。

三、学术成果

据不完全统计，满学研究所的科研人员，迄今共出版学术专著数十部，发表学术论文数百篇。

（一）集体成果

集体研究成果主要有以下6项：

1.《满学研究》（1—7辑），阎崇年主编。

2.《20世纪世界满学著作提要》，阎崇年主编。

3.《满学论丛》（1—10辑），赵志强主编（1—8辑）、常越男主编（9—10辑）。

4.“满学研究丛书”，赵志强主编。目前已出版7部专著，包括：《清代八旗官制与行政》（杜家骥）、《满族书面文学流变》（关纪新）、《满洲认同“法典”与部族双重构建》（徐凯）、《近畿五百里》（定宜庄、邱源媛）、《家国之间：清初满洲八“著姓”研究》（常越男）、《清朝遗迹的调查》（刘小萌）、《满学概论》（赵志强）。

5.《北京民族文化》，赵志强主编。

6.《中华文化认同视域下的满学研究》，常越男主编。

（二）代表性专著

满学研究所科研人员的代表性著作主要有：《努尔哈赤传》（阎崇年）、《北京史地风物书录》（王灿炽）、《北京旗人艺术：岔曲》（金启平）、《清代中央决策机制研究》（赵志强）、《康熙〈御制清文鉴〉研究》（江桥）、《清代考课制度研究》（常越男）、《清初满蒙关系演变研究》（哈斯巴根）、《科尔沁右翼前旗满族婚姻习俗研究》（晓春）、《三家子满语语音研究》（戴光宇）、《北京内城寺庙碑刻志》（第四卷）（关笑晶，第二作者）、《近代北京慈善与公益事业》（杨原，第二作者）等。

（三）科研项目及其他

满学研究所科研人员已主持完成国家社会科学基金项目4项："清初满蒙关系演变研究"（哈斯巴根）、"清代职官管理制度与治官思想"（常越男）、"《满蒙藏嘉戎维语五体字书》研究"（晓春）、"清代北京满文碑刻史料的翻译整理与北京多民族共同体精神研究"（关笑晶）。主持国家社会科学基金重大课题子项目2项，分别是："新疆多民族语言有声调查与数据库建设"的子项目——新疆察布查尔锡伯自治县和霍尔果斯市伊车嘎善锡伯乡锡伯语（赵志强）；"中国满-通古斯语言语料数据库建设及研究"的子项目——赫哲语（戴光宇）。此外，研究人员还承担北京市社会科学基金项目多项。近年来，满学所科研人员在《中国史研究》《近代史研究》《历史档案》《史学月刊》《故宫博物院院刊》《社会科学辑刊》等重要学术刊物上发表了一批高质量的学术论文。

2021年6月20日，北京市社会科学院满学研究所建所30周年学术座谈会在北京召开。来自中国历史研究院、北京大学、中央民族大学和本院的专家学者参加了此次会议。专家一致认为，满学研究所应在重视历史语言文献的基础上，加强对清前史的研究，并在满学视野、旗人文化的视角下，对北京历史文化进行深入发掘。《满学论丛》的编辑，应继续重视论文质量，保持其在满学领域优质学术辑刊的地位。

建所30年，满学研究所老中青三代学者潜心治学、薪火相传。立足新时代，满学所全体同仁将继续发扬前辈学者筚路蓝缕的学术开创精神，不忘学术初心，不辱历史使命，进一步提升研究所的整体学术水平，致力于历史问题、民族问题等研究，贡献于学界和社会。

开创自强　借力四方
——满学研究所成立30周年

阎崇年

尊敬的唐立军书记，尊敬的各位新老同事：

大家好！

我今天发言的题目是《开创自强　借力四方——满学研究所成立30周年》。

20世纪80年代末，我应邀先后赴日本、蒙古人民共和国、美国参加学术交流。其间，我了解到日本的满洲历史和语言研究的现状，也了解到国外蒙古学研究中心的设立情况。我开始思考：满族建立了清朝，人口在全国排第三，总人口1000多万，满洲及其先人有文字记载的历史长达3000多年，清王朝历时268年，其影响所及直到近当代，我们国内是不是应该建立一个满学研究机构——满学研究所？1990年上半年，我写报告给方玄初院长，建议在北京市社会科学院设立满学研究所。因为院里有困难，随后我又写了一封很短的信——《申请在北京市社科院设立满学所的建议》，信的抬头写李志坚（北京市委常委、宣传部部长）同志并请转王光（市委管文宣工作的副书记）暨赵鹏飞（市人大常委会主任）、陆宇澄（分管文化工作的副市长）4位领导的名字，落款写着我的姓名、单位和电话。李志坚同志非常重视此事，经过沟通，做出了批示："请送鹏飞、王光、宇澄、树礼并墀兰同志：我赞成在市社科院下设满学研究所的建议。"后来，高起祥院长到任，安排人事处去编办办理编制的事情，由于当时机构冻结，遇到了困难。随后，我起草一封200多字的申请报告信给李其炎书记。其炎书记认真负责，给予批示同意。我亲自去了市委大楼，从他秘书手里拿到批件，直奔市编办，交给常守连常务副主任。几天后，社科院接到常主任的批示，高院长跟我说："市社科院满学所马上成立，

作者系北京市社会科学院满学研究所前所长、研究员。

任命你为所长；院里人随你挑，第一批别超过9个人，第二批再商量。”

1991年3月6日，北京市社科院颁发红头文件，成立满学研究所，聘任我为第一任所长。满学所建所之初，只有我和徐丹俍先生两个人。后来赵志强从第一历史档案馆调入，我们是3个人。满学所成立后，我跟高院长说：“咱们开个座谈会，向社会宣布满学研究所建立。”他说：“好，你开。”当时社科院经费非常吃紧，我体会院里的难处。于是，5月13日，借市委党校会议室，举行了名为“加强满学研究，增强民族团结”的座谈会。随后，北京市社会科学院满学研究所挂牌，《北京日报》做了报道。6月27日，美联社记者魏梦欣（汉文名）女士来院里采访了我。不久，《纽约时报》刊登北京市社科院满学研究所成立的消息。从此，北京市社会科学院满学所成立的消息逐渐广为人知，传播世界。

这时候，我和丹俍二人（志强的编制还没进来）商定，满学所成立后要办两件事：第一件是出版书刊《满学研究》，第二件是举办第一届国际满学研讨会。我说丹俍和志强你们俩去长春，拜访东北师范大学明清史研究室主任李洵先生，跟他报告满学所成立和明年举办国际满学研讨会的事，请李先生支持。他俩去了。李洵先生说：“你们回去给阎先生说一下，国际研讨会很好，我支持，你们是不是等所里做出成绩来再开这个会？”我说：“李先生的意思很好，我非常赞成，但咱们两个半人，近几年难以出大成绩，没有5年的时间，怎么做得出来？”后来我想了想，说不行，会还得开，办法就是借力。既借国内的学术之力，也借海外的学术之力。1992年，在前门饭店，开了个比较体面的首届国际满学研讨会。日本的神田信夫教授等专家学者、我国台湾和香港地区的学者等都来出席会议。国内研究满学清史的专家也大多参加进来。后来志强手续来了，就算三个人，挑起了满学研究所的工作。

我到市社科院40多年了，最大的体会是我们这座庙太小。在北京市也算小庙，部委一级的近百个，还有党、军队系统若干个，都有自己的局级研究单位。北京市当时是100多个局，每个局都有自己的政策研究室或者研究所，还有在京的数十所高等院校。我们满学所两个半人，后来江桥也加入，王灿炽、金启平也加入，和梅、晓春来所，已经是8个人的队伍。实事求是地说，满学所靠的是在院领导下自立自强，团结合作。说办什么事，大家一块儿上。在前门饭店开会，满学所人就住一个房间，兼做会务，为什么呢？省钱哪！有人在床上睡，有人在地上睡，就为了省一点钱。大家一心一意，全心全力，不讲报酬，也一分没有。加班，一宿一宿地加班。自己力量不够，就借力。当年所里有事都到我家商量，我们开会多在我家里开，一块儿商量，事就定了，商量完就各干各的。小徐和我住一个楼，编辑稿子时时讨论，夜里有时也随时讨论。当时就这样。去新疆考察，丹俍、志强、江桥和我一块儿，一会儿这个病了，一会儿那个病了。大家互相关照，团结一心。

从1989年我创意并筹建满学所，到1999年满文创制400周年国际满学研讨会举行，实际上是10年时间。在这10年里，我所做的是满学研究所的创所所长，又是北京满学会的创会会长。建所、建会、创刊、倡议并主持5届国际满学研讨会、出版7辑《满学研究》，主编《20世纪世界满学著作提要》以及我的《满学论集》出版等。我的实际工作是两个方面：一方面全所同心齐力创建满学所。满学研究所初成立，所小人少，没有关系，只要齐心协力，就能自立自强。另一方面是借力四方，就能以少胜多、以弱胜强。我说的借力四方，主要指的是：

第一，借本院之力。满学所建立之初，所里大家齐心在做，再加上借本院的力。怎么借呢？如1999年是满文创制400周年。这时我已经办了退休手续，又是外事，又是人事，还有学术讨论，怎么操持这么大规模的国际学术研讨会呢？高起祥院长找我，说："我知道你人手不够，全院所有人都支持你们这次国际学术会议。"我说："怎么支持？"他说："我把各部门——院办、人事、财务、外事、保卫、行政、科研、工会、机关党委和图书馆各处长（主任）都请来。"高院长主持会，他说："这次举行的国际学术研讨会，是全院的大事，我忙，外面会也多，我委托阎老师代表我，统管这次国际大会，都听阎老师指挥调动，积极协作，给予支持。"他问："大家有意见没有？"谁也没说有意见。最后他说："我要去开会，拜托大家听阎老师统一指挥，把这次国际学术会议办好，不出差错，圆满成功。"于是，财务处管拨款的开支，外事处办理外国客人的手续，行政处保证后勤支持，保安处管理会议的安保，科研处协助研讨会的安排，车队管机场、车站的接送，工会、机关党委帮助做会务等。果然得到全院从上到下方方面面的支持。这个会题目大、人数多（报名签到150人，闭幕式200人）、规模大、水平高。会议开幕式在长安俱乐部大会议厅举办，研讨和食宿在华北大酒店（今歌华大酒店），闭幕式在中华民族园进行。大会的闭幕式，除上述10个处室的处长、主任及相关同事外，还有10个所的所长都出席。可以说，全院十处十所，都鼎力支持这次盛大的学术聚会，因而会议取得了圆满成功。

所有院领导、各处室领导和各研究所所长都出席了大会闭幕式。整个会议没有花院里的钱，都是筹款、化缘来的。包括出版《满学研究》也是用会议的钱。所以，我的第一条经验是办好满学所，要依靠院领导，依靠全院同事的支持和协作。

第二，借北京之力。本院之外，借助北京市的力量。北京是全国的文化中心，具有强大的学术队伍和学术力量。我们怎么办？最好的办法就是借，中国社科院历史所，比如周远廉、杨珍；民族所，当时资格最老的胡增益、李淑兰教授，搞满文满语研究的；借大学，如北大、民大、首师大、北师大、人大历史系和清史所等。当时，学会的副会长是北大历史系王天有、人大清史所王思治、中国社科院历史所周远廉、民族所胡增益、中国第一历史档案馆满文部主任屈六生、故宫博物院研究室主任万依等，会员有清史所李鸿彬、北大赵杰、近代史所刘小萌、民族所定宜庄、一史馆吴元丰和郭美兰、民大达力扎布、首师大郗志群、故宫春花等。凡是能借的力量都尽量借，咱们穷，咱们小，咱们年轻，所有关系都要力求相处得好。我们《满学研究》已经出了7辑，就是集中大家研究的成果。靠我们几个人，一人写一篇，我们4个人4篇文章，根本撑不起一本论文集来。所以，要借全北京市满学研究的力量，共同推进满学研究。

第三，借全国之力。后来召开第三届国际满学研讨会，又没钱了。当时江桥、小徐等议论："我们这次没钱怎么办哪？"我们出个主意，150人的国际会议开不起，开个20人的国际学术会议总可以吧。我们发现，关于八旗的研究是满学研究的一个薄弱环节。于是，确定对八旗最有研究的学者，国内选10人，国外也选10人。举行一次专题满学研讨会。每人交一篇论文，会上集中研讨，会后修改，最后结集成《满学研究》第三辑。这就省钱了，也省事了。最后是徐先生编辑的。找一个地方资助，管吃管住，会开了，论文集也出版了。

借全国可以借的力量，沈阳故宫博物院、台北故宫博物院、辽宁大学历史系、黑龙江大学满语研究所赵阿平、黑龙江师范大学历史学院隋丽娟、东北师范大学明清史研究所刘厚生、辽宁社科院历史所关嘉禄等，承德避暑山庄、木兰围场等也都给予积极而热情的支持。

第四，借国际之力。借力于日本、韩国、蒙古国、美国、意大利、俄罗斯、德国、澳大利亚、瑞典、挪威等国家和我国香港、台湾地区的满学专家学者，请他们每人都写文章，壮大了我们的研究力量，也进行了国际学术交流。

后来我见到李洵先生，他说你借用国内外的满学研究力量来推促满学研究发展，这比我的办法好。还有，把台湾著名满学专家陈捷先、李学智、庄吉发、甘德星、赖惠敏教授等都请来，把美国、韩国、蒙古国、德国、意大利、俄罗斯的专家也都请来进行学术研讨。借当时整个世界有关的满学力量，不客气地说，我们才变成一个满学研究中心。现在我们把他们请来，他们反过来也请我们过去。我们现在有话语权了，我们说话也有人重视了。不是有人常讲中国的话语权吗？这是学术的话语权。但是，我从筹办满学所到1999年退休，只有10年。我们这个所要是100年的话，那么几十任所长，就可以一步一步地将满学研究向前推进。

我们要创新，不断在学术领域创新，扩大我们的影响。只有我们自己团结，只有我们自己强大，才可能团结别人。如果自己不强大，自己内部不团结，那就是另外一种局面。所以，我们既要自强，又要创新。自强与创新，双轮驱动，不断前进。

我们从四面八方借力，都借到我们满学所来，把我们满学所真正变成一个国际满学研究的中心。北京满学研究中心在哪里？在北京市社会科学院。我们满学所成立30年了，大家都继续把这事儿作为一个事业继续下去，不同意见，不同看法，该放弃放弃，该交流交流。我们的目标是一致的。所以，我们要既创新又自强，自己不断地强大，不断地求新，又把四面八方的力量都借到我们北京社科院来。

我今年虚岁八十八，身体不如以前了，也没做出什么大的成果。前不久开了一个会，我说："我第一感谢天时，改革开放这个天时，新时代这个天时；第二感谢地利，地利就在北京市社科院。"我们市社科院研究员基本不坐班，我40年基本不坐班，才有工夫写点东西，如果天天开会就没工夫写东西了。杨原让我交著作、拿照片来，我没给他，我没交，我说别吹了，我在职和退休之后就写了几本书——《努尔哈赤传》《清朝开国史》《满学论集》《森林帝国》等，最近要出版《清史论集》（上）、《清史论集》（中）、《清史论集》（下）、《满学论集》、《燕史集》、《北京史论集》、《袁崇焕研究论集》7本论文集，总共几十本书。大家都去过国家图书馆，我们写几本书太渺小了，在书海中是沧海一粟啊！我是想开了，不要追名，不要逐利，退休金很好，衣食无忧。院里、所里如需要我做什么事的时候，我就尽力而为。我希望我们满学所在院党组领导之下，在现任所长的带领下，不断地创新，不断地发展，真正成为中国的、世界的满学研究重要基地。

最后，经过大家30年的勤奋研究、互相协作、共同努力，满学所在北京、在全国、在世界取得了一定的学术地位。过去有人认为，满学研究中心在日本、在东京，而不在中国、不在北京。经过30年的满学研究及其学术成果的发表，现在，外国学者也认为满学研究中心在中国、在北京。

我与满学研究所

赵志强

大家好！今天是一个特殊的日子，特别是对满学研究所来说，第一次举办这样一个庆祝会，非常特殊。在此，热烈祝贺北京市社科院满学研究所成立30周年。对于30年的成就，以及未来的发展方向、要求，唐书记高屋建瓴，已经都总结得很好，提出的要求也很合理。对于这个所的建立，特别是建所之初的艰苦创业过程，阎先生说得非常具体，确实非常艰难，要人没人，要钱没钱。但是，不管怎么样，咱们这个过程都经历了，到今年都30年了。所以，大的方面我也不讲了，我就从我个人的角度讲三点吧。

第一点，我应该是在满学所工作时间最长的一个人。满学所挂牌是1991年3月24日，我是9月底就到所里报到。所以，这个所成立的那一年，我就调到满学所，并且应该说是这个所成立以后，从外单位调入本所的第一人。到我退休的时候，是2018年2月底。我应该是2017年就退休，但是没让我退休，整整延了1年。从1991年到2018年，前前后后算起来就有27年。所以，基本可以见证咱们所30年的发展历程。30年来，总的来说，就是人员越来越多了，学术成果越来越多了，特别是科研经费越来越能得到院里的支持。

院里的支持力度增加应该是90年代后期。在那之前都不行，真是钱少，想尽一切办法弄点钱。一直到90年代后期，满学所研究经费才逐渐增加。后来，特别是到朱院长来，经费就更宽裕了。所以，满学研究所30年发展过程中，所有酸甜苦辣我也经历过，刚开始真是艰难，后来就不一样了。特别是咱们经过30年的努力，本身的学术研究领域在逐渐扩大，不像刚开始非常窄。现在基本上各个领域都有人，基本上都是一个萝卜一个坑，一个坑就代表一个领域。与此相关的就是学术影响也越来越大。看到满学所30年发展历程，以

作者系北京市社会科学院满学研究所前所长、研究员。

及成立30年以后的现状，我也是非常高兴的。祝愿满学研究所在未来的发展道路上阔步前进，前程似锦。这是第一点。

第二点，应该说我是到目前为止任职时间最长的所长。我是1991年到所，1996年被任命为副所长，1997年就被任命为所长，一直干到2015年。所以，当所长，从1997年到2015年，这任职时间也够长的。这个期间没干多少事，从所长的角度来说，可能也就是五个方面的工作：

1. 处理日常事务。本所没有多少日常事务，主要还是面对院里。院里有学习、开会、培训等事。这种事有时候感觉不出来，一统计事还真多。

2. 组织所里的一些科研工作。这个应该说也不是很多，因为所里人少，只不过就是把集体课题还有个人的一些课题协调好就行。

3. 举办学术会议。这个相对来说比较多。满学所虽然曾经人少，但基本上也是延续了阎先生的传统，就是举办学术会议。

4. 组织学术考察。刚开始就忙着办会，学术考察没抓紧，后来近几年学术考察就比较多了。考察很有必要，最大的好处就是开阔眼界，增加一点感性认识。

5. 建设科研队伍，培养学术接班人、学术人才。

第三点，是我个人的学术研究。我个人的学术研究应该说比较专，是不是精不知道，是不是深就更不好说，但专是肯定的，基本上就是没有改变。我原来在档案馆的时候，刚开始叫满文组，后来叫满文部；调到社科院，也是满学研究所。都是满学，都是“满”字，就没有什么改变。要是稍微分一下，那就是可以分成三个方面。

1. 研究满学理论。既然是跟“满”字沾边，就要搞清楚什么是满学，我也一直在想这个问题，一直在关注这个问题。多年以后，我写了一本书，那就是《满学概论》，基本上我的一些想法都包含在这本书里面了。

2. 研究满语、满文。我是语言、文字都研究。应该说，这是我比较感兴趣的问题，也是我的老本行。所以，有关满语、满文方面也写了一些文章。我研究满语的主要成果，就是那本专著《旧清语研究》，主要就是语言，也涉及其他方面问题。

3. 研究满文文献。满文文献最主要的一个成果就是我们编的《清代锡伯族史料》，主要就是从满文档案里边选编的。第二个就是《清初内国史院档》，满文的。这个后来由光明日报出版社出版，我是参加者之一，主要是翻译了清朝入关以前内国史院的满文档案。第三部就是《〈满文原档〉翻译与研究》了，正在进行中。

总而言之，我自己的科研工作比较专，不管是以前在档案馆还是后来到社科院，以及退休以后在人大，都围绕一个“满”字在转。

我简单说这么多，谢谢！

加强理论探索　拓宽满学研究领域

徐　凯

伴随改革开放建立的北京社科院满学研究所已经走过了30年的历程，回首30年，三代满学人砥砺奋进，就学术重大问题多次举办高层次满学论坛，交流成果，切磋学术；与学界同仁协作攻关，出版一批质量上乘的学术佳作，成就斐然；青年满学才俊崭露头角，前途可观。30年的业绩可歌可庆！现在满学研究所已经成为国内主要的满学研究基地之一，是北京社会科学一张靓丽的“学术名片”，它必将引领满学未来的发展。

满学是当代国际学术领域汉学中的四大显学之一，北京又是清朝统治268年的首善之区，自然是满学的中心。展望未来，满学所应立足北京，面向中外，站在满学前沿规划学术，不断加强学科理论建设，拓宽研究领域，组织专业力量，抓重大课题选项，再出新成果，为推动满学研究向纵深发展做出应有的贡献。

一、加强满学理论建设，夯实学科根基

社会学科建设的核心是理论问题，满学亦是如此。理论是学术研究之魂，其水平高低决定了研究成果质量的优劣。经典作家理论已成为我们工作的指导思想，诸如辩证唯物主义、历史唯物主义等。而各个学科又有自身的发展规律，需要探索新的理论，才能推动该学科的前进，否则将会停滞不前。当然，理论探索并非易事，也是一个艰难掘进的过程。就满学而言，华夏民族文化形成等诸问题，以满洲族等少数民族文化群体为主的“独特文化”与中原传统的“华夏文明”，即“打牲文明”“游牧文明”与“农耕文明”，经过长期的碰撞交

作者系北京大学历史学系教授。

融，形成了中华民族多元一体格局，其特点是和而不同，各美其美。结合满洲民族形成及其与中华民族融为一体的主题，仍有不少问题需要从历史文化层面上做出理论的深刻阐述，得出正确的结论。

1998年秋，北大百年校庆之时，在香山举办“世界汉学大会”，袁行霈教授提出了世界各民族之间文化的相互认知，即彼此“文化的馈赠”，承认民族文化差异，应互相尊重，方能化解矛盾冲突[①]。这种主张对研究我国古代民族文化融合亦有借鉴意义。近年来，滕绍箴先生站在中外学界前沿，不拘泥旧说，集中探讨满学重大理论问题，以中华“文明实体”为框架，探寻民族认知，发表多篇高质量的论文，诸如《试论满汉文化认同的几个问题》《论满洲贵族认同中原文化之管见》《满洲牛录与四旗制创立新考——兼论八旗军制中满汉文化元素认同问题》《论清太宗时期满洲独特文化中两元文化》《再论清太宗时期满洲独特文化中两元文化》《对满学研究中几个问题的考辨》等，高屋建瓴，见解独到，引领着满学研究的方向，值得学人借鉴。学术研究又好比拉车，既要低头用力，又需抬头看路，而理论就是一盏指路的明灯。这样研究问题方能耳聪目明，做到史论结合，条理清晰，以免就事论事而不得其要领。

多年以来，已面世的满学论著出现了两种值得关注的不良倾向：一是在内容上，将民族史与国家史混为一谈。将国家史纳入民族史范畴内，忽略了国家权力结构已发生演变，王朝已由单一民族政权变成多民族国家。例如，有的满学著作将清朝的重大政治活动，诸如平定三藩、戡乱准部以及鸦片战争、戊戌变法等，均编入书中，而没有记述满洲人在这些重大政治事件中的历史作用。二是在概念上，以“满族”取代“满洲”，民族称谓混淆。此问题存在于不少的明清史论著中。因而，在满学研究中，必须强调要划清两者界限，一是要将民族史与国家史严格区分开来，即满洲民族史与清王朝史不能合一。当然，两者既有联系，又有区别，满学的侧重点在民族史。二为满洲族、满族是不同历史时期的族名，不能以后者代替前者。建州卫左卫指挥使努尔哈赤统一女真各部，创立八旗制度，建立后金（清）。天聪九年（1635）十月十三日，皇太极将族名“女真”（jusen）改为“满洲”（manju），从此“满洲”成为民族定称。德国著名语言学家雅各布·格里姆（Jacob Grimm）指出，“我们的语言也就是

① 袁行霈：《文化的馈赠——汉学研究国际会议开幕辞》，载《汉学研究国际会议论文集》（史学卷），北京：北京大学出版社，1999年版，第1页。

我们的历史”[①]，语言是历史的符号。“满洲”是有清一代的族名，“满族”之名则是中华人民共和国成立之初56个民族识别时确立的。两个不同历史阶段的民族名称，其内容迥异，绝不可混用，如同不能将“满洲八旗”改称“满族八旗”的道理一样。近些年来兴起的西方“概念史”学派主张，“考察不同文化的重要概念及其发展变化”，强调“特定词语不同语境和联想”。这说明搞清学科的基本概念对满学研究是何等重要。

二、开阔视野，发扬优势，突出重点，组织攻关

满学学科内容宏富，涉及门类繁多，诸如，政治、军事、经济、民族、宗教、文学、艺术、风俗、语言、文字等。运用历史学、民族学、社会学、人类文化学、语言学等理论与方法，开展交叉学科研究，开阔视野，选择重大课题，组织学术队伍，联合攻关，新成果将指日可待。

清前史28年，是满学之源头，应是满学研究的基础课题之一。后金（清）与明朝、蒙古、朝鲜交往甚密，关系复杂。记录清初开国史料，仅明代官私记载多达百余种，朝鲜文献所载亦多。众所周知，清廷禁毁相关图书，导致满洲先世史事不明。晚明时期东北女真史事相关的私人记载尤为珍贵，弥补了该史事阙如。20世纪30年代初，谢国桢先生编纂《晚明史籍考》，将清前史文献编辑成《清开国史料考》6卷、《考补》1卷，单独出版。这部书是打开清入关前史料库的一把钥匙。谢先生书中摘录《殊域周咨录》卷二十四《女真》1卷，《使职文献通编》下注“未见传本”。两部书的作者为嘉靖至万历时期行人司行人严从简，其内容是明代万历以前的对外关系史。其依据官府档案、同仁文献、出访见闻，以及他书，考订谨严，参考价值颇高。比如，严氏较早梳理女真族源流，考镜先秦至明代女真族名的流变，如肃慎、邑娄、勿吉、靺鞨、女真等。比茗上愚公（茅瑞征）《东夷考略》梳理女真族源要早十几年。民国十三年（1924）夏，章太炎利用溥泉在浙中坊间所得《使职文献通编·外编·女真》，参考他书，撰成《清建国别记》1卷。他说还没有见到《殊域周咨录》，他日得之，再做扩展。可见两部书对研究清人先世女真族的史料价

① ［德］雅各布·格里姆：《论语言的发展》，转引自［苏联］兹维金采夫《普通语言学纲要》（伍铁平译本），北京：商务印书馆，1981年版，第24页。

值。广泛深入地收集清前史资料，厘清28年重大史事，这对满学一些重要问题的探讨是大有裨益的。

明清之际来华的500余名耶稣会士，均留下自己的著述，特别是清前期耶稣会士与满学关系密切。例如，乾隆时期，法国耶稣会士约瑟夫·马里·亚密欧特（Joseph Marie Amiot），汉名钱德明，与高宗弘历过从甚密，他将《御制盛京赋》译成法文，书名“御制盛京赋译著”，1770年（乾隆三十五年）在巴黎出版，轰动西方文坛。一批著名的文学家、哲学家、思想家等，如伏尔泰、狄德罗、格里姆等，对清高宗及《盛京赋》称赞有加，利用译本研究中国社会等，迅速地引发了18世纪欧洲的“中国热”。像这样有故事的耶稣会士不乏其人，可拟题“明清之际耶稣会士与满学”展开研究。再如邻国朝鲜，与明清两朝过从甚密，明清之际，朝鲜士大夫关注后金（清），留下大量文集。已出版的《韩国文集丛刊》《续编》等6000余种，以及卷帙繁多的《朝天录》《燕行录》等，均记载满学相关问题。可做“《燕行录》中满学史料辑录”，亦可拟“朝鲜士大夫与满学”等题。文学艺术、满语文字等专题研究，可依所内人员学术之长，提出若干新课题。总之，满学研究者，尤其是青年学人，要下功夫收集文献资料，厚积薄发；同时眼界要宽，瞄准学术前沿，脚踏实地，把学术搞得有声有色。

北京市社会科学院已经成立北京历史文化研究基地，将满学列为主要内容之一。按照国家与北京市社会科学发展目标，满学所应制定中长期学术发展规划，定位以北京清代以降满洲族、满族为中心，旁及周边地区，研究清代旗人社会生活与文化演变，以及现代满族发展现状为中心，发挥所内人员学术之长，拟定综合选题，下置若干子题，涵盖北京满学的诸方面，利用文献史料与社会调查、口述资料，展开全方位探讨。几年后将会产生一批新的质量上乘的满学成果。

三、办好《满学论丛》，打造品牌辑刊

满学所主办的《满学论丛》是交流满学研究新成果的学术园地。加上之前的《满学研究》，已经出版近20期，收录了不少中外专家学者的学术论文，学界口碑尚佳。如何进一步提升《满学论丛》的学术质量，打造上乘辑刊品牌？一份学术辑刊办得怎样，不管是核心期刊还是论文集，关键在于论文的学术质

量。这就要充分发挥编委会各位编委的作用，严把论文质量关，宁缺毋滥。这是《满学论丛》之树常青的生命线。

《满学论丛》以本所为主体，发挥团队特长，发表研究新成果。同时建立一支包含多专业、多语种、学养深厚的老中青专家学者的稳定撰稿队伍，确保高质量的稿源不断。每期至少要有一两篇走在学术前沿的具有引领性、理论思辨的重点文章，如学科理论探索等，特邀名家赐稿，文字数量放宽，增强辑刊的学术厚重性。本所定期举办学术研讨会的与会论文，择优收录。此外，《满学论丛》编辑方面，建议增设一些不定期的主题，由专人负责编辑整理。例如，“满学学科建设”（笔谈之类）、“满学动态”（当年中外会议、工作坊、满学书讯等）等，形式多样，扩大信息量，活跃学术气氛。同时，加强刊物的对外宣传与交流，扩大学术影响力，让《满学论丛》成为学人喜闻乐见的辑刊。

考据、口述与田野
——以那清绪访谈为例

定宜庄

一、辉发部和拜音达里

1993年8月，我与中央民族大学的赵志忠老师一同去辽宁省清原满族自治县（以下简称清原）进行民族调查，那可以算作是我做田野调查的最初几个案例之一。

在清原期间，我从该县民族酒厂厂长荣长发先生处得知这里有个三家子村，村民自称是明末女真辉发那拉氏的部落长拜音达里的后裔，但如今仍能说清祖先来历的，只有一名年近八旬的老人，名叫那清绪。老人从小学教师岗位退休后并未回到清原，而是独自住在抚顺市工人养老院。由于行程安排与经费等原因，我未得赴抚顺与她会晤。但我回京不久，便收到老人言辞恳切的信函，详述了她家祖辈相传的与正史迥异的家史。翌年3月，老人到北京探望侄儿，我又专程赴其侄儿府上，终于得以与她面晤长谈。

拜音达里是明朝时期分布于明朝边墙外的女真人之一部——辉发部的族长。在官修和私撰的汉文文献中，都将这些女真人分为两大类，即建州女真和海西女真，另将位于黑龙江中下游北部的部分卫所及至外兴安岭一带边远地区的女真人称作野人女真。海西女真中最强盛的有四部，史称“扈伦四部”，辉发部是四部之一，部落主姓那拉氏，因居住于辉发山一带（今吉林省辉南县境内），故以山为名，最后一位部族长名拜音达里。

努尔哈赤崛起并统一建州女真诸部之后，发起了对海西女真四部的兼并战争，海西四部进行了顽强的抵抗，但终被努尔哈赤逐一击破，这是一个长达数

作者系中国历史研究院古代史研究所研究员。

十年的惨烈过程。四部中辉发部继哈达部之后第二个被灭，据《满文老档》记载，丁未年（明万历三十五年，公元1607年）“九月十四日，（努尔哈赤）围攻辉发城，克之，即俘其城主拜音达里贝勒父子诛之。至此，呼尔奇山世代相传之辉发国乃灭”。

史书如此记，老师也如此教，多年来似乎并无异议。但那清绪女士在给我的信中却提出了异议：

《东华录》中，有关辉发部落灭亡，拜音达里（最后一位贝勒）父子被杀的结论和我们辉发那拉氏家史所传存在着严重的分歧。我们不敢以事过境迁对既定的国史妄加非议；然而我们累世家传则是：拜音达里先人是弃城出走，归隐山丘的。十有余世的家世传统，三百年间的隐逸生涯，这是无可否认的客观存在。因此，我们首先要从家世祖传并参照多方面的考证来说明问题；其次分析国史与家史之间的矛盾；再次，申辨清原满族自治县志否决辉发那拉氏为该县原始满族住户的理由。[①]

那女士对家传的拜音达里出走前后之事详述如下：

满清开国之初，历史上曾经有过以扈伦部落为首的九部联军攻打清太祖努尔哈赤满洲地盘的战争。当时九部联军之所以大举进攻满洲的原因是因努尔哈赤为了扩张地盘，在前一年出兵略取了扈伦四部外围的鸭绿江部落，因此导致了九部联军的反击战争。战争开始后，叶赫主帅布寨意外地落入埋伏，被敌杀掉：乌拉贝勒被擒，前路进军同时溃败，满洲将领乘势掩杀数百里尸横遍地，势如破竹。我们先人拜音达里身临其境，目睹战争中杀人盈野，部落丘墟，人畜绝迹的残酷现象，衷心惨怛。退守本部落的十余年间，乌拉灭亡，哈达失势，叶赫频年征战，实力大损。四部的大势已去，而满洲日益强盛，不断向外扩张。当此关键时刻，我们先人拜音达里经过深思熟虑：一不忍以

① 参见定宜庄：《最后的记忆——十六位旗人妇女的口述历史》，北京：中国广播电视出版社，1999年版，第234—257页。

部落生灵作牺牲，孤注一掷而有所冀幸；二又不肯屈膝投降，苟取荣华，万全之策只有抛弃本家的地位、权势，“引退出走”，让部落与有德者居之，既免百姓刀兵之祸，又全子孙平安之福。于是于丁未年九月毅然出走，归隐山丘（明万历三十五年，公元1607年）。

拜音达里先人告别部落同胞时，除散尽家资外，曾晓谕部下，随行与否听其自便。当时有陶、赵两名家将甘愿相从。于是在满洲进军攻打辉发之前，带领全家老幼，轻车简从地离开了辉发城而南下。

出走后，拜音达里先人为了子孙们不蹈覆辙，曾立即作出“家训”告诫子孙后代，大意是：“凡我辉发那拉氏子孙，不许接受努尔哈赤势力的任何招抚和利诱，不许在他的天下求名、求官；不许再入部落纷争地域妄图割据。生存上以农牧为本，自食其力，忠厚传家，永世无替。”同时规定每年的除夕之夜，召集全家老幼，坐于祖先堂前，由族长宣教家训，并反复解释、渗透，达到熟知家世来历，掌握家训宗旨而后已。

…………

具体安排是在结束短时间的游牧生活后，首先选定了浑河上游的一处山林，安居后，称为上河什木村（现在北三家迤东双河村）。落户之初除稼穑外即从事采参采药、打猎等为生，嗣后传四代，到清乾隆二十年浑河上游曾暴发了一次山洪，先人们所经营的田园庐墓一概付之巨流，这次水灾的突然洗劫，致使前辈们所创建的一切家产特别是宗谱以及先人遗骨、旧时遗物荡然无存……于是于乾隆廿一年（公元1757年）移居原地迤西八华里北山前重建家园。当年的陶赵两家也共同迁居一处，我们三姓之家，守望相助，相依为邻……彼时我们这三姓之家便成为这片原始山林的占山户了。不久，外地乡民多数来此僦居，当地旗营部门以那、陶、赵三家为原始住户，因而定名为“北三家村”直到目前（现属辽宁省清原满族自治县北三家乡政府所在地）。

两段内容，前半段讲拜音达里出走原因及经过。其中特别要注意的是，拜音达里并不是在努尔哈赤攻打之时才出走的，他出走时辉发部还有不少人都留了下来；后半段讲拜音达里后裔在清原的定居发展。

二、对此事的多角度解读

这是一个完全不同于史书记载的故事，我曾将这个故事和那清绪女士的信件给多位前辈学者看过，很多人不仅认真看了，并且进而提出，清朝那些正史中对辉发部败亡的记载，确实存在诸多疑点。

1. 官方文献

对于辉发部贝勒拜音达里父子见杀于建州部女真首领努尔哈赤的经过，《满文老档》的记载要比那清绪所引《东华录》更原始：

> 拜音达里以三层城垣业已修竣，遂即变心，不娶已聘之女。如此负约，聪睿恭敬汗怒，兴师征讨之。兵至色和里岭，天降雨一昼夜方晴。继而启行，于此丁未年九月十四日，围攻辉发城，克之，即俘其城主拜音达里贝勒父子诛之。至此呼尔奇山世代相传之辉发国乃灭，携其人而还。[①]

如此轻轻一笔带过，很难给人以经过恶战的印象，它提醒我们，未必就没有另一种可能性存在。

朝鲜史书有另一种记载，见《朝鲜宣祖实录》（卷217）：

> 当初老酋（即努尔哈赤）欲图回波（辉发），暗使精兵数十骑扮作商人，身持货物，送于回波，留连做商。又送数十人依此行事。数十数十，以至于百余人。详探彼中事机，以为内应。后猝发大兵，奄至回波。内应者作乱开门，迎兵驱入，城中大乱，以至于失守。然回波兵以死迎敌，极力大战，竟虽败没，老【酋】军亦多折损，将胡之战死者，多至六人……[②]

---

① 中国第一历史档案馆、中国社会科学院历史研究所译注：《满文老档》（上），“太祖皇帝·丁未年九月十四日”，北京：中华书局，1990年版，第4页。

②《朝鲜宣祖实录》卷217，宣祖四十年十月二十一日庚辰条，首尔：东国文化社，1958年太白山史库本，第115册，第7页B面。

战况无疑是惨烈的，但也确如刘小萌教授所感叹：“一部极惨烈的辉发覆灭史，在史书中不过留下寥寥数笔。”[①]然而如果细按之，这两段史料的记载却不尽一致。《满文老档》明确说“即俘其城主拜音达里贝勒父子诛之”，但《李朝实录》对此却未明言，只说“以死迎敌，极力大战”，但大战者是否包括拜音达里父子，却是一个疑问。

那女士还另举一证：乾隆帝的东巡诗中有“逾盟徒事营三窟，不战惟劳举一戎”之句，她认为这就是指的攻打辉发城一战。那女士认为：“姑不谈其词意的褒贬，只就其叙述历史过程而言，和我家祖传‘弃城西走、归隐山丘’虽然说法不同，然历史事实却无两致。

清代官方文献对海西四部的记载中，有关辉发部的记载的确最少。刘小萌教授在《清朝遗迹的调查》一书中也提到这一点：“长期以来，明代女真史研究，主要集中于努尔哈赤的建州女真和海西女真哈达、乌拉、叶赫三部，海西辉发部研究之所以明显薄弱，主要与史籍记载的缺失有关。”他还推断说，海西女真的重要性，在于控扼了明与女真地区的贸易大道，但辉发部的分布，则偏离于女真朝贡的主道[②]。

2. 实地考察

2015年9月14日，乘着到位于四平的吉林师范大学开会之便，我终于有机会亲临辉发城遗址一窥究竟，这已经是那清绪女士给我写信22年之后，那女士离世也已经多年了。辉发城位于吉林省辉南县，号称新中国东三省的腹地，面对苏联的入侵威胁相对安全，因此曾有多家小三线企事业单位和五机部直属的三线建设企业，这当然与我们对辉发城的考察无关。

【2015年9月14日的日记】

一早从四平出发，中午到辉南县城，饭后去辉发城遗址，这是确凿无疑存在的一处山城。但现在又不知在修什么，有一面进不去，十分扫兴。好在还有一面可看，比起其他的山城来，它不仅险峻，而且还被河水包围，绝对是个易守难攻之地。显然如果要把这座城池打下来只有两手：一是强攻，那就伤亡惨重；一是围困，困到城里弹尽粮

---

①② 参见刘小萌：《清朝遗迹的调查》，北京：中国社会科学出版社，2020年版，第148—184页。

绝，那就需耗费时日，决非一朝一夕之功。与我们同行并对军事史颇有研究的李伯重教授说，攻城一般多是围困，极少强攻，我说无论怎样，《满文老档》那样一笔带过，都十分可疑，难道那清绪当年说的确有其事，拜音达里真的会不战而带领部众退守山林吗？不过，这个小城的景色真美，如果没有旁边的工地，就更美了。

两年之后再去四平，参加吉林师范大学组织的清史与满学研讨会，承蒙该校悉心周到的安排，与会的一行人马终于得以顺利再去辉发城考察。

【2017年7月1日的日记】：

这回去四平，走了海西四部中的三个，即叶赫、哈达和辉发（乌拉城我曾于1984年陪同王钟翰先生去过），没想到哈达城也是疑点多多：它是海西四部中最先被努尔哈赤灭掉的一部，从地理位置看，它与建州女真最近，又是南关所在，怎么就这样渺无踪迹了？这个城池经历了怎样的不被满洲官书记载的故事？学者们也承认，海西四部的遗址，只有哈达部没有考古报告，看来史书上的任何记载，都不可尽信。

2015年那次，辉发古城没有开放，只是从南面隔河遥望一下。此行终于如愿，绕着山城走了一圈，山势确实险峻，三重城池的痕迹依稀可辨。

城内有说明牌：

此城倚山势构筑，城墙以土石夯筑。分外城、中城、内城三部分，外城略显椭圆形，周长1884米；中城位于外城南隅，周长890米；内城位于中城西部全城最高处，周长598米。现存最高等级建筑。

辉发古城1961年4月被吉林省人民政府命名为全省第一批重点文物保护单位。2006年6月被中华人民共和国国务院命名为全国重点文物保护单位。

为防御外敌尤其是势力日炽的建州部首领努尔哈赤的入侵，拜音达里曾于呼尔奇山亦即辉发山上筑城三重。“我等诸国所恃，惟城池也”，构筑坚固城池向来是女真人与行国蒙古在作战中最重要的区别，辉发城的坚固险要尤其令人叹为观止。据今人的勘查报告，辉发山平地突起，西、南两面是峭壁，东、北两面是陡坡，四周不和任何山脉相连。辉发城由内城、中城、外城三部分组成。内城在山上，城墙全部建在山巅，按山势走向利用自然山险建筑而成。南、西两面的悬崖峭壁高达30多米，十分险峻，无法攀登。外城在山下，城墙由辉发山东南端起，往东转北向西，再南环回辉发山西北端止，均由黄土加砂石夯筑而成。拜音达里凭据如此固若金汤的三重城池而且拥兵过万，正可谓“城非不高也，池非不深也，兵革非不坚利也，米粟非不多也”，即使真如清朝官方史书所说是内失民心外失信义，也未必就能轻取，这是显而易见的。

3. 考古发掘报告

2017年7月2日，考察了辉发古城之后，我们在吉林师范大学聆听了吉林省考古所隽成军的报告《考古学视角下的叶赫部城址发现与思考》，介绍的虽然是对叶赫城的考古发掘成果，但对辉发古城遗址的情况也有涉及。

从现有的发掘情况来看，城内至少存在新石器时代、金代、明代三个时期的遗存。新石器时代和金代遗存仅分布于山上，明代遗存整个城内均有分布，且最为丰富。

发现于辉发山顶的新石器时代和金代遗存均为早于城址的遗存，可知在筑城以前，史前时代和金代辉发山上都有人类居住。

几点认识：

①通过对三道城墙的解剖，可以认定辉发城址的始建年代为明代，并于明代晚期废弃。

②一号门址是目前已知的内城通往中城的唯一通道，且至少经过两次使用，推测其应最后毁于辉发国灭亡的战争。

③内城发现的新石器时代和金代遗存均早于城址，城内的文化堆积以明代晚期为主，出土遗物的下限为明代末期，这与史料所载辉发国灭亡的时间相符。

④辉发城所处的地理位置及城址的结构均与文献记载辉发部落王城相吻合，加之历年出土的一系列的珍贵文物，以现有材料来看，可以认定辉发城即为海西女真辉发部落的王城，亦即扈尔奇山城。

从考古报告可知：城中遗存主要是明代的，这与史载海西四部是从明朝中叶开始散处于黑龙江、松花江的女真诸部逐渐南迁，“分布于明朝的开原边外、辉发河流域，北至松花江中游大曲折处，控扼了明与女真地区的贸易大道”的记载相符。

虽然说该城毁于明末的战争，但没有从考古发掘的角度说明战争的具体情况。而且隽成军还提到，辉发城并没有发现过火的痕迹，哈达城也没有，说明在明末清初的时候，这两座城没有发生残酷的战争[①]。

各种线索都指向一处，那就是很可能拜音达里确实没有与后金在辉发城发生血战，而是弃城出走了。这其实还可以分析出两种可能：一个是拜音达里只带了部分人众出走，在努尔哈赤攻取辉发部的时候，这个城中还有人在负隅顽抗，但仍未守住。另一个可能就是拜音达里走后，这个城池便随之荒弃，努尔哈赤得以不战而屈人之兵。

无论能否找到更多线索，也无论清史是否需要修正和改写，这都是一个引人入胜的叙事。事实上，对任何历史事件的书写，本来都应该是不止一种结论、一个声音的。

后话：

那女士不屈不挠的申诉还是引起了当时的《辉南县志》主编兼辉发城镇人大主席团副主席王育博先生的关注，他对那女士的申诉表示了肯定，乃至承诺将此说作为一种旁证，纳入新编的《辉南县志》中，使那女士甚感欣慰。可见于那清绪给我写的第二封信：

> 10月中旬我曾去吉林省辉南县辉发城访问一次……接待同志是辉南县志主编兼辉发城镇人大主席团副主席王育博先生。他非常热情，曾亲自开车送我到辉发部落古城遗址观察今昔情况，历时两天。并请我到县政府邀会很多位有关党政领导会谈，会后又接受了晚宴。由辉发归来后，曾将鄙家史联同您两次为我们祖先综合分析的宝贵材料一起寄给王先生。他最近回信，表示了与您意见相同的肯定。其信中所谈，从理解的程度来看待，主要还是通过您之两份参考的有力说服而加以承诺的。此番成果，诚如王先生所许（加入《辉南县志》），则家祖历史真相，能披露于历史故城供诸世人详说，实为初料所不及。饮水思源，西望燕京，深领此番成果之来之非易！

---

① 吉林省考古所隽成军：《考古学视角下的叶赫部城址发现与思考》，2017年7月2日在吉林师范大学的报告。

三、对那清绪口述的思考

在1993年到1994年年底的一年半时间里，那女士给我写了5封长信。看到这些信件的多位前辈学者，虽然都认为这个故事“有趣”“有道理”“有意思”，却不认为它有什么意义，更具体地说是“没有什么用”，也就是说，没有办法将它作为科研成果。这也是那女士曾多方奔走，却在相当长的时间内，没有得到任何反馈的原因。尽管我相信老人以风烛残年之躯为家族之事如此奔波，其中并无邀取虚名或贪慕私利的杂念。

但是，当我开始进行口述史的实践以后，却发现这个故事恰恰给我提供了一个“用”的方式。口述就像一个袋子，可以把这个虽然丰富、有趣但“不入流”的材料装进去。我开始就是这样尝试着把那清绪所述的这个故事，装入了口述史这个袋子当中，并且进而发现，在我们遇到以往无法归类到任何学术门类之中的，却又无比生动、鲜活的人物和故事时，口述史是大有用武之地的。

当然，口述史的意义绝不止于此。关于口述史的各种理论和实践，我在各种场合讲过多次，也写过不少文章，不拟重复。这里只想集中讨论一个问题，那就是口述中的“历史学本位”的问题。

口述史虽然称为“史”，却与田野调查一样，本来是人类学、社会学等专注于“当下”的学科采用的工具。用口述做“史”，是对史学家的一个重大挑战，却往往不为实践者所意识和认知。

1. 关于当下的口述访谈

口述与田野调查其实都只是进入某个历史事件或人物的方式，而不是一个学科本身。虽然相对于传统的文献档案，口述可以提供另一个视角，但目前以大量人力物力投放在将口述用来做正统的、传统的题目者大有人在，乃至有成为口述史主流的趋势。譬如目前最热门的“名人传记”“名人口述”等。这说明一种新的研究方式，不一定就会导致新的范式和新的史观，更惶论所谓对传统的“颠覆”了。

有国外学者对目前国内口述史学界的一些问题提出自己的疑问，其中一个疑问便是，这些口述史项目对中国的历史叙述、对中国目前的历史学实践有什么影响？再一个是，口述史对中国的宏大叙事构成压力了吗？他认为国内的口述史还没有进入更广泛的学者之中，没有到达更广阔的学术层面，更遑论进入公众记忆了[①]。

这些问题可能有些偏激，但却是国内口述史学界应该深入思考并予以认真回答的问题。而那清绪这样的口述，本来是可以对历史上所谓的宏大叙事多少构成一些压力，也应该对历史学实践多少造成影响，这些应该是我们做口述的学者进一步努力的方向。

2. 作为补充史料的口述史

台湾著名人类学家李亦园先生对于口述史，曾说过这样一段话："口述历史只是史料的一种，而口述历史也只是研究中国近代史的诸种方法之一。"[②]把口述历史看作史料的一种，那么既然对所有史料都必须要做的工作，就是鉴别真伪，对于口述史料也是如此。

如何鉴别口述史料的真伪，在原则上与史家对文献的辨伪、校勘是一样的。辨伪是史家的传统，积累了丰富的方法和经验。当然也有口述特定的要求。

首先是做注释。也就是游鉴明先生提到的："对受访人提及的人、时、地、物、事，应加考证。""时间背后可能牵涉到时代的大事件。"

其次是将整理访谈记录看作一个发现问题的过程。许多第一次访谈时出现的空白、漏洞和误解，往往在现场时难以察觉，而是在整理时发现的，将文字稿与录音记录对比，恰好似史学校勘中所谓的"对校"。

发现这些问题之后，不能就此止步，或者不负责任地做出结论，说口述史是不可靠的了事，而应该进一步去考证、核实。核实的方法有多种，最常用的是进行第二次、第三次甚至多次的回访。这类似于史家所说的"本校"。

再有是访问与被访者相关的人，譬如经历过同一事件的见证人，或者被访者的亲人、朋友，请他们对同一个事件或同一个人物做出自己的表述，然后与被访者的口述核对，思考其中的差异是什么，又为什么会出现差异。这可以看作"他校"。

我一再强调的，就是要把史学的功底用在这里。做口述史料的整理鉴别，将其视为一种考据，是我最乐于做的事。

---

① Freund, Alexander: "Long Shadows over New Beginnings? Oral History in Contemporary China," *The Oral History Review* (2019): 1–25, doi:10.1093/ohr/ohy060.

② 黄克武访问，潘彦蓉纪录：《李亦园先生访问纪录》，台北："中央研究院"近代史研究所，2005年版。

3. 我对口述史的几点思考

那清绪的口述不属于上述那类。

目前流行的口述访谈，重点多放在被访者本人身上，了解的是他的人生经历，他的心态和感受，以及他受某个相关历史事件的影响和思考。很多访谈固然也会涉及他的祖先、他的出身，但往往只是背景。

作为史学家，我关注人们在不同的历史背景下，是怀着怎样的目的（或者是政治的，或者是其他的；或者是公众的，或者是私人的），又如何利用这样一个史实来“编”故事，这样的故事反过来又对这些编故事的人自身产生了什么样的作用和影响。总之，这样一个故事如何借助历史影响到活人的生活，又借助活人的解读变成了活的历史，对这样的现象做阐述，对我颇有影响力。

①那清绪口述的第一层意义：集体传记与个人口述。

1996年我计划以满族妇女为题进行口述采访时，胡鸿保师兄便与我有过一个对话：

> 胡：我以为你的历史学研究可以说已经有了一种所谓的“人类学转向”，就是“从（历史学）传统上关注特定政治权力人物的思想和行动的政治史，转而关心那些不具赫赫事功之人的态度与信仰”①；在方法上则称得上带有“众人传记”（prosopography，亦译作“集体传记”）的色彩，也就是“通过对历史中一群人的生活的集体研究，对其共同的背景特征进行探索”②，这种方法的特色在于它关注的是人物群体而不是人物个人。③

诚如胡师兄所说，该书确实带有“集体传记”的色彩，他认为这是我的“人类学转向”。也就是说，尽管对于清朝历史尤其是八旗制度和满族妇女生活的熟悉是我做这个项目的基础，但我更关心的，还是清朝覆亡之后作为一个群

---

① 辛西亚·海伊：《何谓历史社会学》，载［英］S. 肯德里克等编：《解释过去、了解现在——历史社会学》，王幸慧等译，上海：上海人民出版社，1999年版，第36页。

② 刘兵：《克丽奥眼中的历史——科学编史学初论》，济南：山东教育出版社，1996年版，第166—168页。

③ 胡鸿保、定宜庄：《读史与行路：满族研究新体验——和定宜庄博士对话》，《黑龙江民族丛刊》1999年第3期。

体的满族妇女，她们的经历和命运，这的确或多或少属于民族学的范畴。

那清绪口述也具有这层意义，她所述个人经历，她对自己家族的独特记忆，以及为了让家族历史不至永远湮没而表现出的不屈不挠的精神，作为满族妇女中的一个典型或者说口述史中的一个个案，本身就很富吸引力。我之所以对这百年来满族妇女的经历产生兴趣并着手进行访谈，在很大程度上正是从那女士身上得到的启发与鼓励。所以我将那清绪的口述和信件，收入我的第一部口述史专著即《最后的记忆——十六名旗人妇女的口述历史》之中，虽然严格说来，她并非旗人妇女。这是我理解的那清绪口述的第一层意义。

当然，即使是这样关心和反映当下的集体口述，与人类学也有明显的不同，那就是社会史最关注也最强调的特点：长时段。

我也因此而发现了做口述的一个捷径，那就是做集体传记，其实比做个人传记在架构上要更容易，甚至容易很多。因为如果将每一个人看作一个碎片的话，在将这一个个碎片组合成一部书时，碎片有好有差是难免的，差的也可以是构成整体的一分子。但个人记忆就比较麻烦了，如果是名人，很容易做成成就史，如果只是普通人、底层人，就很难找到主题、抓到中心。

总之，集体传记确实与人类学类似，呈现的是一个当下的人群。后来我以老北京人为题，做老北京人的口述历史，并将39篇对55位老北京人的访谈结集出版[①]，沿袭的仍然是这样的路径，也就是说，仍然带有“众人传记”的鲜明特点，直到再过8年，经过补充修订升级的“北京人口述历史”丛书也仍然如是。不过，一种做法、一个套路用久了，内在的问题也会露出来，而且被胡师兄敏锐地发现了，他在承认这部书多少有点民族志味道的同时，却尖锐地指出，我的作品“与活人打交道而研究重心却不在现、当代”。他拿出怀特（William Foote Whyte）的经典作品《街角社会——一个意大利人贫民区的社会结构》一书举例，说那书研究的是他参与其中的当下社会结构，而我旨在探讨的主要是往昔及社会变迁，并非“改革开放30年来的北京百姓生活”[②]。他说得很对，社会变迁确实是我最关注的问题。

②那清绪口述的第二层意义：将口述放入历史的脉络中。

口述史的宗旨，本是让那些不掌握话语霸权的人有发声的机会，所以关注

---

① 定宜庄：《老北京人的口述历史》（上下册），北京：中国社会科学出版社，2009年版。
② 胡鸿保、邢新欣：《读“老北京人的口述历史”识略》，《北京社会科学》2012年第2期。

的大多是大事件中的小人物，但这份口述则反之，其重点是小人物背后的大的历史事件和历史人物。我自己在多年的口述访谈中，遇到的这样的案例也不多见。

那清绪口述与上述具有“集体传记”性质的口述不同。她的故事，重点不在她自己，而在于她的口述牵扯出来的背后的大人物和大人物的历史。这样的口述所牵出的背后的历史内容，有着我当初做口述时从未逆料到的复杂、庞大和沉重，当然也极其有趣和生动。

按照那清绪所说，辉发部中的拜音达里一支并未进入努尔哈赤创建的八旗之内，而是率族众出走。如果此事当真，那么在八旗组织中可能会有痕迹可存。也就是说，八旗内是否有辉发部人，他们占据的人数，他们所入的旗分（外八旗还是内务府）以及在旗内的地位，海西四部在八旗中的地位、与建州女真的关系等，都是八旗制度中值得深入讨论的问题，那女士对这点相当关注，她说：“扈伦四部的那拉氏，只有辉发一系在野在朝都所罕见，而当时与努尔哈赤交战次数不多，后来未见从龙入关为其服务的也是我们。”赵令志教授也说，辉发氏入内务府为奴的人是最少的，这也算是一项佐证吧。以往对于叶赫部研究较多，其他诸部尤其是辉发部较少，有可能是一个可以深入研究的方向。

于是，史学在这里就派上了大用场。但这是否也多少有些回归之义呢？不仅在方法上回归到文献，在宗旨上，口述的原则是否也从让底层人说话又回归到研究大人物呢？我想，这就不必拘泥于哪个领域应该恪守哪种原则了，只要能做出成效就好。

总之，将传说故事变为一个严肃认真的学术研究并不容易，将记忆变成可以引证的历史记录，更有太长的路要走。

③那清绪口述的第三层意义：作为历史与现实之间媒介的口述史。

我在上面说到，那清绪口述对于要研究的题目来说，起到的作用只是提供一个入门的门径，是一个入口。当我们从这个入口一步步地进入时，那个门通向的，很有可能是一个重大的历史事件，或者是一个或一群重要的人。由此是不是可以将这样的口述，看作一个媒介呢？我正是这样看待这份口述史的。

将口述视为一个联结历史和现实的媒介，“媒介”一词用在这里非常有意思，因为它正是一个口述的前后两部分之间联结的纽带。那清绪口述，就是我做的尝试之一例。

首先，是“有出有入”的族群关系。即使我们对那清绪家族是否确实是拜音达里直系后裔存有怀疑，但这个案例的存在至少说明，“满洲”这个在清军入关之前（1635年）才正式定名的族群之中，存在着几百年来一直不肯认同于它、也始终没有被纳入八旗制度的一部分人。

这样的情况并非孤例。当时就有黑龙江大学的学者撰文说，张广才岭林深处，有一个始终不肯认同清朝的人群——巴拉人。再有就是福建晋江的那支完颜粘氏，我做的第一个田野调查，撰写的第一篇田野报告，说的就都是他们。并且我与人类学家胡鸿保教授合作撰写了《往事・正史・现代生活——满族社会历史调查的若干启示》一文，将那清绪口述与这几篇个人叙述一起，称为“非旗满洲”，作为对满族形成过程特征的一种探讨，也是我们将这些口述及民间文献材料纳入正规学术研究的一个尝试①。

然而这个问题还不止于此，应该特别注意的是，拜音达里后裔的问题经过了几百年，为什么那清绪偏偏在这个时间特别将这个问题提出来？事实上，这是有一个大背景作为依托的：

1978年中共十一届三中全会以后，民族识别工作重新开启，在全国兴起了一次恢复、更改民族成分的浪潮。1981年11月，国务院人口普查领导小组、公安部、国家民委联合发出《关于恢复或改正民族成分的处理原则的通知》（下简称《通知》），更使这个浪潮达到沸点②。据当时官方报道，1982年第三次全国人口普查时，全国要求恢复、更改民族成分的人数已达500万之多，并有260万人得到了恢复和更改，其中从汉族改报满族的，所占比例尤高③。更有许多在清代并未入八旗的人群加入满族之中，那清绪是一例，金代

① 定宜庄、胡鸿保：《往事・正史・现代生活——满族社会历史调查的若干启示》，载周天游主编：《地域社会与传统中国》，西安：西北大学出版社，1995年版。

②【81】民政字第601号。

③ 1982年第三次全国人口普查时，满族的人口为430多万；1990年人口普查为980多万；2000年人口普查已经超过1000万，是全国人口增长最快的民族。

女真后裔粘氏也是一例①。

在这里，值得深思的是，经历了有清一代近300年“遗世而独立”不肯与满洲认同的岁月之后，今天他们却自觉自愿地将自己归结为满族，为自己的民族而自豪，表现出很强烈的民族意识，从而为民族形成过程中你来我去、有出有入的复杂性和丰富性，提供了一个生动的例证。对于了解满族在形成过程中的多元化，了解这个民族的独特的心理素质，是有一定启示意义的。

最后，那女士信中特别提到了“气节”，她认为：“辉发那拉氏子孙为其祖宗负责与《东华录》争议事属‘气节’问题。”她说：“战败国的‘气节’所在，原为战胜国之大忌！”她确实指出了一个修史的要害所在，那就是，如果从多元视角来看，除了胜利一方外，失败的一方为什么不可以发出自己的声音呢？让失败的一方说话，这也是口述与田野调查最能发挥其功能之处。所谓多元视角、多维度，就是不仅要从胜利者的视角讲他们的成功，还要从失败者的视角做历史叙事。

那女士的陈述也存在一些问题。譬如她一再强调“辉发那拉氏从远祖开始，就是一个以仁孝传家的女真氏族”，“仁孝”却是汉族儒家社会而并非女真部落所奉行的道德标准，她所崇尚并反复强调的“家风”“家规”也无一不是如此。她那个“一祖八宗全家百口有余四世同堂”的“男女守分，内外井然的十几代同居的百口之家”正是汉族特有的宗法制大家族的典范。她的叙述，太像一个传统社会的乌托邦了。作为一个女真部落酋长（何况还都没读过书）的拜音达里，是如何将家族后代治理成一个如此规范化的、理想化的宗法大家庭的，的确令人怀疑。再如清代是否入过八旗的问题，那女士虽然提到“吃空头

① 女真后裔提出从汉族更改为满族的要求，正是这个浪潮的组成部分。从目前得知的情况看，最早提出这一要求并采取行动的，是安徽省肥东县的完颜氏，他们自称是完颜宗弼的后裔：“完颜宗弼就是金兀术。”便是他们的看法。兀术是宗弼本名，将其称为金兀术，显然是民间话本、小说的说法。但无论如何，根据《通知》第一条“凡属少数民族，不论其在何时出于何种原因未能正确表达本人的民族成分，而申请恢复其民族成分的，都应予以恢复”，以及“一村或一个地区的居民恢复或者改正民族成分，须经县以上人民政府调查认定方可办理”的规定，提出更改民族成分为满族的申请，其理由是：“女真族是满族的前身，既然我国今天56个民族中没有女真族之称，女真遗民恢复其本来面目为满族，就在情理之中。”他们之所以有这样的说法，依据的也还是国家民委的规定。按《通知》的第九条称：“恢复或改正民族成分系指国家已正式认定的民族成分。对尚未识别的民族成分，待识别后恢复或改正民族成分。”也就是说，如果要恢复或改正民族，只可以往“国家已正式认定的”民族成分归纳，既然女真并不是国家正式认定的56个民族之一，他们便只能归纳入在他们看来血缘、文化最接近的群体——满族一途。

额”，但也未能将详情厘清。还有就是一些史实、措辞上的错误，如信中一再称呼的“满洲”“满清”，事实上，所谓“满洲”恰是努尔哈赤的建州女真统一了女真诸部之后，到清第二代统治者皇太极时才出现的新名词，系指以建州、海西诸部为核心又吸收了诸多民族成分而组成的新的民族共同体，海西四部包括辉发的余部当然也在其中。而“满清”一词，将满族与清朝联系在一起，也是为很多满族同胞所反感并为国家所明令不予使用的。但那女士既非历史学家，有这样一些纰漏也无可厚非。至于她谈到的清原县地方志办公室不肯采纳她的材料，作为修史者，出于谨慎而不敢贸然采用口述史料，也是完全可以理解的。

这便是我20多年来针对同一个题目，以自己本人作为研究工具，从多种方法、多元视角反复深入地进出这个题目的过程和体会。敬请诸位同行批评指正。

【本文初为2021年6月2日在北京大学人文科学研究院的演讲稿，经刘小萌教授指出若干问题后修改而成，在此向刘小萌教授及其他提出建议的学者和同学致以衷心的感谢！】

满文圆唇、后半高、宽元音字母形体之演变
——基于《满文原档》的考察

赵志强

满语有圆唇、后半高、宽元音［o］，其满文字母形体，古今略有变化。满文是16世纪末我国女真族所属的满洲（今满族）人创制的拼音文字。它问世后，在半个世纪里，经历了从老满文（无圈点字）到过渡期满文（半加圈点字），再到新满文（加圈点字）的演变。在此过程中，圆唇、后半高、宽元音［o］的字母形体发生了一些变化。本文拟在以往研究的基础上，依据《满文原档》即《无圈点档》以及相关文献，就其形体之演变以及读音略做探讨。不当之处，恳请方家不吝赐教。

本文所引满文，涉及老满文、过渡期满文和新满文的各种书写形式，故依其不同形体及读音，附以拉丁字母转写，以资辨识。转写之法，基本遵循P.G. ūon Möllendorff（穆麟德）氏A Manchu Grammar（满洲语法）之转写法，以便阅读。唯其转写法不区分小舌音与舌根音，k代表ᡴᠠ［q′］与ᡴᡝ［k′］，g代表ᡤᠠ［q］与ᡤᡝ［k］，h代表ᡥᠠ［χ］与ᡥᡝ［x］，以图简便。这种简便的转写法，虽然用以转写新满文基本可行，但不完全适用于老满文和过渡期满文的转写与还原。因此，在本文转写中，增加q、ɢ、χ3个字母，分别用以转写前述3个小舌音，原有的k、g、h3个字母仅分别用以转写前述3个舌根音，即本文中，将ᡴᠠ［q′］转写为q，ᡤᠠ［q］转写为ɢ，ᡥᠠ［χ］转写为χ，ᡴᡝ［k′］转写为k，ᡤᡝ［k］转写为g，ᡥᡝ［x］转写为h。这种改进方法，有利于准确还原满文的书写形式。辅音字母ᡴ、ᡤ、ᡥ亦分别以k、g、h转写。老满文、过渡期满文不同于新满文者，均在转写字母的右上角添加上标阿拉伯数字如t^1、d^2等，以体现其

作者系北京市社会科学院满学研究所研究员，中国人民大学历史学院清史研究所兼职教授、博士生导师。

本文为2016年度教育部人文社会科学重点研究基地重大项目（项目批准号：16JJD770038）的阶段性研究成果之一。

不同书写形式，便于正确还原。此外，参照新满文“第六元音”字母转写为“ū”的方法，将老满文、过渡期满文元音字母“o”的阴性形体转写为“ō”，过渡期满文元音字母“u”的阴性形体转写为“ū^1”，使转写符号基本一致，便于还原①。

一、老满文字母（o）与（ō）

己亥年（1599）二月，清太祖努尔哈齐指示巴克什额尔德尼、扎尔固齐噶盖借用回鹘蒙古文拼写满语，创制了（manju bithe）即“满洲文字”②。这种文字同回鹘蒙古文字一样，其右边没有圈点，后人遂称之为（tongki fuqa aqū hergen），即“无圈点字”③，又称“老满文”。

在老满文元音字母中，（o）、（ō）分别为圆唇、后半高、宽元音［o］的阳性形体和阴性形体的独立形式。在单词中，其词首形式分别为（o）、（ō），词中形式分别为（o）、（ō），词尾形式分别为（o）或（o）、（ō）。元音字母（独立式音节末形式）（o）与辅音字母（独立式音节首形式）（b）、（p）组成的音节字（bo）、（po）出现在词尾时，其词尾形式为（o）；与其他辅音字母（独立式音节首形式）如（n）、（s）组成的音节字（no）、（so）等出现在词尾时，其词尾形式为（o）。例如：（ombi，去得）、（orin，二十）、（cooχ^{1}a，兵）、（d^{1}obori，夜）、（tond^{1}o，公、忠、直）、（χ^{1}olo，虚假）④、

---

① 关于转写法的改变情况，详见拙文《〈无圈点档〉诸册性质研究——〈张字档〉与〈来字档〉》之表1，载常越男主编：《满学论丛》第九辑，沈阳：辽宁民族出版社，2020年版，第69—72页。

② 参阅中国第一历史档案馆藏《daicing gurun i taidzu χorongGo enduringge χūwang-di yargiyan qoli》卷2，第2—3页。《大清太祖武皇帝实录》卷2，台北：台北故宫博物院，1970年影印本，第77页。《满洲实录》卷3，北京：中华书局，1986年影印本，第110—112页。

③〔清〕宜兴：《清文补汇》卷5，乾隆五十一年（1786）刻本，第27页。

④《满文原档》第1册，台北：台北故宫博物院，2005年影印本，第2、4、37、47页。

（olbo，马褂）[1]、（χ^{1}oobo，即（χobo），棺）[2]。再如：（ōχ^{1}aqū^{1}，未允）、（ōjiraqū^{1}，不可）[3]、[4]（d^{1}ōro，道）、（bōso，布）[5]。

稽其来源，满文元音字母（o）、（ō）及其词首、词中、词尾书写形式统统来自回鹘蒙古文。在回鹘蒙古文里，“o元音。此元音在回鹘蒙古文中分别为词首作，词中作或”，“ö元音。此元音在回鹘蒙古文中分别为，词首作，词中作、或”[6]。显然，16世纪末叶，清太祖努尔哈齐命巴克什额尔德尼等人借用蒙古文创制文字拼写满语时，直接借用回鹘蒙古文的元音字母（o）和（ö），故其各种书写形体均相同。

至于回鹘蒙古文（ö）的词中形式又作或，在很大程度上是基于蒙古语严格的元音和谐律推导出来的主观认识。如果满语的元音和谐规律同蒙古语一样严格，也可以说老满文元音字母（ō）的词中形式又作或，词尾形式又作或，这是无可置疑的。譬如在《荒字档》内，包含元音［e］和［o］的词汇共出现65次，除借词、人名、地名以及附加成分外，满语固有词汇有（d^{2}eo，弟）以及（d^{2}eoi，弟的）、（d^{2}eot^{1}e，众弟）等[7]。在《昃字档》内，有（se^{1}ole^{1}，令思虑）以及（se^{1}ole^{1}me^{1}，-mbi，考虑）、（se^{1}ole^{1}h^{1}e，思虑了）等词[8]。在《张字档》内，有（nioh^{1}e，狼、狼皮）、（neon）即（nun，妹）[9]。这些词汇里，出现在词中的（o）和词尾的（o），可以参照上述回鹘蒙古文的情况，作为元音字母（ō）的词中和词尾形式之一。

考其读音，满蒙之间亦有共同之处。在回鹘蒙古文中，元音字母（o）的读音为［ɔ］，“《秘史》等汉字标音文献中词首一般作‘斡’，带有辅音的音节一般以‘那、孛、可、歌、抹、罗、脱、朵、勺……’等字来表达”；元音

[1]《满文原档》第2册，第40页。
[2]《满文原档》第5册，第92页。
[3]《满文原档》第2册，第32、57页。
[4]《满文原档》第1册，第374页。
[5]《满文原档》第2册，第15页。
[6] 嘎日迪：《中古蒙古语研究》，沈阳：辽宁民族出版社，2006年版，第103、106页。
[7]《满文原档》第1册，第3、7、8页。
[8]《满文原档》第1册，第348、326、358页。
[9]《满文原档》第2册，第321、517页。

字母（ö）的读音，“《秘史》等汉字标音文献中词首一般作‘斡’，在辅音之后构成音节一般以‘那、孛、可、歌、抹、罗、脱、朵、勺……’等字来表达，与o音的标音几乎无异”[1]。在老满文中，元音字母（o）、（ō）的读音相同，都读［ɔ］音。例如：天命九年（1624）《寒字档》内有一些满汉对照的记载，其中与老满文书写的人名（looja）对应的汉文作“老张”，与（oolan）对应的汉文作“襖乱”，与地名（tomid^{1}o）对应的汉文作“陀弥倒”，与（χ^{1}oif^{1}a）对应的汉文作“迴扒”即辉发[2]。以上这些人名、地名，在乾隆中期以新满文“音写”的《加圈点字档》里，分别写作（looja）、（oolan）、（tomido）、（χoifa）[3]。由此可见，自清太祖时期直至清高宗时期，大约150年间，元音字母（o）的读音为［ɔ］，并无变化。

至于（ō）的读音，在《满文原档》里没有发现对应的汉字，但发现当时（o）与（ō）两者通用，兹举4组例句如下：

例1：《张字档》作sini g^{1}ūru^{1}n i dōlo t^{1}ebu^{1}f^{1}i …… sini dōlo ɢ^{1}ū^{1}nic^{1}i end^{2}embio[4].

《来字档》作sini g^{1}ūru^{1}n i dolo t^{1}ebu^{1}f^{1}i …… sini dōlo ɢ^{1}ū^{1}nic^{1}i end^{2}embio[5].

例2：《列字档》作mantai χ^{1}an boco d^{2}e amu^{1}ran[6].

《冬字档》作mantai χ^{1}an bōc^{1}o d^{2}e amu^{1}ran[7].

例3：《列字档》作jaqū^{1}n bood^{2}e d^{1}osire^{1} jaqa[8].

《冬字档》作jaqū^{1}n boo de dōsire jaqa[9].

---

①《中古蒙古语研究》，第104、106页。

②《满文原档》第4册，第100—102页。

③ 中国第一历史档馆整理：《内阁藏本满文老档》第6册，沈阳：辽宁民族出版社，2009年影印本，第2817—2819页。

④《满文原档》第2册，第239页。

⑤《满文原档》第3册，第86页。

⑥《满文原档》第3册，第168页。

⑦《满文原档》第3册，第389页。

⑧《满文原档》第3册，第215页。

⑨《满文原档》第3册，第411页。

例4：《列字档》作 amba d^{1}ōro be^{1} ad^{1}arame^{1} jaf^{1}ambi[1].

《冬字档》作 amba d^{1}oro be^{1} ad^{1}arame^{1} jafambi[2].

以上档册中，《张字档》《列字档》都是原始记录的抄录件，《来字档》是《张字档》经过编辑修改以后的誊清件，《冬字档》是《列字档》经过修改以后的誊清件。然而，同一时期同一句话中同一个词的同一个元音，在不同的档册里却有两种不同的书写形式。显然，在这些句子里，就其音义而言，dōlo（内）等同于 dolo（内），boco（色）等同于 bōc^{1}o（色），d^{1}osire^{1}（-mbi，入）等同于 dōsire（-mbi，入），d^{1}ōro（政）等同于 d^{1}oro（政）。换言之，元音字母（ō）的读音等同于（o）。

此外，后世有些教科书如清世宗时期成书的《清文启蒙》中，满文字母（o）与（ō）的注音汉字也相同，均为“窝”[3]。

由此推断，在满语中，元音字母（ō）的读音与（o）无异，亦读为［ɔ］音。这一点与蒙语略有差异，因为在蒙古语中元音（ö）已有独立的音位。

值得注意的是，在《满文原档》内，阳性元音字母（o）、阴性元音字母（ō）以及相应的音节字常常混用，阴差阳错的现象也较为多见。例如：《张字档》有（ōχ^{1}aqu，未允）[4]之言，本应作（oχ^{1}aqu）即新满文（oχaqū），因为该词内 χ^{1}a、qu 都是阳性音节字。又有（ōji-raqu，不可）[5]之言，本应作（ojiraqu）即新满文（ojoraqū），因为该词内 ji 为中性音节字，ra、qu 均为阳性音节字。《寒字档》有人名（jōtai），对应的汉文作“赵太”[6]，本应作（jotai），因为该词内 tai 是阳性音节字。乾隆抄本《加圈点字档》作（jaotai），显然是根据汉文“赵太”改写了。《黄字档》有人名（tōkina）[7]，本应作（tokina），乾隆抄本《加圈点字档》即作（tokina），因为该词内 ki 是中性音节字，na 是阳

①《满文原档》第3册，第369页。
②《满文原档》第3册，第453页。
③〔清〕舞格寿平：《满汉字清文启蒙》卷1，三槐堂梓行本，第1页。
④《满文原档》第2册，第32页。
⑤《满文原档》第2册，第57页。
⑥《满文原档》第4册，第135页。
⑦《满文原档》第4册，第425页。

性音节字。又有人名（sōju^1）①，本应作（soju^1）即新满文（soju），乾隆抄本《加圈点字档》即作（soju），因为该词内ju^{1}为阳性音节字。《洪字档》有人名（bōjina）②，本应作（bojina），因为该词内ji为中性音节字，na为阳性音节字。《往字档》有名词（tōngG^{1}o，线）③，本应作（tongG^{1}o）即新满文（tongGo），因为该词内G^{1}o为阳性音节字。又有词组（χ^{1}ulχ^{1}a χ^{1}ōlo，盗贼）④，并将（χ^{1}ōlo）圈划，改为（χ^{1}olo），即新满文（χolo）。

究其原因，老满文虽借用回鹘蒙古文元音字母（o）和（ö）及其各种书写形式，但满蒙语言互有差异。蒙古语元音和谐较为严谨，因此在回鹘蒙古文里，阳性元音字母（o）“出现在阳性元音词汇中”；阴性元音字母（ö）“只出现在阴性词第一和第二音节中，其后极少出现”⑤。而满语则略有不同，元音和谐律自有其特点，全盘照搬回鹘蒙古文的书写规则，似乎不太可能。另外，创制满文时，也没有根据满语的具体情况制定相应的使用规则。因此，在《满文原档》里，同一个单词的书写形式既有阳性形式、阴性形式，也不乏阴差阳错的书写形式。这是老满文书写形式五花八门的主要原因，客观上增加了人们阅读和利用的难度。

二、过渡期满文（o）、（ō）依旧

过渡期满文是指老满文（无圈点字）向新满文（加圈点字）转变阶段的满文。其显著特点是开始在老满文有些元音字母和音节字的右边增加圈点，或改变形体，以区分形体雷同的元音字母和音节字，但其形体又不完全等同于新满文。因此，今人称之为“过渡期满文”，又称为“半加圈点字”。从《满文原档》书写文字来看，老满文行用20多年后的天命末年起，至天聪六年（1632）颁布新“满文十二字头”止，为过渡期满文的起止时间，经历了10年左右的光景。在此期间，人们在使用老满文的过程中积极探索，试行文字改

①《满文原档》第4册，第425页。
②《满文原档》第5册，第205页。
③《满文原档》第5册，第307页。
④《满文原档》第5册，第310页。
⑤《中古蒙古语研究》，第107页。

革，以消除老满文形体雷同的弊病。总结这10年文字改革的成就，主要有两条：一是在某些元音字母或音节字的右边增添圈点；二是改变某些元音字母或音节字的书写形式。

在过渡期满文里，圆唇、后半高、宽元音仍有阳性形体（o）和阴性形体（ō），原本在老满文中与之形体雷同的圆唇、后高、窄元音的阳性形体和隐性形体分别在右边增加一点，变为（u）和（ū^{1}），使这4个元音字母各自具备不同的形体了。

在过渡时期，元音字母（o）和（ō）的使用情况也依然如故，没有发生任何变化。不过，相对而言，元音字母（o）用得多，（ō）用得少。例如：记载丁未年（明万历三十五年，公元1607年）三月至天命四年（1619）三月政务的《荒字档》内，（o）出现3199次，如（cooχ^{1}a，兵）、（tosoχ^{1}o，－mbi，堵截）①，而（ō）未见一次。记载天命六年（1621）二月至天命七年（1622）四月政务的《张字档》内，（o）出现7870次，而（ō）仅出现18次，如：（tond^{1}o，忠直）、（morin，马）（bōso，布）、（χ^{1}olo，虚伪）②。记载天命六年七月至十一月的《来字档》内，（o）出现1385次，而（ō）仅出现13次，如：（d^{1}oroi，以礼）、（omibu$^{1}\chi^{1}$a，使喝了）、（bōd^{1}ome^{1}，－mbi，筹划）、（dōolo，内）③。再如：记载天聪元年（1627）正月至十二月政务的《天字档》内，（o）出现3512次，而（ō）仅出现9次，如：（tond^{1}o，忠直）、（ofi，因为）、（d^{1}ōro，道、礼）、（ōfi，因为）④。记载天聪二年正月至十二月政务的《闰字档》内，（o）出现1439次，而（ō）仅出现7次，如：（c^{1}ooχ^{1}a，兵）、（oc^{1}i，若是）、（bōlori，秋）、（d^{1}ōlo，内）⑤。

此外，在过渡时期，在老满文有些音节字的右边增加圈点或改变形体以区分形体雷同的音节字，经过了种种尝试，并非一蹴而就。因此，在过渡期满文里，同一个音节字往往具有不同形体。以音节字（独立式）（to）、

① 《满文原档》第1册，第3页。
② 《满文原档》第2册，第1、2、15、23页。
③ 《满文原档》第3册，第4、28、86页。
④ 《满文原档》第6册，第5、47、108页。
⑤ 《满文原档》第6册，第229、248、253页。

（d^{1}o）为例，在老满文里，两者形体雷同，都没有其他书写形式。例如：在《荒字档》里，（to）出现135次，如（tosoχ^{1}o，堵截了）、（tond^{1}o，公正、忠直）①；（d^{1}o）出现296次，如（d^{1}obori，夜）、（d^{1}osiqa，进入了）②。再如：在《张字档》里，（to）出现431次，如（χ^{1}oltome^1，－mbi，欺骗）、（tond^{1}o，公正、忠直）③；（d^{1}o）出现692次，如（d^{1}onjif^{1}i，－mbi，听）、（bod^{1}ome^1，－mbi，算）④。

而在过渡期满文里，音节字（独立式）（to）又作（t^{1}o），例如：《收字档》天命十年（1625）四月记事内，有言曰（baχ^{1}a olji niy^{1}alma morin iχ^{1}an ai ai jaqa i t^{1}on be^1 g^{1}et^{1}uken i bith^{1}e araf^{1}i ūngg^{1}i，将所获俘虏人马牛一应物件之数，缮具清册咨送）、（ūksin i t^{1}on emu^1 mingɢ^{1}an su^{1}nja tangɢ^{1}u ūksin：kut^{1}ule^{1}i t^{1}on emu^1 tangɢ^{1}u su^{1}sai，披甲之数，一千五百名披甲。跟役之数，一百五十名）。又天命十年八月记事内，有言曰（ɢ^{1}ajiχ^{1}a angɢ^{1}alai t^{1}on emu^1 mingɢ^{1}an u^{1}y^{1}u^{1}n tangɢ^{1}u，带来的人口之数，一千九百）⑤。

在过渡期满文里，音节字（独立式）（d^{1}o）改作（do），例如：《列字档》之（dobihi，狐皮）、（dorji，多尔济，人名）⑥。再如：《冬字档》之（bodo，－mbi，筹划、计算）、（dobori，夜）、（doɢ^{1}on，渡口）、（doofi，－mbi，渡过）、（dolo，内）⑦。然而，偶尔仍作（d^{1}o），例如：《来字档》天命六年七月记事内之（liod^{1}on，辽

① 《满文原档》第1册，第3、8页。
② 《满文原档》第1册，第3、10页。
③ 《满文原档》第2册，第1页。
④ 《满文原档》第2册，第2、5页。
⑤ 《满文原档》第4册，第280、308、309页。
⑥ 《满文原档》第3册，第391、402页。
⑦ 《满文原档》第3册，第409、427、456页。

东）[1]，《冬字档》天命八年（1623）二月记事内之（bod^{1}o，-mbi，筹划、计算）[2]。或又作（d^{3}o），例如：《收字档》天命十年正月记事内，有言曰（bi hiosiolara d^{1}eoc^{1}ile^{1}re^1 d^{3}oroi G^{1}ajif^{1}i sarilambi，我以孝悌之礼，召来宴请）。同年五月记事涂抹文字内，有（d^{3}osiqa，-mbi，进入）之言。八月记事内，又有（ūnc^{1}ih^{1}en d^{2}e ju^{1}š^{1}e^{1}n i c^{1}ooχ^{1}a d^{3}osif^{1}i mūke de fe^{1}kumbu^{1}f^{1}i waχ^{1}a，女真兵杀入队尾，使其淹死）之言[3]。在天聪初年的记载中，音节字（独立式）（to）是其唯一的书写形式，而（d^{1}o）与（do）往往混用。例如：在《天字档》内，（to）出现131次，未见其他书写形式；（d^{1}o）出现212次，如（d^{1}oosoraqu，耐不住）、（tond^{1}o，公正、忠直）[4]，（do）出现122次，如（doro，礼）、（dosire，-mbi，进入）[5]。

如果从音素文字角度来看，在过渡期满文里，辅音字母t的独立式音节首形式有4种，即在元音字母a、o、i上，除作（t）之外，又作（t^1）；在元音字母e、u、ū上，除作（t）之外，又作（t^1）、（t^2）或（t^3）。辅音字母d的独立式音节首形式也有4种，即在元音字母a、o、i上，除作（d）之外，又作（d^1）或（d^2）；在元音字母e、u上，除作（d）之外，又作（d^1）、（d^2）或（d^3）。

由上可见，过渡期满文通过增加圈点或改变形体，以区分形体雷同的字母或音节字，也是一个较为杂乱的过程。从音素文字的角度来看，辅音字母右边增加圈点或改变形体者尤为混乱。换言之，老满文向新满文过渡时期的经历相当复杂，超乎常人的想象。

---

① 《满文原档》第3册，第16页。
② 《满文原档》第3册，第410页。
③ 《满文原档》第4册，第255、290、301页。
④ 《满文原档》第6册，第5页。
⑤ 《满文原档》第6册，第3、11页。

三、新满文删除ᠥ（ō）及其原因

天聪六年（1632）正月，清太宗皇太极命巴克什达海改进满文，并颁布新满文（加圈点字）“十二字头”。于是，新满文宣告诞生。据《洪字档》记载：“《十二字头》原无圈点，上下字无别，‘塔’‘达’‘特’‘德’，‘扎’‘哲’‘雅’‘叶’不分，皆为一体。若是寻常语句，视其韵律，即刻晓得，容易也。若是人名、地名，则导致错误，不可也。遂于金国天聪六年孟春月，达海巴克什奉汗之命，加圈点以别之。”继而又记载：“将原字头亦仍旧先写矣。后贤视之，所区分者，若有补于万一则已，若怪诞不经，则旧字头昭然犹在。”①显然，新满文“十二字头”不是“加圈点以别之”这么简单，一定对原字头进行了较大的改动，否则不会发生“将原字头亦仍旧先写”的事情。从后来新满文“十二字头”来看，其较大的改动应该是从“十二字头”中删除了圆唇元音字母的阴性形体ᠥ（ō）和ᠦ（ū'）及其与辅音字母组成的所有音节字，只保留其阳性形体ᠣ（o）和ᡠ（u）及其与辅音字母组成的所有音节字。至此，满文元音字母只剩5个，即ᠠ（a）、ᡝ（e）、ᡳ（i）、ᠣ（o）、ᡠ（u），音节字的数量也减少了许多。关于元音字母ᡠ（u）与ᠦ（ū'），已有专文论述②，恕不赘述。在此，仅就ᠣ（o）与ᠥ（ō）略做考察。

在新满文中，为何从“十二字头”中删除圆唇、后半高、宽元音的阴性形体ᠥ（ō）以及相应的音节字，只保留其阳性形体ᠣ（o）以及相应的音节字？究其原因，这取决于满语自身的特点。不可否认，作为阿尔泰语系所属语言，满语和蒙古语有诸多相同或相似之处。然而，这两种语言毕竟分属不同的语族，彼此之间也有许多差异，特别是元音［ɔ］在这两种语言中的差异较大。在蒙古语中，唇元音o、ö在中古蒙古语中已成为音位③，构词时分别出现在阳性词和阴性词里，其语法变化也分别遵从阳性或阴性词的变化规则。而在老满文中，元音字母ᠣ（o）和ᠥ（ō）只是从回鹘蒙古文借用的阳性和阴性形体，可以同阳性或阴性元音字母构成词汇，除此之外似乎还没有分化为两个音位。

---

①《满文原档》第5册，第139页。

② 详见拙文《满文圆唇后高窄元音字母形体之演变——基于〈满文原档〉的考察》，《满语研究》2021年第1期。

③《中古蒙古语研究》，第109页。

尤其显著者，满语唇形和谐构成的词汇在语法上具有很强的独立性，元音［o］同阳性元音［a］、阴性元音［e］往往并驾齐驱，形成“三足鼎立”之势。其种种表现形式，详见如下。

1. 名词的复数形式。满语和蒙古语的名词都有单数和复数形式，但有所差异。“蒙古语名词的数，主要用附加成分表示。名词的词干形式就是单数形式，单数形式上接加各种复数附加成分，就可以得出一系列复数形式。”各种附加成分中，使用“广泛”、“可以满足名词数的变化的一般要求”的附加成分，实际上也只有一种，即“加在以元音结尾或以辅音n结尾的表示人和事物的名词后边”的（nuγud）、（nügüd）和“加在以辅音（除n）结尾的表示人和事物的名词后边”的（ud，üd）。“这两个附加成分（指nuγud、nügüd和ud、üd——引者），实际上是一种”，“在口语中一般只用［ʊ：d］，［u：d］的形式。在以长元音、复元音结尾的词后则变为［gʊ：d］，［gu：d］”[①]。从词性角度而言，则（nuγud）、（ud）接在阳性名词后边，（nügüd）、（üd）接在阴性名词后边。

满语的复数形式与之相似，而使用广泛、可以满足名词一般变化要求的附加成分包括（sa）、（se）、（so）3个。其中，（sa）用于阳性词后面，（se）用于阴性词后面，（so）用于唇形和谐词后面，例如：（amban，大臣）→（ambasa，大臣们）、（beile，贝勒）→（beise，贝勒们）或（beilese，贝勒们）、（gioro，觉罗）→（gioroso，觉罗们）。

2. 动词的一般过去时形式。满语和蒙古语动词一般过去时的表现形式亦有差异。在蒙古语中，（ǰi）、（či）、（ǰai，ǰei）、（čai，čei）表示一般过去时，而“是句末结束形式，是下边接加别的语气词或连接动词的形式（旧书面语上只用ǰuqui ǰüküi čuqui čüküi这几个形式）”[②]。显然，从词性角度来看，也只分阳性和阴性附加成分，（ǰuqui）、（čuqui）以及（ǰai）、（čai）是阳性附加成分，

① 清格尔泰：《蒙古语语法》，呼和浩特：内蒙古人民出版社，1991年版，第140—142页。

②《蒙古语语法》，第260页。

（ǰükü i）、（čükü i）以及（ǰei）、（čei）是阴性附加成分，分别接加在阳性、阴性词汇后边。

而满语动词的一般过去时形式附加成分，也有（χa）、（he）、（χo）或（qa）、（ke）、（qo）各3个。其中，（χa）、（qa）用于阳性词后面，（he）、（ke）用于阴性词后面，（χo）、（qo）用于唇形和谐词后面，例如：（afambi，战）→（afaχa，战了）、（etembi，胜）→（etehe，胜了）、（obombi，洗）→（oboχo，洗了）、（χafumbi，透）→（χafuqa，透了）、（jembi，吃）→（jeke，吃了）、（fosombi，照耀）→（fosoko，照耀了）。

在满语中，这种“三足鼎立”之势，在其他方面也多有表现，例如：

——黏附在名词词根后构成动词的附加成分有（la）、（le）、（lo）3个。其中，（la）用于阳性词词干后面，（le）用于阴性词词干后面，（lo）用于唇形和谐词词干后面，例如：（aχūn，兄）→（aχūlambi，居长）、（sebjen，乐）→（sebjelembi，快乐）、（songqo，踪迹）→（songqolombi，遵照）。

——黏附在名词词根后构成形容词的附加成分有（ngGa）、（ngge）、（ngGo）3个。其中，（ngGa）用于阳性词词干后面，（ngge）用于阴性词词干后面，（ngGo）用于唇形和谐词词干后面，例如：（aχūn，兄）→（aχūngGa，年长的）、（dere，脸面）→（derengge，体面的）、（doro，礼）→（doronggo，端庄的）。

——分配数词附加成分有（ta）、（te）、（to）3个。其中，（ta）用于阳性词后面，（te）用于阴性词后面，（to）用于唇形和谐词后面，如：（ilan，三）→（ilata，每三、各三）、（emke，一个）→（emte，每一个、各一个）、（tofoχon，十五）→（tofoχoto，每十五、各十五）。

——动词的完成体附加成分有（χa）、（he）、（χo），未完成体附加成分有（ra）、（re）、（ro）。其中，（χa）、（ra）用于阳性词后面，（he）、（re）用于阴性词后面，（χo）、（ro）用于唇形和谐词后面，例如：（χadambi，钉）→（χadaχa，钉了）→（χadara，要钉的）、（tembi，坐）→（tehe，坐了）→（tere，要坐的）、（bodombi，算）→（bodoχo，算了）→（bodoro，要算的）。

——动词共同态或多次体附加成分有（ca）、（ce）、（co）3个。其中，（ca）用于阳性词词干后面，（ce）用于阴性词词干后面，（co）用于唇形和谐词词干后面，例如：（ilimbi，站立）→（ilicambi，一同站立）、（adarambi，喧闹）→（adaracambi，常常喧闹）、（efimbi，玩耍）→（eficembi，一同玩耍）、（šurgembi，打战）→（šurgecembi，常常打战）、（songGombi，哭）→（songGocombi，一同哭）、（qorsombi，愧恨）→（qorsocombi，常常愧恨）。

——动词延续副动形式附加成分有（χai）、（hei）、（χoi）。其中，（χai）用于阳性词词干后面，（hei）用于阴性词词干后面，（χoi）用于唇形和谐词词干后面，例如：（χadambi，钉）→（χadaχai，钉着、注目）、（tembi，坐）→（tehei，坐着）、（bodombi，算）→（bodoχoi，算着）。

——动词完成体动名形式附加成分有（χangGa）、（hengge）、（χongGo），未完成体动名形式附加成分有（rangGa）、（rengge）、（rongGo）。其中，（χangGa）、（rangGa）用于阳性词词干后面，（hengge）、（rengge）用于阴性词词干后面，（χongGo）、（rongGo）用于唇形和谐词词干后面，例如：（χulambi，读）→（χulaχangGa，已读的）→（χularangGa，要读的）、（gisurembi，说）→（gisurehengge，已说的）→（gisurerengge，要说的）、（bodombi，算）→（bodoχongGo，已算的）→（bodorongGo，要算的）。

——附着在动词词干后构成先行副动形式的附加成分有（ngGala）、

（nggele）、（ngɢolo）3个。其中，（ngɢala）用于阳性词汇，（nggele）用于阴性词汇，（ngɢolo）用于唇形和谐词汇，例如：（afambi，战）→（afangɢala，战前、未见怎么样）、（ger-embi，天亮）→（gerenggele，天亮前）、（ombi，成为）→（ongɢolo，未然之前）。

由上可知，尽管满语也有元音和谐律，但与蒙古语相比不完全相同，有其独特之处。因此，从回鹘蒙古文中“拿来”的元音字母（o）与（ō）虽然和回鹘蒙古文一样，也分别属于阳性形体和阴性形体，但与满语的实际情况不甚相符，因而在实际应用中导致一些混乱。随着时间的推移，其阴性形体（ō）最终被剔除，只保留其阳性形体（o），并使之成为中性元音字母。

从实际使用情况来看，新满文删除元音字母（ō）以及相应的音节字有利无弊。其利有三：一是从根本上消除了一词多形的弊病。元音字母（ō）以及相应的音节字被删除后，元音字母（o）变成中性元音字母，无论阳性和谐、阴性和谐还是唇形和谐的词汇中，一律使用元音字母（o）一种形式，不再考虑不同形体问题，从而彻底消除了同一个词用阳性形体或阴性形体书写的弊病。二是更能体现满语固有的语法特点。满语表示语法意义的附加成分中，包含阳性元音［a］、阴性元音［e］和中性元音［o］的附加成分往往并驾齐驱，形成“三足鼎立”之势。三是简化了唇形和谐词汇的书写形式。由于唇形和谐的词汇不再分为阳性形体和阴性形体，只用（o）一种书写形式，客观上降低了书写难度，使满文的书写更加简便了。

四、余论

综上所述，在老满文中，圆唇、后半高、宽元音字母有阳性形体（o）和阴性形体（ō），由于老满文无圈点，所以其形体分别与圆唇、后高、窄元音字母的阳性形体（u¹）和阴性形体（ū）雷同。只有在特定语言环境中，才能加以区分①。在过渡期满文中，圆唇、后半高、宽元音字母依然保持其阳性形体（o）和阴性形体（ō），而圆唇、后高、窄元音字母的阳性形体和阴性形体分别变为（u）和（ū¹），使四者各自具有不同的形体，易于区分

① 详见拙文《满文圆唇后高窄元音字母形体之演变——基于〈满文原档〉的考察》。

了。在新满文中，圆唇、后半高、宽元音字母的阴性形体（ō）和圆唇、后高、窄元音字母的阴性形体（$ū^1$）以及相应的音节字都被删除，使满文元音字母只剩下（a）、（e）、（i）、（o）、（u）5个，音节字的数量也减少了许多。这是满文发展演变史上最大的变化，有利而无害。

值得注意的是，新满文“十二字头”颁布后，在《满文原档》里偶尔也出现老满文书写形式和元音字母（ō）的形体。例如：《地字档》天聪六年（1632）二月十二日记事内，出现（$yōngkiy^1aki$，-mbi，全备）一词，同月二十日记事内，出现（$fōnd^2e$，于……时）一词①。尤其用老满文书写的词汇在新满文中有所遗留，且一直存在。在康熙《御制清文鉴》和乾隆《御制增订清文鉴》等辞书中均有收录。例如：（ōlet，额鲁特）一词，应该早期从蒙古语（ögeled [o：ld]，额鲁特）②音译的借词。在《御制增订清文鉴》中，（ōlet）之汉字注音为“谔[勒额]特”，对应的汉语作“厄鲁特”③。另据《御制增订清文鉴·十二字头》汉字注音可知，与元音字母（o）对应的汉字作“鄂”，与（u）对应的汉字作“乌”，与（ō）对应的汉字作“谔”④。显然，鄂、谔同音。当时，满洲人名首音（o）亦以汉字“鄂”音译，例如：雍正八年（1730）至十二年青州将军鄂弥达之名，满文即为（omida）⑤。再如：雍正十三年至乾隆十年（1745）保和殿大学士、军机领袖鄂尔泰之名，满文即为（ortai）⑥。由此可见，（ō）的读音与（o）同，均读为［ɔ］音。额、厄亦同音。因此，满语（ōlet）的读音应为［ɔlet］，汉语作额鲁特，又作厄鲁特。再如：词语（ōren tuibumbi），汉字注音作“谔[呼额]恩 [图乌]衣[补乌]穆[毕伊]”，对应汉语作“上坟烧衣帽”⑦。单词（ōren），汉字注音作“谔[呼额]恩”，对应汉语作“像”⑧。单词

---

①《满文原档》第8册，第104、112页。

② 内蒙古大学蒙古学研究院蒙古语文研究所：《蒙汉词典（增订本）》，呼和浩特：内蒙古大学出版社，1999年版，第276页。

③《御制增订清文鉴》卷3，乾隆《钦定四库全书》本，第38、41页。

④《御制增订清文鉴》卷1，第1页。

⑤ 满文《八旗通志初集》卷122，第40—48页。

⑥ 满文《八旗通志初集》卷117，第41页。

⑦《御制增订清文鉴》卷6，第58页。

⑧《御制增订清文鉴》卷19，第5页。

（ōlen），汉字注音作“谔勒额恩”，对应汉语作“房舍”[①]。词语（ōn cecike），汉字注音作“谔恩 车缕珂额伊额”，对应汉语作“灰儿”。词语（yacin ōn cecike），汉字注音作“鸦缕阿伊因 谔恩 车缕珂额伊额”，对应汉语作“皂儿”[②]。以上数例内，元音字母（ō）的读音，根据上述情况，无疑均为［ɔ］音，今人所编满语辞书均标为［ū］音，实不可取。

此外，康熙九年（1670）以降，因满文“十二字头”“句读太促”，为了“衬贴口韵”而添加的元音字母（物）以及相应的音节字如（怒）等[③]，均与本文无涉，拟另作专文探讨。

① 《御制增订清文鉴》卷21，第4页。

② 《御制增订清文鉴》卷30，第33页。

③ 转引自马腾：《沈启亮〈十二字头集注〉研究》，载《Saksaha》（喜鹊）第12卷，2014年版。

满语限定后置词解析

晓 春

关于后置词的定义，学界常常与前置词相对而论。《语言与语言学词典》解释为“一种小品词，与前置词相对，置于它所支配的名词之后”[①]。《辞海·语言学分册》解释为“后置词是放在实词后面具有前置词（或介词）一样的语法功能的虚词”[②]。法里春曾言“满语中的后置词像英语的前置词，不能单独使用，也不能重叠”[③]。王敌非认为“后置词与前置词、介词的语法功能相同，只是在句中的位置不同”[④]。世界上的语言多种多样，有些语言有丰富的前置词，有些语言的介词很发达，有些语言没有前置词只有后置词。总而言之，后置词、前置词、介词等都是表示各种语法意义的虚词类，其在句中的位置取决于该语言所属语系和结构特点。满语后置词用于名词、代词、动词形动形式以及名词类短语之后，构成后置词结构，与前面的词和短语一起表示时间、处所、目的、方向、范围、对象、状态、方式等意义。本文试图解析满语后置词中表示限定意义的teile、ebsihe、canggi、noho、gubci等5个后置词。

此5个后置词用于静词或动词形动形式后，对其前面的词增加限定范围或限定物种的语法意义。以往的研究中，学界将这5个词基本都归类到范围后置词。乌拉熙春先生认为满语范围后置词有teile、ebsihe（ebsihei）、canggi、noho、tulgiyen、ergide、saliyan 等7个[⑤]。季永海先生认为满语范围后置词有

作者系北京市社会科学院满学研究所副研究员。

① R. R. K. Hartmann，F. C. Stork：《语言与语言学辞典》，上海：上海辞书出版社，1981年版，第273页。

②《辞海·语言学分册》，上海：上海辞书出版社，1987年版，第49页。

③ 法里春：《论满语的后置词》，《满语研究》1985年第1期。

④ 王敌非：《满语后置词研究》，《黑龙江民族丛刊》2010年第4期。

⑤ 乌拉熙春：《满语语法》，呼和浩特：内蒙古人民出版社，1983年版，第302—303页。

teile、ebsihe、canggi、noho、gubci等5种[①]。高娃先生认为满语范围后置词有teile、ebsihe、canggi、noho等4种[②]。本人认为表示范围的后置词不止teile、ebsihe、canggi、noho、gubci这5个，还可以包括tulgiyen等词。teile、ebsihe、canggi、noho、gubci的共同点是表示某个物种的纯度或仅限于某范围之内的意思。所以本文将它们归类为限定后置词。

一、teile

teile一词，用于名词后面，表示“仅仅、只有”等意思。《大清全书》解释为“止有而已矣，仅”[③]。《清文启蒙》中解释为：“止字、独字、寡字、单是字、偏字、仅字，在句中用，此上必用i字，如有不用i字者，乃系成语，不在此例。”[④]《御制清文鉴》解释为“yaya fulu akū be teile sembi，geli mutere teile seme gisurembi，hūsun i ebsihe sere gūnin”[⑤]，意思是“将无其余，叫作teile，又说尽所能，表示尽力之意”。例如：

例1：ini beyei teile tubade bimbi.
他的 身的 仅 那里 在
寡他自己在那里。（摘自《清文启蒙》）

例2：ere baita be bi muterei teile sini jalın gisureme tuwaki.
此 事 将 我 能 仅 你的 为 说 看
这个事我仅着量儿，为你说着看。（摘自《清文启蒙》）

例3：giyan de acanaha gese damu wargi jugūn de，cooha be duin minggan
理应 于 合 像 惟 西 路 于 兵 将 四 千
teile fidehebi.
仅 调动
似属合宜，惟西路只调兵四千。（摘自《平定金川方略》）

---

① 季永海：《满语语法》，北京：中央民族大学出版社，2008年版，第229—230页。
② 高娃：《满语蒙古比较研究》，北京：中央民族大学出版社，2005年版，第165—166页。
③〔清〕沈启亮：《大清全书》，沈阳：辽宁民族出版社，2008年版，第205页。
④〔清〕舞格寿平：《清文启蒙》，雍正八年（1730）刻本。
⑤《御制清文鉴》（散语类）卷12，康熙四十七年（1708）武英殿刻本。

例4：taksihangge damu gung šeng，gin šeng ni teile.

生存的 只 龚 生 靳 生 的 仅

所存者惟生及靳。（摘自《择翻聊斋志异·苗生》）

例5：neneme bahai teile gajime jio.

先 得 仅 拿 来

先尽得尽解。（摘自《满文老档》）

例6：damu emu ajigan omolo anggasi urun i teile，geli daci šan hū ba sain i tuwaha bihe.

只 一 幼 孙 寡妇 的 仅 又 从来 珊瑚 地 好 以 看了 在

止一幼孙及寡妇，又尝善视珊瑚。（摘自《择翻聊斋志异·珊瑚》）

例7：jalan i eitereme yaburengge komso akū kai，damu mini beye i teileo?

世 的 欺骗 行者 少 无 矣 只 我的 自己 仅

世之为欺者不寡矣，而独我也乎。（摘自《卖柑者言》）

例8：an i ucuri sain de ertufi，mentuhun i saha teile jompi gisurehe.

平常 一向 好 于 倚仗 愚蠢 的知道 仅 提及 说了

仗着素日交好，就愚见所及，提白着说了。（摘自《清话问答四十条》）

以上例子来看，例1中teile用于词组ini beyei（他自己的）后面，表示只有“只他自己一个人”。例2中teile用于动词形动形式muterei（能）后面，表示为你说情“只能在能力范围内”。例3中teile用于数词duin minggan（四千）后面，表示西路调兵“只有四千”。例4中teile用于人名gin šeng ni（靳生）后面，是“唯独靳生”幸存的意思。例5中teile用于动词形动形式bahai（得的）后面，表示“尽得的”先拿来。例6中teile用于词组emu ajigan omolo anggasi urun i（一幼孙及寡妇）后面，表示“只有一幼孙及寡妇”一直善视珊瑚。例7中teile用于词组mini beye（我自己）后面，是“只有自己”的意思。例8中teile用于词组mentuhun i saha（愚所知的）后面，表示提及的“只有愚见”。

二、ebsihe

ebsihe一词，用于名词后面，表示“尽、仅”等意思。《御制清文鉴》解释为“mohotolo sere gūnin ergen bisire ebsihe，mutere ebsihe sere jergi gisun de baitalambi”[1]，意思是“至于穷尽之意，用于尽有生之年、尽所能等语”。例如：

例1：bi banitai mengde modo ojoro jakade，kemuni waka sabuburahū

我 生来 不开的窗呆笨 成为 因为 常常 错误 被看见

seme olhome，kundulere gūnin be yala mutere ebsihe wacihiyaha，aide feten

这样 畏惧 尊敬 心意 将果然 能 尽 完结 何处 品行

acarakū ubiyabuha be sarkū，jucehe ushaha balame.

不相合 讨人嫌 将 不知 咬紧牙 恼怒 罢了

我因为生来的死板拙笨，恐怕得罪人，把恭敬的心实然都费尽了，不知为什么不投缘讨他嫌，总像恼了似的。（摘自《庸言知旨》）

例2：tere tasha jing gūbadara，usung hūsun i ebsihe gidafi，

那 虎 正 挣扎 武松 力 尽 摁

umai sindarakū.

并无松宽

那只大虫急要挣扎，被武松尽力纳定，不得半点松宽。（摘自《水浒传》）

例3：aikabade jurgan giyan de bahaci acara ulin waka oci，niyalma udu

倘若 义理 上 得 应该 财 不 若 人 几

ai hacin hūsun i ebsihe kiceme baiha seme gemu baitakū.

何 种 力 的 尽 尽力 求 虽 都 无用

倘或不是义理上该得的财帛，人纵然怎么样，尽着力量谋求，都是不中用的。（摘自《清文启蒙》）

例4：wang halangga hūsun i ebsihei[2] hahilame sujuhei，ufuhu i abdaha

王 姓 力 的 尽 加快奔走 肺 的 叶 生气

---

[1]《御制清文鉴》（时令类）卷1。

[2] 清代满文文献里除了ebsihe，还常常出现ebsihei形式，疑受动词副动形式-hai/-hei/-hoi的影响所致。

fancame saraha turgunde, yamtun nimeku bahafi, ududu aniya otolo yebe
张开 因为 吼疾 得 几 年 至 愈

ohakū.
未

王尽力极奔，肺叶开张，以是得吼疾，数年不愈焉。（摘自《择翻聊斋志异·霍生》）

例5：ton i ebsihe afabume tucibuhe.
数 的 尽 交 出

尽数交出。（摘自《重刻清文虚字指南编》）

例6：banjire ebsihe emu nomun hūlarakū, emu tarni tarnilarakū.
生 尽 一 经 不念 一 咒 不念咒语

生平不奉一经，持一咒。（摘自《择翻聊斋志异·金和尚》）

例7：bisire ebsihe gemu gamaha.
有 尽 都 拿去

尽其所有都拿去了。（摘自《重刻清文虚字指南编》）

例8：tese be elere ebsihe ebitele ulebufi, hono obonggi arki omibume,
他们把 足够 尽 吃饱 给吃 还 泡沫 烧酒 使喝

simhuleme efihei, soktobufi teni unggihe kai.
划拳 玩 使醉 才 送走 啊

使他们尽量饱食一顿，还给达子烧酒哈，划了会子拳，灌醉了才打发去的。（摘自《清话问答四十条》第十七条）

以上例子来看，例1中ebsihe用于动词形动形式mutere（能）后面，表示“尽所能”。例2、3、4中ebsihe用于名词hūsun i（力）后面，表示从事某种事情的时候“尽力”。例5中ebsihe用于ton i（数）后面，是“按数全部”的意思。例6中ebsihe用于动词banjire（生平）后面，是“毕生”的意思。例7中ebsihe用于动词bisire（有）后面，表示“尽其所有”。例8中ebsihe用于动词elere（足够）后面，表示“尽量满足”。

三、canggi

canggi一词，用于名词后面，表示“尽是、全是”。《御制清文鉴》解释为

“teile sere gisun de adalikan”[①]，意思是雷同于“teile”，由此可知，teile和canggi所表达的语法意义基本相同。例如：

例1：tere colgoroko julergi alin de wehe canggi dere fejile.
那 超群 南 山 在 石 只是 吧 下
节彼南山，维石岩岩。（摘自《大清全书》）

例2：cu i ba i šurdeme alin i canggi，terei wargi julergi ergi geren hada
滁 地的 周围 山 的 仅有 彼 西 南 边 众 岩
bujan yohoron ele saikan.
林 壑 更 美
环滁皆山也，其西南诸峰，林壑尤美。（摘自《醉翁亭记》）

例3：gašan i dolo falgai boo ududu juwan ba，gemu hūwašan i canggi
村 的 里 申 家 几 十 处 都 和尚 的 仅
gurun gūwa akū，uthai gurun gūwa bikini，inu yadahūn hethe akū.
国 别人 无 就 国 别人 有呢 又 贫 家业 无
里中起第数十处，皆僧，无人，即有亦其贫无业。（摘自《择翻聊斋志异·金和尚》1021）

例4：duka tanggin gasha tule genere ba ci aname，yooni juwali i canggi
门 堂 鸟 外 去 处 从 依次 都 青蛙的 仅
niyalma gelhun akū toorakū fehurakū.
人 不敢 责骂 踩踏
门堂藩溷皆蛙，人无敢诟蹴之。（摘自《择翻聊斋志异·青蛙神》）

例5：aibici jihe bihe，beyei gubci gemu buraki canggi.
从哪里来 曾 身 全 都 灰土 尽
从哪里来着，浑身都是灰土。（摘自《清文启蒙》）

例6：bi damu sini anggai canggi genembi sehebe donjire dabala.
我 只 你的 嘴的 仅 去 说 听 罢了
我只听见寡你的嘴说去罢咧。（摘自《清文启蒙》）

例7：šu fiyeleni gisun aname icihi canggi，julge ci tetele gosiholome
文 章 语 依次 瑕疵 仅 古 从至今 痛

① 《御制清文鉴》（散语类）卷12。

songgohongge，damu biyan ho i teile tuttu tere.

哭者　　　只　　卞　和的 仅　即　矣

则文章之处处皆疵。古今痛哭之人，卞和惟尔。（摘自《择翻聊斋志异·叶生》）

例8：fiyanarara mangga holo canggi，terei yargiyan tašan be aibideri

扯谎　　　善于　假　　只有　他的 真　　假　将 从哪里

nambumbi.

捞着

驾虚弄空，他的真假，哪里捞得着呢?（摘自《清文指要》）

以上例子来看，例1中canggi用于名词wehe（石头）后面，表示“尽是石头”的意义。例2中canggi用于alin i（山）后面，表示“尽是山”。例3中canggi用于名词hūwašan i（和尚）后面，表示“尽是和尚”。例4中canggi用于名词juwali i（青蛙）后面，表示“尽是青蛙”。例5中canggi用于名词buraki（灰土）后面，为“尽是灰土”之意。例6中canggi用于词组sini anggai（你的嘴）后面，表示“我”只听见“仅凭你的嘴”里说出要去。例7中canggi用于名词icihi（瑕疵）后面，表示文章处处“都是瑕疵”。例8中canggi用于名词holo（假）后面，表示“只有假”。

四、noho

noho一词，用于名词后面，表示“尽是、全是”。《大清全书》解释为：“光地之光，光是草之光，纯是草之纯，纯是字之纯，依草之结营之依。”[①]《御制清文鉴》解释为“orho noho ba，muke noho ba sere jergi gisun de bait-alambi.bisire ba sere gūnin”[②]。意为“用于纯草地、尽是水地等语，所在之处的意思”。例如：

例1：hergen noho hoošan.

　　字　尽是　纸

纯是字在纸上。（摘自《大清全书》）

---

①《大清全书》，第81页。
②《御制清文鉴》（散语类）卷12。

例2：tereci juwe amji de puse noho sujei goksi emte bufi dorolome fudefi
由此 二 伯父 于 补子 尽 缎子 披领 各一 给 以礼 送
unggihe.
遣
又赐二伯父金团龙缎补服各一领，以礼送还。（摘自《满洲实录》）

例3：šun dekdere ergi ufuhu wehe noho šanggiyan alin tere inu.
日 升起 边 浮石 尽 白 山 矣
东方尽是浮石，乃东北一名山也。（摘自《满洲实录》）

例4：yasai juleri emu girin i ba gemu jahari noho.
眼 前的 一 带 的地 都 碎石 尽
眼前一带光是石子。（摘自《重刻清文虚字指南编》）

例5：hing hūwa，ciowan jeo，jang jeo ere ilan fu de yunggan noho usin
兴化 泉州 漳州 这 三 府 于 沙子 尽 田
labdu ofi，bargiyahangge gemu jakūn fun bi.
多 因 收的 都 八 分 有
兴化、泉州、漳州这三府因沙地多，收成皆有八分。（摘自《康熙朝·满保奏折》）

例6：wasihūn tuwaci gašan i dolo emgeri muke noho ba oho bime，umai
下 看 村 的 里 巳 水 尽 地 成 在 并
ini juse be gūnime isinahakū.
他的众子把 想 没有
下视村中，已为泽国，并不复念及儿矣。（摘自《择翻聊斋志异·水灾》）

例7：duin ici jugūn akū，muke i noho.
四 方 路 无 水 的 竟
四下无路，竟是水。（摘自《重刻清文虚字指南编》）

例8：selbihei ulhūn noho i šumin bade isinaha bici，holkonde jungken i
荡桨 芦苇 尽是的 深 处 到了 若 忽然 钟 的
jilgan yang seme edun i ici šan de bahabure jakade，tumen hacin i gūnin
声 钟响声 风 的顺 耳朵 于 听见 时 万 项 的 心思
seolen ede isinjifi，uthai muke de obuho adali，geterembuhekūngge akū.
虑 此 到 就 水 于 洗 一样 不使洗干净的 无

又撑着船将到了芦苇深处，忽然从顺风里听见……的钟声，到了那个时候，竟把那万宗的思虑，付与流水，无有不干干净净了。（摘自《清文指要》）

从以上例子来看，例1中noho用于名词hergen（字）后面，表示纸上“尽是字”。例2中noho用于名词puse（补子）后面，表示“尽是补子”。例3中noho用于名词ufuhu wehe（浮石）后面，表示“尽是浮石”的地方是白山。例4中noho用于名词jahari（碎石）后面，表示眼前一带地方“尽是碎石”。例5中noho用于名词yunggan（沙子）后面，表示“尽是沙子”是担心的主要原因。例6、7中noho用于名词muke（水）后面，表示“尽是水”。例8中noho用于名词ulhūn（芦苇）后面，表示“尽是芦苇”。

五、gubci

gubci一词，用于名词后面，表示“尽是、全是”。《大清全书》解释为“全，阖府之阖，一切，浑月之浑”[①]。《御制清文鉴》解释为“uheri geren be gubci sembi”[②]。意思是“把全、众叫作gubci”。《新满汉大辞典》解释为“全，全部，普遍，尽”，并把它归类于形容词[③]。例如：

例1：muke gocifi boo de bederefi tuwaci，gašan i gubci wacihiyama
水 消 家 于 归 看 村 的 全 耗竭
fulahūn susu oho.
墟墓 成了
水落归家，见一村尽成墟墓。（摘自《择翻聊斋志异·水灾》）

例2：jibehun i buheliyeme darang seme dedume，ulebuci，inu jeterakū，
被子 以 盖 （僵卧貌） 卧 喂 也 不吃
beye gubci yooni aibiha.
身 都 全 肿
蒙衾僵卧，食之，亦不食，体肤尽肿。（摘自《择翻聊斋志异·莲香》）

---

①《大清全书》，第343页。
②《御制清文鉴》（散语类）卷12。
③ 胡增益：《新满汉大辞典》，乌鲁木齐：新疆人民出版社，1994年版，第355页。

例3：booi gubci gemu saiyūn.
家 全 都 好吗
阖府安否？（摘自《大清全书》）

例4：tecibe ilicibe elhe akū，beyei gubci hūsun akū.
坐 立 安 无 身 全 力 无
坐立不安，浑身无力。（摘自《清文启蒙》）

例5：edun ici wasihūn tuhefi，hūwai gubci kiyalmame dekdehe.
风 顺 往下 落 庭院 尽 飘扬 起扬
随风扬下，飘泊满庭。（摘自《择翻聊斋志异·晚霞》）

例6：gurun i gubci hafan irgen gemu ferguwecuke kesi be alimbi.
国 的 全 官 民 都 奇 恩 把 受
全国官民均受奇恩。（摘自《使交纪事》）

例7：dartai ilha ilafi holkonde tubihe fahanaha，mooi gubci lakdahūri，
很快 开花 瞬间 果 结 树的 全 垂挂
amba bime fur seme wangga tucike.
大 而 喷发 味 出
倏而花，倏而实，硕大芳馥，累累满树。（摘自《择翻聊斋志异·种梨》）

从以上例子来看，例1中gubci用于名词gašan i（村子）后面，为"全村"都成为墟墓的意思。例2中gubci用于名词beye（身体）后面，表示"全身"都浮肿。例3中gubci用于名词booi（家）后面，表示"全家"安好。例4中gubci用于beyei（身体）后面，表示"全身"无力。例5中gubci用于hūwai（院）后面，表示"全院"都风雪飘扬。例6中gubci用于名词gurun i（国家）后面，表示"全国"的官民都受恩。例7中gubci用于名词mooi（树）后面，表示"满树"都结果子垂挂的状态。

六、结论

通过分析可知满语限定后置词有如下特点：

其一，满语限定后置词在名词、数词等静词后面使用时，除了noho基本都要求前面有领属格助词。

其二，动词后面使用时，要求前面的动词是以-ka/-ha/-ke/-he/-ko/-ho或-

ra/-re/-ro结尾的形动形式。

其三，满语5个限定后置词里，唯独gubci是专门表示范围的限定后置词，其前面一般都使用表示范围的词；canggi和noho表示人或物，其前面一般都使用yunggan（沙子）、muke（水）、hergen（字）等名词。teile和ebsihe的意思相近，其前面名词或动词都可以使用，表示“仅”“只”。

化成天下

——《御制清文鉴》序言反映的文治观

蔡名哲

清代的满语词典甚为丰富，而其中康熙朝后期完成的《御制清文鉴》更是颇具特色，历来受到学者的重视。《御制清文鉴》于康熙十二年（1673）由皇帝下令编纂，至康熙四十七年完成，全书以满语解释满语，并无汉字。该书为清宫所修纂的第一部大型满文词典，以百科全书的形式编纂，收录有280类12000多条词汇，其中约14%的词汇还有出自汉文经典的满文例句[①]。

与其他满文词典相比，《御制清文鉴》颇为特殊。满文词典出现颇早，入关不到40年的康熙二十二年，便有江苏人沈启亮所著之《大清全书》刊刻，以满文十二字头音序排列，在满文词条下附有对应之汉文[②]，康熙三十九年则有官修的《满汉类书》刊刻，以类目的方式排列，在满文下写有对应之汉文。上述词典都是简单地以汉文对应，却没有对于每个词汇的详细解释，由此便可看出《御制清文鉴》这种以满文释义满文的特殊性。

乾隆三十六年（1771），在《御制清文鉴》的基础上，另外编成了《御制增订清文鉴》，形式上仍保留以满文解释满文的方式，但加上了满文的汉文切音、汉文的满文切音以及满文词汇对应的汉文词汇；内容上则有两个比较大的改动，一是删除了《御制增订清文鉴》中的例句，二是“综计续入新定国语五千余句”，增加了许多新的满文词汇。

《御制清文鉴》《御制增订清文鉴》对清代满文词典有很大的影响，尔后清宫发展出了《四体清文鉴》《五体清文鉴》诸多著作，同样以类目编排，并增

作者系台湾“中研院”近代史研究所博士后。

① 例句之统计可见于越之研究，于越：《〈御制清文鉴〉用例研究》，黑龙江大学满族语言文化研究中心，硕士学位论文，2018年。

② 可见佟永功：《沈启亮与〈大清全书〉》，载佟永功：《满语文与满文档案研究》，沈阳：辽宁民族出版社，2009年版，第67—70页。

加了语种的数量，但这些延伸出来的著作仅保留了音与词目的互鉴，并无释义[①]。民间也受《清文鉴》系列作品的影响，出现许多作品。比如：将《御制清文鉴》释义改为汉文的《音汉清文鉴》；参考《御制清文鉴》类目并选录其中词语编成文章的《一学三贯清文鉴》；参考《御制增订清文鉴》编成的《清文补汇》；等等。甚至在朝鲜也出现利用《御制增订清文鉴》改编的《汉清文鉴》，日本亦出现以《御制增订清文鉴》改编的语言教科书[②]。

而在今人的相关研究上，《御制清文鉴》所衍生出来的种种字典文类受到重视，学者们看中其在语言、文化上的价值，因此《清文鉴》中许多词语解释都为当代满文字典所参考、吸收，或编纂为相关工具书。收容语言种类最多的《五体清文鉴》，更被国外学者编为词典，比如日文的《五体清文鉴译解》[③]，德文的*Fünfsprachenspiegel*[④]，而《御制增订清文鉴》亦被日本学者编纂为《清代中国语满洲语辞典》[⑤]。

透过以上的描述，可以看出《御制清文鉴》作为清代与当代许多词典形式、内容的起点，有其不可忽视的重要性，而该词典以满语解释满语，更有其特殊性。因此透过对《御制清文鉴》编纂思想的钻研，可以见到身为满洲人的康熙皇帝，其语言政策与文化政策的相关思想。理解康熙皇帝相关的思想之后，对于《御制清文鉴》的内容与使用也能够更加清晰。

一、《御制清文鉴》是否代表满洲人的思想、风俗

对于《御制清文鉴》专门的研究专著，有江桥的《康熙〈御制清文鉴〉研究》。该书对《御制清文鉴》的编纂过程、选词分类与当时其他汉文字典的差异以及与后续的《清文鉴》的关系，都有较全面的分析与介绍。江桥亦发表了

---

① 江桥：《康熙〈御制清文鉴〉研究》，北京：北京燕山出版社，2009年版，第165页。

② Mårten Söderblom Saarela, "Mandarin over Manchu: Court-Sponsored Qing Lexicography and Its Subversion in Korea and Japan," *Harvard Journal of Asiatic studies* 77, No. 2 (Dec. 2017): 374—406.

③ 田村实造：《五体清文鉴译解》，京都：京都大学文学部，1966—1968年版。

④ Oliver Corff ed., *Fünfsprachenspiegel*, Wiesbaden: Harrassowitz, 2013.

⑤ 中岛干起等编：《清代中国语满洲语辞典》，东京：东京外国语大学亚非语言文化研究所，1999年版。

《康熙〈御制清文鉴〉选词特点举要》《康熙〈御制清文鉴〉浅析》二文，对《御制清文鉴》的特质做了扼要明了的总结。江桥认为，《御制清文鉴》有几大特点，即全面性、系统性、规范性、民族性、借用现象与满文的一词多义收录原则[①]，充分肯定了《御制清文鉴》在历史学与文学方面的史料价值，其总结对于理解《御制清文鉴》一书有开创性意义。

然而，江桥所谓民族性主要是建立在“《御制清文鉴》所收词汇的解释反映了满族的文化”这样的前提，指的是一种将语言视为民族文化的客观再现，而不是编纂者身为少数民族而有的主观考虑。借用现象主要指的是《御制清文鉴》中借用汉语等其他语言的词汇，认为因为《御制清文鉴》目的是要“通古”，结果便是要充实满语的词汇量以符合社会发展的需要[②]，这样的表述也是将《御制清文鉴》当作纯然客观的学术作品，因而忽略了《御制清文鉴》之中族群身份与清宫中的政治氛围以及皇权之间的关系，也忽略了选词时更微观的过程以及满语在其中所发生的微观变化。

春花在其综论性著作《清代满蒙文词典研究》中，亦论及《御制清文鉴》等书，认为清代推行的“满蒙汉文同文之治”与“国语骑射”的民族文化政策，加上经济的繁荣等原因促成了满蒙古文词典的蓬勃发展[③]。在其论述中，同文之治与重视清语是相辅相成的，而未论及这二者是否发生拉扯。比如为了呈现同文之治，若遇到某个民族没有某个词汇时怎么办？各民族词汇意思相抵触时该怎么办？当满文词汇与其他民族的词汇出现歧义时，又应该如何取舍？这些取舍的背后，应该与当时的政治、社会氛围之脉络相关。

整体而言，对《御制清文鉴》及其后续几部《清文鉴》之研究，主要着重于对其外部观察，谈论其分类框架、史料价值与版本问题[④]，或者是谈论《清文鉴》作品中的某类或某个词汇。这些研究都为《御制清文鉴》的研究打造了坚固的基石。

---

① 江桥：《康熙〈御制清文鉴〉浅析》，《民族语文》2000年第5期。

②《康熙〈御制清文鉴〉研究》，第175页。

③ 春花：《清代满蒙文词典研究》，沈阳：辽宁民族出版社，2008年版，第45—61、107—114、119—130页。

④ 比如春花注意到《御制兼汉清文鉴》可能是《御制增订清文鉴》之前的初稿本，可见春花：《故宫藏珍本〈御制兼汉清文鉴〉——兼谈清内府刊刻、收藏的满蒙文词典》，《紫禁城》2010年第8期。或是李雄飞：《〈御制增订清文鉴〉刻本初探》，《满语研究》2013年第1期。

然而，上述研究都有一些共同的假设与前提，亦即认为语言必定是文化与历史的反映，因而强调《清文鉴》文类的民族性，同时又发现借词多，而认为这是充实文字的表征。这样随之而来便有一个疑问：怎么判定《清文鉴》中的词汇确实反映了满洲人的思维与风俗？是否《御制清文鉴》等所记载的才算是满族文化与风俗，而没有记载的就一定不是满族风俗与文化？判别的标准好像是与今日汉族的风俗不同就是满族的，但是否异于今日一般汉族所理解的知识、文化，它就一定会是满族的呢？

以“孝带子”（subehe）一词为例，《御制增订清文鉴》中载有“孝带子”（subehe）一词，被视为满族特有的丧服之一，然而subehe这个词在《御制清文鉴》中未载。学者细微地注意到“孝带子”（subehe）在《御制清文鉴》中没有出现，且后来的文献提及孝带有免罪之意义，认为是与乾隆时期佛教观念的深入人心有关[①]。从《御制清文鉴》到《御制增订清文鉴》的这一差异，研究者以为其呈现了一个满语词汇从无到有的过程，认为subehe过去没有“孝带子”的意思，过去也没有“孝带子”这个东西，尔后才出现此物与此满语名称。

虽然《御制增订清文鉴》比《御制清文鉴》增加了许多新词汇，确实可以作为满族风俗演变的证据，但即便这样，这些词汇是否一开始便以满文呈现也是问题。若细思subehe一词的运用，问题本身似乎有其复杂性。查阅《大清全书》，subehe的意思有“树皮、枝尖、发带、小带辮子、女人内衣带线辮子、须头”[②]，而《御制增订清文鉴》所释义之subehe“孝带子”则为“sinagan de umiyelere šanyan umiyesun be subehe sembi”（于丧礼所系的腰带，称之为subehe）[③]。满文中表示腰带的词另外有umiyesun，subehe过往似乎是泛指“带子”等物，并不专指腰带。然而此物的出现是否一开始就具备“subehe”这个名称，是否一开始便以满文称呼，还是在日常生活中先出现了汉文的词汇，尔后才以subehe为其对译，都是尚待考察的问题。字词的出现并不一定是一个直线的从无到有的过程，康熙朝无此字亦不一定代表没有此物；尔后出现对此物

① 关笑晶：《清代满族的丧葬习俗——从〈御制增订清文鉴〉谈起》，《满语研究》2010年第1期。然而，其文中引用两段关于“孝带子”的汉文史料，使用方式有所不同。

② 《大清全书》卷7，第173页。

③ 《御制增订清文鉴》卷6，载《摛藻堂景印四库全书荟要》第83册，台北：世界书局，1985年版，第226页。

的记载及满文名称，就代表这个满文词汇在现实生活中出现了。乾隆后期完成的满文本《礼记》，其中《檀弓》篇多谈丧仪，开篇首句为“公仪仲子之丧，檀弓免焉”。所谓“免”，指的是“用布广一寸，从项中而前交于额，再往后绕于髻”[①]。但在满文本《礼记》则是“gung i jung dzi i sinagan de，tan gung subehe hūwaitahabi”（在公仪仲子的丧事上，檀弓系着subehe），倘若不熟悉“免”的意思，也不知道孝带子是满人特有的丧仪，仅看当代字典很自然会以为这个句子是系着“孝带子”。假设subehe（孝带子）真的是满人常用的满汉文词汇，翻译者应是能避免这样的问题的，这显示另一种可能性，亦即subehe一开始与“孝带子”并非对应之物，一开始仅有汉文的表达方式（即便是满族习俗），尔后为编《御制增订清文鉴》才以满文subehe作为对应汉文器物的专称。这个例子呈现了以《御制清文鉴》作为满族风俗的相关史料可能会遇到的问题。

另外，可以以满文之mukūn（族）与hala（氏）二字为例，《八旗满洲氏族通谱》的“氏族”二字，便是mukūn hala。虽然汉文写为“氏”与“族”，但二词在满洲文化中有其本身之意涵。以爱新觉罗这个姓氏为例，“觉罗”是hala，“爱新”则是mukūn，mukūn可以说是hala再分立出来的血缘单位[②]。然而，《御制清文鉴》的释义，并没有呈现出满族的风俗。其中hala释义为：“emu mukūn be emu hala sembi，hafu buleku bithede，hūwang di io hiong ši i duin fujin，orin sunja jui，hala bahangge juwan duin niyalma sehebi.”[③]（一个mukūn，称之为一个hala。《通鉴》云：“黄帝，有熊氏的四妃，二十五子，得姓者十四人。”）释义mukūn则为“emu halai ahūn deo be，mukūn sembi……dzi jy tung giyan g'ang mu ciyan biyan bithede，tai hoo，deribume hala mukūn be tuwancihiyaha sehebi。”[④]（一个hala里的兄弟，称之为mukūn……《资治通鉴纲目前编》云：“太昊始正姓氏。”）可以见到《御制清文鉴》对于mukūn与hala的释义，几乎是将两者视为等同之物。《御制清文

① 姜义华注译：《新译礼记读本》，第72页。

②［俄］史禄国：《满族的社会组织——满族氏族组织研究》，高丙中译，北京：商务印书馆，1997年版，第24—26页。

③ 阿尔泰语研究所：《御制清文鉴》卷5，仁川：晓星女子大学出版部，1978年版，第143页。这个释义的《通鉴》引语之满文，本身并不通顺。

④《御制清文鉴》卷5，第143页。

鉴》并不是从满洲文化的角度对二词予以解释，反而是与当时汉文中姓、氏、族可以通用的概念一样，认为二者等同，而汉文的例句更可以见到《御制清文鉴》是将二词等同于汉文的姓、氏。这说明《御制清文鉴》虽然是一本以满语解释满语的词书，但其所展现的并不完全是所谓满族风俗与文化。

上述说明，并非要否定《御制清文鉴》能够展示满族文化的可能性，更不是否定相关研究，只是藉此表示若完全将《御制清文鉴》《御制增订清文鉴》当作满洲特质的客观描述，可能会产生的相关问题。因此，若要对《御制清文鉴》有更深入的运用，有必要对其编纂思想做一深入考察。

二、康熙十二年上谕所呈现的《御制清文鉴》编纂目的

根据江桥研究，康熙十二年（1673）的《起居注册》应是记载《御制清文鉴》最原始的编纂目的的史料。其云："此时满洲，朕不虑其不知满语，但恐后生子弟渐习汉语，竟忘满语，亦未可知。且满汉文义照字翻译，可通用者甚多。今之翻译者尚知词意，酌而用之，后生子弟未必如此，不特差失大意，亦且言语欠当，关系不小。"基于以上的忧虑，皇帝对当时在其身边的傅达礼（fudari）说："尔任翰苑之职，可体朕此意，将满语照汉文《字汇》发明某字应如何用，某字当某处用，集成一书，使有益于后学。"①

而其对应的满文本则为"dele. dahalara ambasai baru hendume. muse tei forgon i manjusa. manju gisun be sarkū jalin bi joboro ba akū.. damu amala mutuha juse. ulhiyen i nikan gisun tacin de dosinafi. manju gisun be oron sarkū de isinara be inu boljoci ojorakū.. te bicibe. manju nikan bithei jurgan be. hergen be dahame ubaliyambumbihede. forgošome baitalaci ojorongge umesi ambula. erebe te i ubaliyambure urse. gūnin gisun be kemuni sara be dahame. acara be tuwame baitalambi.. amala mutuha juse. ere babe sarkū.. amba gūnin be ufarara tašarabure anggala. gisun be inu lak seme bahanarakū ombi.. holbobuhangge ajigen akū sefi. bithei yamun i ashan i bithei da fudari be tuwame hendufi. si bithei yamun i tušan de afaha be dahame. mini ere gūnin

① 中国历史第一档案馆：《康熙起居注》第1册，康熙十二年十二月丁亥条，北京：中华书局，1984年版，第93页。

de acabume. manju gisun be nikan i dzi hūi durun i tere hergen be adarame baitalara. ya ba baitalaci ojoro turgun be tucibume. banjibume bithe arafi. amala tacire urse de tusa obuci acambi sehe."[①]（皇上对身边的大臣们说："朕无因咱们现在的满洲不知满语而忧虑之处，但是后来长成的孩子，渐入于汉语汉习，而至于根本不知满语之境地，亦未可知。如今按字翻译满汉文书之意旨，可转换使用者非常多。现今翻译者仍能知道其词意，酌情使用。后来长成的孩子，不知此事，不但错失大意，而且不会用适当的语言。关系不小。"看着翰林院学士傅达礼说："因你任翰林院之职，应配合朕此意，将满语按照汉文的《字汇》之形式，阐明某字如何用，可于何处用之缘由，编写成书，对后学之人有益。"）

通过满汉文本《起居注册》的比较，可以见到康熙皇帝下令编纂《御制清文鉴》的初衷，即保留满文之词意。不过，即便其所关心的是后世子孙能否使用满文，但其担忧的出发点是因为满洲人进入了高度使用汉文的环境，可能会忘记满文的使用。满文本《起居注册》的上谕较汉文本多了tacin一词，显示康熙皇帝的担心中包含因为语言的使用而使满洲人沾染汉习的问题，可见在其思维中语言与族群文化是相互影响的关系。

江桥认为"由于语言环境的改变，已有的满文词汇会首先受到来自外部的强有力的冲击，原貌会被破坏，导致语意的混乱，故需急切地进行正字、通古的工作"[②]。若从此段《起居注册》中皇帝的言论来看，这样的分析是不错的。然而皇帝所提倡的，并非仅是单纯地为保持满语而要满洲人完全舍弃汉语，在当时汉地的语言环境中可能也很难这么做。在当时的语言环境中，为求政事之运作，文书多采满汉文合璧的形式，康熙皇帝这段话也可见到其意识到满文与汉文是要并存的，并不追求舍弃汉文的满文环境。

笔者试推敲康熙皇帝所谓"且满汉文义照字翻译，可通用者甚多。今之翻译者尚知词意，酌而用之，后生子弟未必如此，不特差失大意，亦且言语欠

---

① 满文《起居注册》康熙十二年四月，台北故宫博物院藏，康熙十二年十二月丁亥条，文献编号：114000019。此段史料为笔者至台北故宫博物院抄录，于抄录笔记中，ya ba baitalaci ojoro turgun一句的ya ba，笔者原抄为yamun，应是笔者抄错，但若该字真为yamun，或许显示了皇帝原本强调的是满语在政事上的使用。目前该收藏机构停止古籍之调阅，尚待日后复核。

②《康熙〈御制清文鉴〉研究》，第25页。

当”之景况。从这段上谕也能见到皇帝提到满汉文义照字翻译，能有许多转换使用的状况，意思应是说满文字汇本身的词意与汉文并不是一一对应的，且满文词汇量并不如汉文一般多，往往一个满文词汇能包含许多汉文词汇的意思，比如汉文的“上谕”“圣旨”等词汇，在满文中同为hese，汉文的“题”“奏”在满文都是wesimburengge，而当时满汉文是照字翻译，也就是并非按照各自的语言逻辑去表述一件事情的大意，而是会有逐字对译的状况，倘若是满文对译汉文，由于不是按照原本的语言逻辑去书写，加上所用字汇意思本身较广，对满文语境掌握较深者尚不会因为字词意思过多而被干扰，因为其能清楚掌握在这样的语境脉络下，一个字词的意思应该为何者，但若是远离满文语境者，便可能因为字词意思多加上受到汉语行文逻辑的影响，而无法正确理解满文文字所要表述的大意，在选用对译的语言时，也会发生选择意思看似类似但不应该在当下语境使用的错误文字的情况。当然，满文对译到汉文也会有类似的情况，可是这样的状况不需要编一本关于满文如何使用的词典，所以若以对译的情况来讲，如何将汉文对译至满文，以及如何阅读从汉文译成满文的文书，才应该是康熙皇帝所要表达的情况。

综上所述，《御制清文鉴》之编纂确实有其民族性的特点与考虑，但其一开始的考虑有很大一部分是满文如何应对汉文以在当时的语言环境中存续的问题，透过江桥所言对每个词汇的通古、正字之工作以厘清字词较为根本的意思当然有帮助，但同时这样的工作也不仅是靠通古可以完成的，还必须考虑字词与今日语言环境的衔接与对应。因此本文认为《御制清文鉴》的内容不完全仅是满族的知识汇成，其本身也具有高度的现实性，也应对了当时汉地的语言环境，正是在这样的脉络下，《御制清文鉴》序言中康熙皇帝借此引申了其“化成天下”的文治理想。

三、《御制清文鉴》序言所呈现的编纂思想

《御制清文鉴》的编纂历经多年，最终完成于康熙四十七年（1708）[①]。康熙皇帝在御制序言中提及：

bi gūnici，julgei enduringge niyalma，futa mampire be halafi，bithe ca-

① 《康熙〈御制清文鉴〉研究》，第24—26页。

gan banjibuha ci, abkai fejergi jurgan giyan be, gemu šu hergen de baktambuha, abkai fejergi šu hergen be, gemu ninggun hacin i bithe de baktambuha, ninggun hacin i bithe yongkiyafi, jurgan giyan yooni akūmbuhakūngge akū……geli sunja ging, sy šu bithe be aifini ubaliyambuha ci tulgiyen, g'ang mu jai jurgan be suhe jergi dasan i doro de holbobuha ele bithe be wacihiyame ubaliyambuhakūngge akū. te fe sakdasa, sengge urse wajime hamire jakade, narhūn gisun somishūn gūnin, ulhiyen i iletu akū ombi, tašarabuha be dahalame, waka be songkolofi, tacin banjiname kimcirakū ofi, ememu gisun hergen waliyabuhangge bimbime, mudan gairengge tob akū de isinahabi. gurun i bithe holbobuhangge umesi oyonggo, dasan i baita, šu yangse gemu ereci tucire be dahame, narhūšame kimcime getukeleme toktoburakū oci, aibe dahame yabumbi……yaruha gisun de melebuhe eden ba bici, urunakū ging suduri de nikebufi temgetu obume, eici fe sakdasa de aname fonjime, eici julgei dangse de kimcime baicame, amba oci abkai šu na i giyan, ajige oci gebu jaka, arbun ton, jai juwan juwe uju, sunja jilgan, ešeme acabure mudan be, gemu yongkiyame dosimbume arafi, manju gisun i buleku bithe seme gebulehe……i ging bithede henduhengge, niyalmai šu be tuwame, abkai fejergi be wembume hūwašabumbi sehebi. bi mafari fukjin toktobuha amba bodogon de gingguleme acabume, gurun boo de hergen be emu obure wesihun kooli be sithūfi kiceme, ududu aniya ofi teni gulhun yohi obume šanggabuha[①]. (据朕所思，自从古代圣人改变结绳的方式，编造书契以来，天下的义理都包含于文字，天下的文字都包含于六书。六书齐备之后，义理无不尽者……又除了翻译“五经”“四书”以外，《纲目》《讲义》等关于政事的一切书籍未有不译尽者。现故老长者几近凋零，故微言奥旨逐渐不显，跟随了差错而依循了错误，成习而不察，是故有些语词丢失者至于选音不正之地步。国书所关连者甚为重要，政事、文章都由此出，是故若不详察明定，该循何而行……引据之言若有遗漏之残缺，必定凭经史以为据，或逐个询问故老，或查考古之档册，大者天文地理，小者名物象数，以及十二字头、五声、切音，全部完备地写入其中，取名为《清文鉴》……《易经》云：“观乎人

①《御制清文鉴》卷首，第1—5页。

文，以化成天下。”朕敬谨仰体列祖定基以来之大计，勤勉于国家同文之盛典，数年才编成全编。）

《御制清文鉴》全书以满文写成，此篇序言也仅有满文，但在康熙皇帝的《御制文三集》中则收有该文之汉文本，内容为：

“朕惟自昔圣人易结绳以书契用，使天下之义理悉归文字，天下文字悉归六书，六书备而义理无不毕具……凡五经四书已经翻译之外，纲目讲义等有关于治道者，靡不译尽。近来老成耆旧渐就凋谢，因而微文奥旨久而弗彰，承伪袭舛习而不察，字距偶有失落，语音或有不正，国书所关至钜。政事、文章皆由此出，非详加厘定何所折衷……引据之阙疑者，必援经史以互证，或博咨于故老，或参考于旧编，大而天文地理，小而名物象数，十二字母、五声切音，具载集中，名曰清文鉴……《易》云：观乎人文，以化成天下，朕仰承列祖创造之弘模，身惟国家同文之盛典，岁月数周，汇成全帙。”①

可以发现，康熙皇帝整段序言并非就满文而谈满文，反而是就普遍性的道理而论之，认为文字承载了天下之义理，而创立文字的六书完整之后义理均得以有所承载。然而，满文为拼音文字，并无六书的文字创立方法，因此皇帝此处所言应该是指汉文，而皇帝所称之义理，应是将儒家文化之义理当作普遍性的义理言之。之后皇帝述说前几任皇帝之丰功伟业，并言自己勤求学问以继承之，接着便提到自己将重要的儒家经典都翻译成了满文，之后才带出老人凋零而担心微言大义不彰的忧虑。因此皇帝所言之微言大义，并非满文词汇的字意无法让人清楚理解，而是担心满文所欲承载的儒家经典微言大义无法让人清楚理解。将此点与康熙十二年（1673）的上谕比对着看，可以再次确定皇帝的忧虑是汉文译至满文的文书，或是受汉文影响的满文文书无法被正确阅读，只是在康熙四十七年的序言中更明确提升到了经典义理的层次。这种对儒家经典微言大义不彰的担忧，能够解释为何《御制清文鉴》许多词汇征引了儒家经典，因为对其而言，儒家思想扮演了普遍真理的角色。

文末更表示了对“同文之治”的追求，其满文原文为“致力于国家中的文字变为一的典例”，然而《御制清文鉴》并未将满文变更成汉文，此处所谓“同文”应如学者所说是“在儒学经典世界中，同文固然意味着国家对文字的规范与统一，但更重要的是伦序、礼乐乃至教化在圣王治下的同一与秩

① 《清圣祖御制文第三集》卷20，载《故宫珍本丛刊》第546册，第157—159页。

然”[①]。因此，《御制清文鉴》虽然为满文词典，但其创立本身有很大一部分是应对儒家文化或汉文化而来，本身具备希望满文成为能载道（很大一部分是儒家之道）之语言的目的。

康熙帝在序言引用贲卦卦词，表示了“化成天下，达于文教”之目的，而《御制清文鉴》等解释世间各种人文现象的著作，正是其观人文之手段，透过对人文的研究以得出普遍的至理，以这样划一的标准教化天下。其中所追求的是普遍的事理。满文作为一种人文事物的表达工具，当然也可以是一种事理的展现，也可以从中得出能教化天下的至理。然而满汉文之观念不可能完全等同，对于道德的评断标准也不会一致，势必面临有所取舍的时候。在这种状况下，清廷当然可以坚持以满洲人之道德逻辑为化成天下之至理，然而从对《御制清文鉴》外部的观察来看，编纂者没有过度撼动汉文所成的儒家经典之观念，从许多例句出自儒家经典来看，《御制清文鉴》似乎是折中地在儒家所言的道理如此的框架之下，探讨满文字词的意涵，以求如何让满文字能够适当地表达“至理”，其中当然有对满文本身的追求与研究，但由于汉文是写成儒家经典的文字，因而可能扮演了引导性的角色。

在序言中“化成”二字的满文为wembume hūwašabumbi。wembumbi在《御制清文鉴》中被解释为“sain de yarhudame banin gūnin be kūbulime halabure be，wembumbi sembi”（引导向善，使其改变性情，称之为wembumbi），对hūwašabumbi 则释义为“yaya niyalma jaka be gosime hairame sain de isibure be，hūwašabumbi sembi. mengdzi bithede，dulimba，dulimba akū be hūwašabumbi，erdemu，erdemu akū be hūwašabumbi sehebi”[②]（仁慈地爱护一切人物，使至于善，称之为hūwašabumbi。《孟子》云：“中也养不中，才也养不才。”）从释义中，可以见到“化成”是将人民引导至善的境界，而其背后有一套所追求的标准与至理，如前所述，这可能是一套受儒家影响的“至理”。

康熙皇帝描述了在《御制清文鉴》完成之后的愿景，其认为“ereci amasi，yaya hese be selgiyere，bithe wesimbure，jai goroki bade hafumbure，eldengge wehe de foloro，amba doro，amba kooli de，gemu songkoloro temgetu

① 马子木、乌云毕力格：《“同文之治”：清朝多语文政治文化的构拟与实践》，《民族研究》2017年第4期。

②《御制清文鉴》卷3，第99、109页。

be bahara, emu gisun, emu gūnin seme, yooni durun tuwakū bisire be dahame, gurun i bithe minggan tanggū jalan de enteheme tutafi, šūn usiha, sunggari birai gese abka na i sidende enteheme tutambi sere."[①]（自此以后，凡是宣旨、上书以及通告远方、镌刻碑铭、大道、大典，于此均得有所据，即便是一句话、一个想法，均有标准，是故国书能够流存千百世，如日星天河一般永远留存于天地之间）对应之汉文本为："继自今诏令之出纳，章奏之敷陈，以及达于遐陬，勒诸琰琬者，大经大法，咸有据依，一话一言，式循典则，庶几国书永贻于千百禩，而与日星河汉长垂天壤也夫。"可以见到皇帝认为的满文之使用范围，大致是在政治运用以及表述所谓大经大法的范围，在这个范围内，透过《御制清文鉴》均能有所标准，而不会再有过去其所担心的文字的转换运用而产生歧义的问题。从这里也能见到康熙皇帝对于满文的运用，并不是对于本民族特殊知识的强调，而是如何在知晓满文词义之后，去表述所谓大经大法。当满文与汉文所表达出来的意义能够一致，同样能够承载儒家所言天下之"至理"，便是康熙皇帝心目中的"同文之治"。当满文能够在面对汉文与其他语言的"同文之治"时获得一席之地，其才能够在天地之间获得永存的空间。

四、结论

透过以上的分析，《御制清文鉴》虽然是以满语解释满语，但并非仅是满洲人民族知识的展现，从康熙皇帝下令编纂那一刻起，本身关注的就是如何让满文在汉地语言环境中能够被正确使用，而随着书籍的逐步编纂，其进一步追求"化成天下""同文之治"的文治理念，追求在面对天下至理时，满文能够跟汉文一样无差错地表达其中的微言奥旨，让满文也成为能够载道之语言。在康熙皇帝理念中的"同文之治"，并不是以某种语言作为单一的官方用语，也不是多种语言并列而已，而是不同语言能够对普遍性道理的无差别阐述。因此，《御制清文鉴》之编纂目的，包含了康熙皇帝心目中多种与"政事"相关的理念，还包含在儒家经典被当作普遍事理的汉地语言环境中满文的调适，包含皇帝对"化成天下"的期待，书中当然包含了满族的知

---

①《御制清文鉴》卷首，第5页。

识，但同时还有如何以满族的知识对应到所谓普遍之事理，或以普遍之事理扩充满语之词汇等更多复杂的层面。

本文简单以《御制清文鉴》编纂之上谕与序言，揭示该书产生于复杂之环境，也包含了种种复杂因素的相互作用，而对于书中如何处理各种相异的知识，则有待对书中各词条的详细考辨。

励宗万《盛京景物辑要》与清高宗东巡

张国斌

清代太常寺少卿励宗万辑录的《盛京景物辑要》，是一部袖珍手抄进呈本的孤本书。现藏于辽宁大学图书馆。书后其《跋》记述了编录此书之目的："岁在癸亥（乾隆八年，即1743年），肇举谒陵大礼时，臣宗万恭陪扈跸，忝侍旌门，比泽宫与选之荣，异周南滞留之迹。休风茂俗，兼获流连圣水神山，弥深景仰。斯则台池胜地，乐及禽鱼，日月重光，辉流草木者矣。今年（乾隆十九年）仲夏，盛典再行，纯孝之忱，久而愈笃，绵绵之福，引而弥长。重以问俗省方，行庆施惠，班联凫藻，父老嵩呼，如天之仁，普天共戴。臣窃念书称观德，诗美发祥，罔不推本精禋，呈符灵瑞，宜循古义，志厥大凡。谨将盛京景物，纂成《辑要》十二卷，缮录进呈，以供行辇袖珍之一助。"[①]由此看来，此书不仅与清高宗弘历东巡盛京关系密切，也是研究清高宗东巡盛京的重要资料，在一定程度上弥补了清帝东巡研究中相关史料的缺失。

2016年，沈阳故宫博物院与辽宁大学合作，启动了《盛京景物辑要》点校研究项目，并入选2017年度国家古籍整理出版专项经费拟资助项目单。笔者有幸参与其中，在点校过程中，对励宗万与其书，与清高宗东巡盛京关系产生浓厚的兴趣。本文将以《盛京景物辑要》《清高宗实录》等史料为依据，探索《盛京景物辑要》与清高宗东巡的关系，以期对清帝东巡研究有所补益。

作者系沈阳故宫博物院副研究馆员。

①〔清〕励宗万著，周浩波、白文煜主编：《〈盛京景物辑要〉点校研究》，沈阳：辽宁大学出版社，2017年版，跋第420页。

一、励宗万与《盛京景物辑要》

（一）四世翰林，清廷文臣

清高宗弘历，饱读经史，擅长诗文，喜好风雅，同时网罗了大批文人墨客。励宗万，乾隆时期清廷的文臣，书法家、画家。自其祖父励杜讷以诸生受知遇，励氏四世皆入翰林。在清朝历史上，据说像他这样四世相继入翰林院的，共有五家①。

励宗万（1705—1759），字滋大，号衣园，直隶静海人。祖父励杜讷，因书法出众，康熙十九年（1680）授翰林院编修，累迁至刑部侍郎。四十二年卒，两年后清圣祖追谥“文恪”。雍正八年（1730）入祀贤良祠②。其父励廷仪，亦是一位有造诣的书法家，康熙三十九年中进士，选翰林院庶吉士。四年散馆，授翰林院编修，累官至刑部尚书。雍正七年，加太子太傅衔，赐“矜慎平恕”榜。十年卒，谥“文恭”③。

励宗万少年聪慧，康熙六十年，17岁即中进士，庶吉士散馆，授翰林院编修。雍正二年，入值南书房，后充日讲起居注官，提督山西学政。七年三月，迁翰林院侍读，受命巡察山西事务。因山西巡抚石麟弹劾他干扰驿递，纵仆受贿，被革职。十年起复，任鸿胪寺少卿，南书房行走。十二年，任礼部右侍郎，调刑部左侍郎，命兼管礼部侍郎④。乾隆元年（1736），吏部疏劾他，保举河员受请讬，徇私滥举，又被革职，不久再受命在御书处办事，四年后，在武英殿行走。七年，补侍讲学士，充武英殿编纂处总裁。次年，在懋勤殿行走，参与编纂《秘殿珠林》。几经升迁，乾隆十年再任刑部侍郎。之后，励宗万屡遭罪责，仕途愈发坎坷。十一年，因纵容其弟门客沈文杰招摇生事，受到

① ［美］A.W.恒慕义主编：《清代名人传略》（上），中国人民大学清史研究所《清代名人传略》翻译组译，西宁：青海人民出版社，1990年版，第457页。另据《郎潜纪闻初笔》记载，五家四世翰林分别是静海励杜讷、常熟蒋伊、无锡秦松龄、商丘陈濂、长白德保偕从兄观保。

②《清代名人传略》（上），《励杜讷》，第456—457页。

③《清代名人传略》（上），《励廷仪》，第735—736页。

④《清史列传》卷13《大臣画一传档正编十·励廷仪（子宗万）》，王钟翰点校，北京：中华书局，1987年版，第914—915页。

高宗弘历手诏诘责，被革职，回籍闭户读书。十三年（1748），直隶总督那苏图弹劾他纵弟侵占官地，高宗命他承修固安县城工以赎罪。十六年被召回，任侍讲学士。次年，以考试不到，降二级调用。十八年，补鸿胪寺少卿，调太常寺少卿。二十年，以征收先农坛空地草价，含糊具题，降一级留任。二十二年，以天坛递香失仪，降二级留任。二十四年六月，迁光禄寺卿，九月卒①。

陈兆崙在励宗万的墓志铭上，将他在政治上的命运多舛归之于其为人固执、批评他人刻薄、玩世不恭②。作为一位官员兼艺术家，励氏工山水、花鸟，笔意恬雅，设色古淡，书法褚遂良、颜真卿、苏轼、米芾，圆劲秀拔，在朝廷中享有盛名。他有《励宗万书玄烨再题避暑山庄三十六景诗并绘图小册》《励宗万画桂菊并书弘历题桂兰诗成扇》等26件绘画作品③，《励宗万书弘历古风十五首卷》《励宗万书弘历避暑山庄百韵诗册》等18幅书法作品④，现藏于故宫博物院；《秋郊大猎图卷》藏于首都博物馆，《梅竹芝石图轴》《月下梅花图》《桂菊图》藏于河北博物院；《清励宗万行草隔扇贴落》《清励宗万行草书

图1 清励宗万行草隔扇贴落

① 《清史列传》卷13《大臣画一传档正编十 · 励廷仪（子宗万）》，第915—917页。

② 《清代名人传略》（中），《励宗万》，第104页。

③ 《故宫博物院藏品总目 · 绘画》，网址：http：//img.dpm.org.cn/Public/static/CCP/huihua.html。

④ 《故宫博物院藏品总目 · 法书》，网址：http：//img.dpm.org.cn/Public/static/CCP/fashu.html。

唐诗隔扇贴落》《清励宗万行书诗册（二开）》3件书法作品藏于沈阳故宫博物院。这些艺术珍品将留给人们欣赏。

（二）陪驾东巡，进呈《辑要》

乾隆八年（1743）七月，清高宗第一次东巡盛京，励宗万有幸陪驾，倍感尊荣。仕途的反复，使他深知帝眷的重要性。因此，当他知道乾隆十九年将举行第二次东巡时，特意辑录《盛京景物辑要》进呈高宗，虽说是“以供行辇袖珍之一助”，实际上也有迎合清高宗喜好为之旅途解闷之需。希望清高宗见书思人，达到重获赏识的目的。正因如此，励宗万在书中对清高宗及东巡之举极尽奉承，溢美之词不胜枚举：“惟我国家列圣相传，典谟大备，聿稽大训，媲美唐虞，而昭垂于盛京者，尤见宏猷之有本。诚开一代之经纶，统八方之声教也。敢敬书卷首，共切钦承。我皇上绍衣德言，丕承休烈，典谟所著，备极守文继体之隆。臣口诵心维，弥深敬仰，夫得天久照，垂训于万万年，而此日圣谟洋洋，已成初哉，首基之盛事，所谓博以皇道，宏以汉京，敬谨载录，以志觐光，扬烈之宏休，而先帝懿章与我皇巨制，后先辉映，炳若日星。伟哉，制

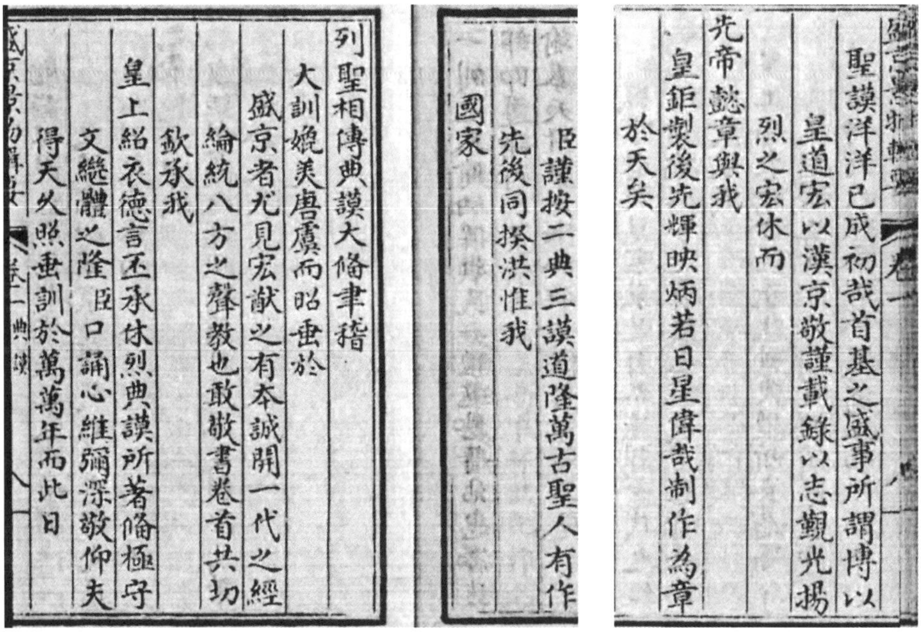
臣謹按二典三謨道隆萬古聖人有作
先後同揆洪惟我
國家
列聖相傳典謨大備聿稽
大訓媲美唐虞而昭垂於
盛京者尤見宏猷之有本誠開一代之經
綸統八方之聲教也敢敬書卷首共切
欽承我
皇上紹衣德言丕承休烈典謨所著備極守
文繼體之隆臣口誦心維彌深敬仰夫
得天久照垂訓於萬萬年而此日
聖謨洋洋已成初哉首基之盛事所謂博以
皇道宏以漢京敬謹載錄以志覲光揚
烈之宏休而
先帝懿章與我
皇鉅製後先輝映炳若日星偉哉制作為章
於天矣

图2 《典谟》按语

作为章于天矣。”[①] “我皇上圣学日新，大文弥耀，发九华之凤藻，腾五色之龙文。上承列圣之渊源，下总八方之风气，化成天下，抒轴圣心，用即盛京积岁之宸章以志。小臣景仰之微悃焉。”[②]

《盛京景物辑要》外观小巧，约20万字，分典谟、宸章、都城、坛庙、山陵、宫殿、苑囿、建置、疆域、山川、城池、关隘、邮驿、公署、职官、学校、古迹、祠祀、名宦、人物、隐逸、流寓、方伎、仙释、物产、艺文等26个条目，每个条目后面均有励宗万写的按语，说明设立此条目的意义和目的。

装帧上，全书一函十二卷，长15.7厘米、宽10.2厘米，装订精致，深蓝色布纹封面，白丝线装订。书中用纸是乌丝栏上等绵纸，版心中缝有黑鱼尾，上有书名，下有条目、页码。字迹工整秀劲，全部是馆阁体楷书，前后字迹相同，显系出自一人之手。书的扉页及第七卷、第十二卷中均有“乾隆御览之宝”的印鉴，经与1929年6月故宫博物院图书馆影印本《故书善本书影初编》对照，并经国内专家鉴定，此印确系真迹，证明此书清高宗亲自阅过。而且根据印鉴的印迹判断，这部书可能是在行宫阅览的，因为在北京宫中使用的印鉴为水印，而行宫使用的印鉴为油印，此书的印鉴属于后者[③]。可以说，是清高

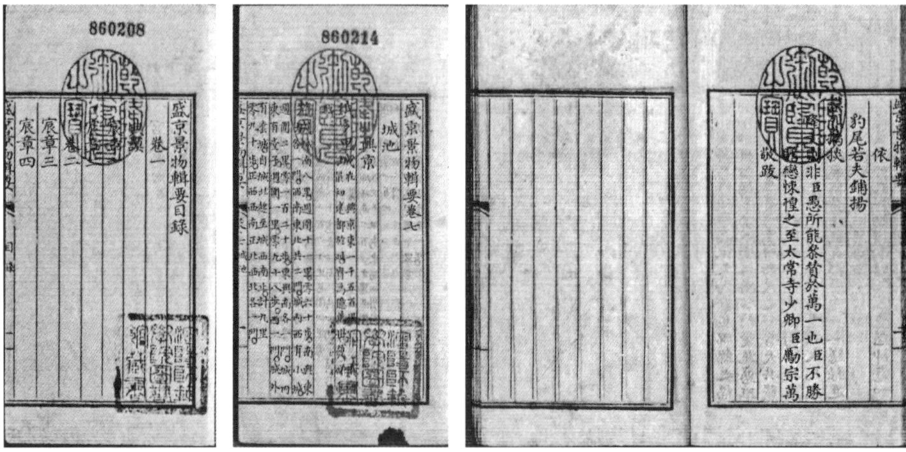

图3 “乾隆御览之宝”钤印

① 《〈盛京景物辑要〉点校研究》，第4页。
② 《〈盛京景物辑要〉点校研究》，第89页。
③ 图宣：《〈盛京景物辑要〉一览》，《辽宁大学学报》（哲学社会科学版）1979年第5期。

宗东巡催生了《盛京景物辑要》，而此书也搭乘高宗御辇，往来于东巡之旅。

二、《盛京景物辑要》与清高宗弘历东巡

（一）东巡记述

《盛京景物辑要》中的典谟、宸章等条目，记录了清高宗东巡盛京祭祖的目的、筹备、沿途题咏等事项，是研究清高宗东巡的重要文献。

1. 清高宗东巡盛京的目的

盛京乃清朝的龙兴之地，这里不仅有清入关前的宫殿，还有永陵、福陵、昭陵三座清初帝王陵寝。同时，盛京也是东北边疆重要的军事要地，是清朝防止北方、东方外来侵略的前沿阵地。清入关之初，世祖福临即筹划东巡盛京祭祖，然因政局动荡，未能成行。清圣祖玄烨继位后，"仰体世祖章皇帝遗志，躬诣太祖太宗山陵展祭，以告成功，用展孝思"，终其一生三次东巡盛京，三谒三陵。

清高宗弘历继承先祖志向，瞻望桥山，敬考典章，肃申思慕，于乾隆八年（1743）七月八日自圆明园出发，开启他的首次东巡之旅。据清高宗自陈，东巡目的主要有五点：

一是"躬亲祀事，以摅悫忱而示来许"。清高宗在《盛京赋》序中言道："宗庙禘尝之典，固先王继志述事之大经也。"[①]东巡盛京，目睹祖先在东北这块土地上开创祖业的艰难足迹，缅怀圣圣相承；祇谒祖陵，以申孝思，期望祖先在天之灵，福佑大清皇图永绵。

二是"守德胜守险，忘安不忘危"[②]。东巡途中，清高宗常在行围活动中检阅八旗营伍，整饬军务。"途经塞北草初肥，好试今秋第一围。日暮旌门观献获，龙垧雁碛澹烟霏"[③]。看到兵强马壮，弓马娴熟，就"颁赐万夫充"[④]，

---

①《〈盛京景物辑要〉点校研究》卷2《宸章三·盛京赋有序》，第26页。

②《〈盛京景物辑要〉点校研究》卷2《宸章四·阅古北口将士较武》，第34页。

③《〈盛京景物辑要〉点校研究》卷3《宸章五·恭奉皇太后祇谒盛京祖陵礼成回銮途次纪事用平声韵》，第87页。

④《〈盛京景物辑要〉点校研究》卷2《宸章四·秋猎》，第61页。

激励他们更加勤于操练，加强武备。

三是“歌想大风千载调，恩施时雨万民欢”①。清高宗弘历将东巡盛京视为丰沛之旅，至盛京四赦颁恩。譬如：“奉天府属应征乾隆九年分地丁银两，著宽免。奉天旗民男妇，年七十以上者，给与布一匹、米五斗；八十以上者，给与绢一匹、米一石；九十以上者，倍之。凡试职官员，俱准实授。奉天府、宁古塔、黑龙江等处，除十恶死罪不赦外，凡已结正、未结正死罪，俱著减等；其军流徙杖等罪，俱著宽释。奉天内务府庄头所有积欠，在乾隆七年以前者，俱著宽免。”②在盛京皇宫大清门，高宗亦效法祖父，备陈百戏，宴请家乡父老，在君臣共乐的融洽氛围里，共同追忆祖先的荣光③。

图4　大清门

①《〈盛京景物辑要〉点校研究》卷3《宸章五·恭奉皇太后祇谒盛京祖陵礼成回銮途次纪事用平声韵》，第88页。

②《清高宗实录》卷201，乾隆八年九月甲辰，北京：中华书局，1986年版，第581页。

③《〈盛京景物辑要〉点校研究》卷3《宸章五·赐父老酺》，第72页。

四是“扼吭北鄙丸泥固”[①]。清高宗首次东巡路线，出古北口经蒙古诸部进入吉林，联络蒙古之意甚为明显。当时，漠西蒙古势力仍然很强大，对清朝构成很大威胁。因此，清高宗在博罗和屯、喀喇河屯、热河等行宫驻跸，“充庭诚纳悃，锡宴许欢言。念此诒谋远，长怀列祖恩”[②]。希望满蒙联盟更加稳固。

图5　后金天聪年间八旗官员出使蒙古地方所持蒙古文信牌

五是因为“珠轩环绕混同江，声教朝鲜文物邦”[③]。清代东北边疆地区的赫哲、库雅喇、恰喀拉、索伦、达斡尔、鄂伦春、锡伯、卦尔察等众多部族，是八旗的重要兵源；朝鲜是清朝宗藩体系的重要藩属国，清高宗东巡至盛京时，朝鲜陪臣前来迎接，参与典礼。

2. 清高宗的首次东巡旅程

清高宗第一次东巡盛京谒陵，从圆明园启銮，经怀柔县、密云、喀喇河屯至避暑山庄，之后经博罗河屯接受蒙古四十八旗诸王公迎驾，于木兰围场围猎后进入蒙古地区如昭乌达盟及科尔沁地方等，入今吉林省境，然后转道南下，从英额门进抚顺恭谒清永陵。东巡路上，清高宗留下了大量歌咏山川、慎思追

---

①《〈盛京景物辑要〉点校研究》卷2《宸章四·科尔沁归化最久，世结姻盟。今过其札萨克，见王公以至舆隶，咸倾心效顺，出于至诚，实可嘉也》，第53页。

②《〈盛京景物辑要〉点校研究》卷2《宸章四·至博罗河屯蒙古四十八旗诸王公等来迎》，第41页。

③《〈盛京景物辑要〉点校研究》卷3《宸章五·恭奉皇太后祇谒盛京祖陵礼成回銮途次纪事用平声韵》，第87页。励宗万在诗中作注：“隶旗捕貂采珠者谓之珠轩，此外乃使犬、使鹿诸部。”

远的诗文、辞赋，最著名者为《盛京赋》。《盛京景物辑要》按时间顺序辑录了清高宗在首次东巡路上所作的341首古今体诗，不仅记录了清高宗首次东巡的行进路线和旅途风情，也表达了清高宗对祖先功绩的敬仰，对山川、古迹、美景、风雅事物的赞美。比起《清高宗实录》程式化的寥寥简笔记载，这些诗中所记录的内容更加丰富，情感更加真挚，这对《清高宗实录》史事是一个有力的补充。通过这些高宗弘历御制诗，我们可以发现，东巡盛京不只是他远赴千里之外举行隆重祭典，也是他走出深宫瞻仰祖先圣迹、加强边防建设、体察社会风情、游览故乡山川美景之旅。

乾隆八年（1743）七月初八日，天气晴朗，秋高气爽。清高宗的心情十分畅快，怀着对清朝发祥之地盛京的敬仰之情和对农作物丰收的期盼和喜悦，踏上他首次东巡之途①。一路上，清高宗弘历活动丰富，“朝逐原兽控青骢，夜览封章兰焰紫。行过村落咏桑麻，时坐溪头捕鲂鲤。分堋较射燕嘉宾，更复行宫视甘旨”②。雄伟的山川关隘，太祖太宗缔造清王朝的征战踪迹，留都盛京的宫殿寺庙，无不激发着他吟咏的意趣。咏长城、长白山、萨尔浒、大凌河、松山、杏山等风物的诗作，无不追思祖先创业的艰难；咏实胜寺、文庙、常宁寺、昭陵石马、大政殿、清宁宫等留都胜迹的诗作，歌颂了祖先开创清王朝的洪业，表达了基业永固的愿望。其中诗以咏怀者，如《登凤凰楼》：“百尺高临万景纷，贮歌藏舞陋齐云。漫言此日供诗料，却忆当年望国氛。缔构常思祖业艰，千秋百二巩河山。于今试上高楼望，辽水依然襟带间。”③以诗咏史者，如《望叶赫旧墟》：“敬惟我太祖高皇帝以十三戎甲，奋迹于此。复雠服众，遂成王业。谨赋其事以示来许。”④

在东巡路上，阅武、较射、围猎、谒陵、赐宴等事，也一一被高宗弘历记述在了诗中。《盛京景物辑要》辑录了30余首纪事诗，相较《实录》的记载，这些诗作的描述更加有画面感，也更富有情感，甚至可以称为另一版的实录和起居注⑤。读这些诗，仿佛可见清高宗在凭轩阅武、弯弓射雁、敖汉捕鱼，秉

① 《〈盛京景物辑要〉点校研究》卷2《宸章四・七月初八日因往盛京叩谒祖陵恭奉皇太后始发圆明园作》，第31页。

② 《〈盛京景物辑要〉点校研究》卷2《宸章四・闲》，第51页。

③ 《〈盛京景物辑要〉点校研究》卷3《宸章五・登凤凰楼》，第71页。

④ 《〈盛京景物辑要〉点校研究》卷2《宸章四・望叶赫旧墟》，第61页。

⑤ 白文煜主编：《清帝东巡研究》，辽宁大学出版社，2015年版，第279页。

烛阅奏章，临御崇政殿，在避暑山庄赐蒙古诸王公等宴，在沈阳故宫宴宗室群臣，在澄海楼与张照、梁诗正联句……从中可以体会清高宗重视骑射并引以为豪的情感和朝乾夕惕、发扬祖业的情怀，以及维护边疆稳固的愿望。

在御辇之中，清高宗仔细地观察着沿途的一草一木、风雪雨露、荒村野老……感念途中的美景风光，吟唱出一首又一首美丽诗篇。这些诗文的字里行间，展现出清高宗丰富细腻的情感和深切的人文关怀，使严肃的谒陵之旅平添了几分轻松自在。如途中所见“村翁不识銮舆过，跣足科头倚筚门”[①]“野老抱儿立，不知避星骖”[②]“桃源非人间”的荒村[③]，“似为客添喜”的野雀[④]，追逐雉兔的鹰。如清晨所见之美景：“疏星渐敛秋河影，残月遥连曙色明。野渡水寒无马饮，荒村人静有鸡鸣。朝岚尽捲千峰紫，极目郊原畅远情。瀼瀼白露湛青莎，日照如烟泛远波。古寺不闻清磬响，柴扉半掩野人歌。菁葱眉色迎青嶂，替戾铃声过紫驼。”[⑤]如旅途的露、雨、雾、热、风、晴、暮、冷、阴等自然现象[⑥]，等等。

至于东巡驻跸，在《清高宗实录》中多是寥寥数字。清高宗在行宫生活的记述，往往乏善可陈。《盛京景物辑要》辑录的诗文，有不少反映了清高宗驻跸热河行宫、盛京皇宫等处的生活侧面。有文艺的一面，譬如对月、晚坐；有休闲的一面，譬如观荷、观瀑、读书、重阳登高、登凤凰楼；有亲情的一面，譬如中秋日、重阳日侍皇太后宴，“佳筵开虎帐，皓魄丽璇空。欢赏陪王母，关山入桂宫。舒华泠坂露，弄影荡林风。午夜蟾应冷，千年镜早砻。持将对慈寿，辉映一般同”[⑦]，母慈子孝，其乐融融；有缅怀的一面，譬如恭瞻太祖高皇帝所贻甲胄和太宗文皇帝所御弧矢、鹿角椅。

（二）为君助兴

《盛京景物辑要》是高宗东巡盛京途中的“行辇之一助”。其中的都城、坛

---

①《〈盛京景物辑要〉点校研究》卷2《宸章四·郊行》，第31—32页。
②《〈盛京景物辑要〉点校研究》卷2《宸章四·野老》，第37页。
③《〈盛京景物辑要〉点校研究》卷2《宸章四·荒村》，第41页。
④《〈盛京景物辑要〉点校研究》卷2《宸章四·野雀》，第32页。
⑤《〈盛京景物辑要〉点校研究》卷2《宸章四·晓行即景》，第42页。
⑥《〈盛京景物辑要〉点校研究》，第34—78页。诗名即《露》《雨》《雾》《热》《风》《晴》《暮》《冷》《暮阴》，一首或数首不等。
⑦《〈盛京景物辑要〉点校研究》卷2《宸章四·中秋日侍皇太后宴》，第53—54页。

庙、山陵、宫殿、苑囿、建置、疆域、山川、城池、关隘、邮驿、公署、职官、学校等条目，详细记录了盛京、吉林、黑龙江各处山川形势以及重要城池、关隘的设置沿革及简况，恰好可以帮助清高宗详细了解东北边疆的军事防御情况。对于东北地理位置的重要性，以及东北安危对于清朝安定的重要性，励宗万在城池、关隘两条目的按语中，陈述了自己的见解：

> 古者环山为城，因河为池，是以雉堞女垣屹然相望，深沟高垒固于金汤。我朝定鼎燕京，以留都为重镇而展封疆复郡邑，绣壤相错，号称极盛。此外，遗阛故垒犹见昔时边防守御之资，特连类书之，以觇旧制之周匝焉[①]。
>
> 《易》称王公设险以守其国，《书》言慎固封守。然则关隘之设，国家所亟重也。盛京带山环海，控扼中外，所谓天府之区。方今圣治升平，共球万国，中外一家。边门之设，仅取封植，洵属容保无疆之至意。若夫架川成梁，长虹远引，人民利涉，孰非区画之精详者哉[②]。

古迹、祠祀、名宦、人物、隐逸、流寓、方伎、仙释、物产、艺文等条目，亦可供清高宗在行辇中深入了解东北地区的历史文化。乾隆十九年（1754），清高宗第二次东巡时，即在温德亨山建造祭殿以专供满洲发源之神——长白山神[③]。

在内容选取上，励宗万也对比了《盛京通志》等已有志书，做了取舍。譬如：“《通志》名宦多摭战功，其实将帅去来无常，非有守土临民实绩，此别有史纪，不待志而传也，应从削略。”[④]“辽海人物，……《通志》类而列之。殊失体制，兹于宗室近属，概不尽载。非徒以书不能尽，亦别于其时，几为臣庶者之义也。”[⑤]尤值一提的是，《艺文》一卷，既有历代御制诏、敕、文、诗、辞，也有历代东北官员的章疏、记、叙、书、铭、赋、歌以及诗文，“皆

---

①《〈盛京景物辑要〉点校研究》卷7《城池》，第233页。
②《〈盛京景物辑要〉点校研究》卷7《边门》，第247页。
③《清帝东巡研究》，第254页。
④《〈盛京景物辑要〉点校研究》卷10《名宦》，第361页。
⑤《〈盛京景物辑要〉点校研究》卷11《人物》，第380页。

关治术之最巨者”[①]。励宗万撷取历代艺文之“攸关体要者登之”，是希望清高宗阅读这些艺文之时，能体会到他的一片忠心和参与东巡盛举的殷切希望。

总之，《盛京景物辑要》作为文臣励宗万进献给清高宗弘历东巡途中翻阅的袖珍参考读物，既有对于清高宗首次东巡盛京的回顾，也有其第二次东巡盛京的痕迹，是一部与清高宗东巡盛京息息相关的文献。书中所记载东北地区的古迹遗踪、山川风物、土风民俗、文章词句等，其意虽说是“以为行辇袖珍之助”，实际上为后人留下了关于东北史地文化的翔实记录。从这些记载中，我们可以发现，东北地区的山川风物、古迹遗踪不仅是清朝开国历史的记录，也是清入关后历代皇帝追溯民族源流、宣扬祖先功业的载体，更反映了东北地区与中原地区在文化、制度、政治等方面源远流长的联系。

① 《〈盛京景物辑要〉点校研究》卷12《艺文》，第419页。

乾隆朝新疆管理体系若干问题研究

锋 晖

清朝管理直省内地及边疆各域，其制度体系与管理方式不尽相同，尤以乾隆朝新疆治理为代表。内地各省治理多延续明朝直省府州县制，而边疆各域则据安全形势而控辖强度不一，使得管理制度因地而异。清朝边疆主体由东北、蒙古、青藏、新疆构成，新疆因战略位置突出，被视为边疆安全前沿。因平定准噶尔后新疆区域潜在威胁不断，清朝政府治疆制度屡次调整，历分封制、直省制、军府制、双军府制几度变化；且内容甚为特殊，其机构职官、驻军形式、官兵类型、后勤供应等均有别于内省与其他边疆区域，长期倍受学界关注。

关于清代新疆管理制度的研究，国内外学界成果丰富①，从不同角度探讨清朝政府治疆内容，并涉及清朝政府以八旗驻防管理新疆等诸多具体问题。笔者梳理研究成果时，深感清代新疆管理制度研究关注点有三：其一，须重视基础文献，即重视使用“一手”清代公文开展研究，包括皇帝颁发的谕、旨、寄信等，臣工呈进的题本、奏折等，各官衙移行来往的咨文、移会等。此类文献

作者系新疆师范大学历史与社会学院副院长、副教授。

本文为国家社科基金项目“乾隆朝新疆治理制度研究”（项目批准号：20BZS140）的阶段性成果。

① 代表作有吴元丰先生所著《满文档案与历史研究》，分专题述及新疆各地满营及伊犁四营沿革；杜家骥先生所著《杜家骥讲清代制度》《八旗与清朝政治论稿》等，述及清朝统一西域后新疆制度概况；王希隆先生所著《清代新疆军政制度研究》，介绍清准对峙期间清朝政府于关西建设，并就伊犁与乌鲁木齐驻防提出“双军府”概念，对札萨克、伯克制及新疆建省问题予以阐述；管守新先生著《清代新疆军府制度研究》，阐述新疆军府体系结构、驻防官员职掌；台湾学者罗运治先生著《清高宗统治新疆政策的探讨》，以军事、民事、经济、民族、台站为专题分别论述相关制度内容；周卫平先生著有《清代新疆官制边吏研究》，以传统史学与计量史学方法，梳理清代新疆官制设置、权限、职责等。另有小沼孝博先生著《清朝与中亚草原》、片冈一忠先生著《清朝新疆统治研究》等。

系清朝政府处理具体政务过程中形成的公文，为研究可靠凭据，有其他文献史料无法替代的独特价值。其二，须重视满文档案。清代新疆档案中虽兼有满文、汉文档案，纵向来看前期以满文为主，光绪朝建省后以汉文为主，横向而言清朝政府基于满洲传统与公文保密等因素，始终规定边疆各级满蒙官员奏报要务须以满文缮写，尤以乾隆朝格外强调，使满文档案成为今日乾隆朝新疆史研究举足轻重的重要文献。其三，须明确清朝政府战略目标、利益、对象，深入解析清朝政府治疆制度沿革，探讨体系组成部分相互关系，才能触及治理制度核心问题。近年随着研究成果日益丰富，满文原档大量影印出版，档案译作不断涌现，使相关研究条件逐步成熟。

一、乾隆治疆体系之建构

乾隆中叶以前，边患之大莫过于准噶尔，中央与准噶尔的对峙，其跨时之长、地域之广、领域之多、斗争之烈，堪称清朝中前期之最，准部威胁亦为清朝西北地区八旗驻防设置并西移的重要原因。准噶尔政权覆灭前后，清朝最初拟以"分封制"[①]善后，旋因阿睦尔撒纳之乱、卫拉特各部反清及大小和卓之乱前后相踵而致破灭，遂又拟以"直省制"[②]治疆，将新疆划入甘肃省一体管理，但因伊犁、塔城边境安全问题不断涌现而舍弃省制，最终于伊犁移驻重兵，而选择"军府制"[③]管辖，以乌鲁木齐为界，以西划归伊犁将军管辖，以东由陕甘总督负责。土尔扈特东归后，增设乌鲁木齐都统，构建新疆东路驻防，使治疆体系定型于"双军府制"。围绕新疆安全局势，将作战体系固定化、应战状态长期化、军管方式常态化，以"军府制"的军事驻防系统保证新疆安全稳定，清朝新疆管理制度由此确立。

---

① 分封制：古代君王将土地分给亲属、功臣、贵族的管理方法，所封之地称为"诸侯国""封国""藩国"，封地君主被称"诸侯""藩王"，受封者于封地内享有自治权，清代札萨克制、盟旗制虽与中原分封制有所差异，但自治权特征亦使其划属分封制范畴，为羁縻制组成，有别于省州府县制度。

② 直省制：又称府县制、郡县制，为中央集权制于地方政权的体现，源自春秋战国，经秦始皇改革，成为地方政治体制。

③ 军府制：又称"军管制"，为中央政权对地方实行统治方式之一，由国家最高权力机关派出军队，对全国或局部地区实行行政管理和控制的特殊措施。是在战争或其他非常情况下采取的一种过渡性的强制性管理方式。

乾隆帝以军队体系实施新疆治理，即所谓“以军统政”，故清朝政府新疆管理系统可概括为：高度皇权专辖下的“一将军·双军府·三要员·四军政区”。乾隆帝独揽新疆大小事务决策权，各驻防大臣仅有执行权、监督权，保证清帝意志精准实施，其集权程度甚于“分封制”与“直省制”。所谓“一将军”，即作战指挥权集于伊犁将军；所谓“双军府”，即东西两路军队管理权，分辖于伊犁将军与乌鲁木齐都统；所谓“三要员”，即伊犁将军、乌鲁木齐都统、陕甘总督三位一品要员，于新疆管理中承担不同的职责，突出陕甘总督的制衡职能，防止封疆大吏职权过重；所谓“四军政区”，即西路伊犁、东路乌鲁木齐、南路喀什噶尔、北路塔尔巴哈台四大行政重心区域，分别由伊犁将军、乌鲁木齐都统、总理回疆事务参赞大臣、塔尔巴哈台参赞大臣负责，行政执行权拆解于各处驻防官员，直接向皇帝汇报，确保皇权的高度集中，实现谕令的绝对贯彻。

乾隆朝新疆管理，以皇权为核心，以“军府制”为主干，破除“分封制”的相对自治，有别于喀尔喀；否定“直省制”的法制一体，有别于内地各省；不同于东北驻防的固守根本，既非战略前沿，又非战备状态。新疆管理系统既强调军事控辖，又强调权力制衡，使乾隆帝意志全面快速贯彻于新疆各地，借以调动各类资源，快速应对各域安全威胁，其实质为常设性军队管制系统，并以此为基干管控和保障伯克制、札萨克制、府县制等民政管理系统的运行。

二、乾隆帝与军府的关系

以往对乾隆朝新疆治理研究，观点多以伊犁将军独掌新疆为主，但文献中新疆档案无论数量，还是种类，均远超其他边疆地区，且奏折中多系各地各级驻防官员向乾隆帝的直接奏报，不免令人费解。《清代边疆满文档案目录》[①]12册12万余条，其中新疆档册有6册64683条，约占50%；《乾隆朝满文寄信档译编》4311件上谕，涉及新疆问题达2719件，占63%；《清代新疆满文档案汇编》中收录满文档案72812件，乾隆朝部分有41234余件，占56%，说明乾隆帝管理新疆事务，无论于清朝全域，还是清朝各代，其数量之大、规格之高均

---

① 中国第一历史档案馆：《清代边疆满文档案目录》，桂林：广西师范大学出版社，1999年版。

创纪录。各类事务中，大至重要决策，小至领催任免、案件判定、官兵娱乐、雨雪粮价等，均报送乾隆帝酌定，说明乾隆帝与新疆治理的关系远较其他各域更为密切。

总览乾隆帝对边疆的管理，大致可分为间辖与直辖。如喀尔喀、青海、西藏等边疆区域多施以自治间辖，因战略威胁较弱，部众恭顺臣服，故分封头目、札萨克等，以自治管理，或派驻官员监督，或驻军外围，或驻防长城一线，以绥远城最为代表。新疆区域，因安全威胁大、防控对象多，“分封制”失败，“直省制”废止，终以“军府制”保障安全，并以军队统管推行札萨克、伯克、州县三制民政管理。但若将管理三万五千驻军、四十四万五千民众[①]、两万里疆土管理大权，集中于某一封疆大吏之手，拥兵自重，则无论对皇权还是吏治，均无异为一大威胁。由此，乾隆帝以驻防官兵分割控辖防控对象，又将军队权力拆分为军事指挥、官兵管理、民政事务，划定权力范围，使皇权决策始终处于核心位置。乾隆帝对新疆驻防的关系，体现于官员选拔、侍卫制度、情报传递等方面，其结果便是新疆大小事务决策权均掌控于乾隆帝手中。

就要员选拔而言，乾隆帝对伊犁将军、乌鲁木齐都统等人选甚有倾向。清代官员出身有世职、武科、荫生、行伍、捐纳、宗室等，新疆驻防要员均系满洲八旗，且世职、宗室、上三旗居多。如明瑞，承恩公富文之子，孝贤皇后之侄；阿桂，大学士阿克敦之子；奎林，明瑞亲弟，袭承恩公爵，授御前侍卫，累迁镶白旗护军统领，管理健锐营；明亮，富察氏，满洲镶黄旗都统广成之子，孝贤皇后之侄，明瑞堂弟；增海，宗室成员；永保，大学士温福之子，陕甘总督勒保之弟；保宁，靖逆将军纳穆扎勒之子，袭公爵。就整体而言，乾隆朝伊犁将军较他处驻防官员，其出身甚为高贵。此外，伊犁将军中明瑞、阿桂、舒赫德、伊勒图、奎林、明亮、保宁，属八旗满洲上三旗。明瑞、奎林、明亮系镶黄旗，阿桂、舒赫德、伊勒图、永贵、保宁系正白旗，上三旗系皇帝亲辖，故上三旗官员与清帝相对更为密切。除出身、旗籍外，乾隆朝10任伊犁将军中虽不见武科选拔者，但乾清门行走、侍卫者甚多，军功卓越者甚多，考职中笔帖式入仕居多，其中伊勒图为明瑞、阿桂部下，世管佐领、三等侍

---

① 据《大清会典》与《西域图志》统计，清朝统一新疆20年后，新疆人口在44.5万人左右。

卫，从戎多年，缅甸战事后于新疆任职；永贵，江西巡抚布兰泰子，参与平定准部、回部大小战事；奎林及永保，曾出征金川；增海，历任伯都讷副都统、宁古塔副都统、广州将军、福州将军、黑龙江将军、盛京将军；舒赫德，曾参与金川、平准战事；保宁，乾清门侍卫，历任成都将军、四川总督。乾隆朝新疆四军政区要员入仕身份统计参见表1。

浏览伊犁将军、乌鲁木齐都统及诸参赞大臣、领队大臣等驻防官员履历，多交叉任职，经历相似。可见乾隆帝选派新疆大吏，均为其股肱、心腹中的精英，皇帝意志的坚定贯彻者。

表1　乾隆朝新疆四军政区要员入仕身份统计

序号	职务	世职	武科	荫生	行伍	捐纳	宗室	考职	总计
1	伊犁将军	6	0	2	0	0	1	1	10
2	乌鲁木齐都统	3	0	2	2	1	2		10
3	回疆参赞大臣	2	0	1	1	1	1	9	15
4	塔尔巴哈台参赞大臣	3	0	1	1	1	2	7	15

注：本表据《清实录》《国朝耆献类征》内伊犁将军信息统计而成。

就侍卫制度而言，侍卫系清帝心腹武装人员。统一新疆前后，乾隆帝派军前侍卫[①]参与各大小战斗，或统兵作战，或驻守要地，或押运解送，遇重要事务时，乾隆帝有意派侍卫协助将军大臣处理。诸侍卫将所辖事务、所见所闻及时汇报，对所辖要务单独奏报[②]，使乾隆帝获得多重奏报，便于权衡判断。诸

① 军前侍卫：军事经验丰富，并于军队从事作战任务的侍卫，归领侍卫内大臣处管理。

② 清朝平准用兵期间，诸多侍卫往来甘肃至伊犁一线台站，奏报官兵调派详情，如御前侍卫三泰奏："前往送军时，于正月十五日起程，途中士兵等惧于圣上法律，并无滋事及扰劳地方事宜。于三月十一日抵达肃州，奴才发放了该得之马驼、粮食等物，于十四日送出嘉峪关。"译自：《清代新疆满文档案汇编》第10册，乾隆二十五年三月十四日，《御前侍卫三泰奏报所率第五队官兵抵达肃州后交于黑龙江副都统三格折》。

如“鄂伦布拉克驿站案”[①]，均系侍卫揭发，使乾隆帝得以及时发觉隐患，调整部署。侍卫又领兵作战，尤以搜剿玛哈沁中立功不少。随着新疆军政事务增多，清政府多次向新疆添派军前侍卫，仅乾隆二十五（1760）年三月，清政府即自京城选取侍卫20名赶赴新疆交由舒赫德酌情“分派到伊犁等处当差”[②]，以两年为期限轮换戍防，并随着战事结束，由军前侍卫转为卡伦侍卫[③]。乾隆二十六年，随着新疆卡伦体系大致形成，清廷将驻守喀尔喀的卡伦侍卫转派伊犁，又请添派卡伦侍卫15员至塔尔巴哈台，与当地原有侍卫6员一道分驻卡伦[④]。卡伦侍卫不断调整定型，其中伊犁12名、乌鲁木齐2名、塔尔巴哈台12名、喀什噶尔13名、叶尔羌13名、乌什12名，所驻卡伦均系核心地带之重要卡伦。清政府选得力可靠侍卫，充任驻防大臣，出任协办、帮办、领队、办事大臣[⑤]等职，侍卫为其入仕重要阶段。

就情报传递管理而言，有奏报权限、奏折制度与驿站制度等内容。

奏报权限实质为权力分配，涉及官场权力制衡。乾隆朝高朴、经方、索诺木策凌等重案之后，乾隆帝不断调整奏折权限，扩大奏报范围，如“格绷额案”中驻防大臣密奏范围明显扩大。表现为作为叶尔羌帮办大臣的达福向乾隆帝单衔密奏，参奏和阗办事大臣格绷额及同城之叶尔羌办事大臣塔琦，其单衔密奏折即由喀什噶尔参赞大臣明亮转奏[⑥]，这对乾隆帝了解案情、加速查办大有裨益。之前新疆各驻防大臣虽均有奏事权，但协办大臣呈奏限制较多，多为

---

① 乾隆三十七年二月，侍卫伊桑阿报告，鄂伦布拉克驿站放粮官员、笔帖式等，私往土尔扈特人家处处饮酒，唤妇人歌唱，并借官粮。乾隆帝对此除处置各级官员外，令土尔扈特远离驿站安置。摘自：中国第一历史档案馆编：《乾隆朝满文寄信档译编》第10册，第552页。乾隆三十七年二月二十五日，《寄谕伊犁将军舒赫德等将在土尔扈特人家饮酒肆行官员拿审即行正法》，档号：03-133-6-012，长沙：岳麓书社，2011年版。

② 译自：中国第一历史档案馆、中国人民大学清史研究所、中国社会科学院中国边疆史地研究中心合编：《清代新疆满文档案汇编》第50册，第40页，乾隆二十六年正月十一日，《阿克苏办事大臣舒赫德奏京师送来二十名侍卫分派到伊犁等处当差折》，桂林：广西师范大学出版社，2012年版。

③ 卡伦侍卫：乾隆帝为强化管理，于边疆重要卡伦选派侍卫领兵驻守，充任卡伦侍卫。

④ 译自：《清代新疆满文档案汇编》第52册，第156页，乾隆二十六年七月二十二日，《参赞大臣阿桂奏请派伊犁所需卡伦侍卫并撤回喀尔喀卡伦侍卫折》。

⑤ 译自：《清代新疆满文档案汇编》第43册，第21页，乾隆二十四年十一月二十二日，《御前侍卫安泰奏谢授乌鲁木齐办事大臣折》。

⑥ 译自：《清代新疆满文档案汇编》第183册，第14—15页，乾隆五十三年十月二十四日，《叶尔羌帮办大臣达福奏由喀什噶尔参赞大臣明亮转奏情由片》。

合奏，而无单衔密奏权。针对“官官相护之风，至于举朝皆然”的问题，乾隆四十四年（1779）二月二十二日，御史西成奏称：“乌什、喀什噶尔、叶尔羌等处协同办事大臣，并无印信，又因路远，大臣奏事，不差家人赍奏，俱交驿站驰递，驿站官无印封不敢接递，遇办事大臣有应参事件，协办大臣不得另折密奏，请嗣后令协办大臣向办事大臣领取印封，专折请安，每岁或三四次，有应密奏事件即就便密奏。”[①]乾隆帝要求其余新疆协办大臣也一体遵行，新疆协办大臣密折制度由此启动，其密参奏折虽由参赞大臣转递，但参赞大臣无权拆封阅览，这一制度既扩大了协办大臣奏报权，也强化了驻防大臣的分权与牵制。另外，喀什噶尔、叶尔羌、乌什等城协办大臣、办事大臣或参赞大臣同城驻扎，“一衙两署”办公，相互监督，也进一步强化了各城驻防大臣的权力制衡。

乾隆帝对奏折制度改革甚大，呈“大、简、明、快、密”的特点。乾隆帝扩大呈奏范围，授更多官员以奏折权，除伊犁将军、乌鲁木齐都统、参赞大臣、办事大臣、侍卫单衔密奏外，亦将协办大臣合奏改为单衔密奏，使得奏折制度成为权力制衡方式之一。乾隆统一奏折尺寸，规范奏折形式，要求奏折为本人书写，对满汉文使用亦严加要求，谕：“新疆所办事件，应用清字（满文）折奏，此事清语无多，岂惠龄不能清语耶，即有关涉地方事件，如清字折奏有不明晰，亦应如盛京，用清汉字兼写具奏，惠龄著饬行。至伊犁、乌鲁木齐二处，多系民间事件，亦应清汉字兼写具奏，不可单用汉字奏折，将此通行伊犁将军、乌鲁木齐都统、新疆驻扎大臣等，一体遵办。”[②]可见，虽涉及民间、民政、地方事务允许兼写汉字，但驻防事务、军事须以满文书写[③]。乾隆帝恢复其初年所撤之军机处，简化奏事处分工，奏事处官员接奏折后即可交奏事处太监呈送皇帝，减少中间环节，避免官员勾结。因新疆军政事务繁多，乾

---

① 《清高宗实录》卷1077，乾隆四十四年二月丁丑，第469页。

② 《清高宗实录》卷1250，乾隆五十一年三月乙巳，第796页。

③ 针对新疆驻防大臣奏折使用汉字问题，乾隆帝曰：“尔等皆系满洲大臣也，且并非汉臣，因何缮具汉字折呈奏哉！且夫若系核销等项，则因俱为物项之数，缮写汉字谓便利。对此无非缮写汉字单夹于折内，犹可耳！并折皆缮汉字，此决不可取。且夫外藩人等犹耻笑我朝为汉人矣，我朝兹若缮写汉字，伊等愈加不看作汉人耻笑乎？此缘由，朕先前亦有颁降伊等训旨之处，因伊等竟好汉人习俗，遂如此缮具汉字呈奏。此为初次，朕宽赦其，再若如此，必定治其罪。”译自：《清代新疆满文档案汇编》，第43册，第165页，乾隆二十四年十二月初五日，《辟展办事大臣定长等奏为写汉字奏折奉旨申饬谢恩折》。

隆帝简化康雍朱批形式，以“知道了”“是”“另有旨”等批注，再撰写谕旨交付军机处执行，分明发、寄信（密谕）谕旨颁行，以奏折代替奏本，并对题本、奏折做出明确界定，成为定制。清朝强化奏折保密制度，规定奏折“但凡事关军机要务之事，亦要尽皆钉封咨行”[①]，并以“五十七案”[②]警戒守驿人员，整肃驿站纪律。对朱批奏折，较雍正朝“缴回制度”，乾隆帝严格规定缴回年底时间。要求奏折用语简明扼要，忌讳“晦、涩、乱、复”，对奏折错字，轻则告诫“好生学习满语，凡事具奏时，尽量简明扼要”[③]，重则严加斥责警告“伊等满语甚差，此之数语，亦写不清楚，实不堪入目”[④]，并予处罚，因驻防事务奏报激增，亦不断增加满文文书人员[⑤]。

驿站制度为皇权意志贯彻的重要保障。京城与新疆远隔万里，驿站递奏为

---

① 译自：《清代新疆满文档案汇编》第27册，第221页，乾隆二十二年十二月二十二日，《定边右副将军兆惠奏请一切机密文件均应钉封发送以免驿递者偷看片》。兆惠奏：“经兵部将所咨各事带封套装于木匣递送之时，咨文不致磨损外，驿递者甚为重视加急驰递送达。惟实不能将驿站有不肖之辈，妄自拆窥之事清理讫，俟出此等偷拆窥阅之事后，查出时甚为不易，攸关军机事务，理应慎之又慎。据此，经兵部此后将内地所寄书信，外带封套咨送时，以钉钉封，再装匣送来，则可称不肖之辈，无法偷拆窥阅也，且甚裨益于事，将此，皆咨军机处、兵部外。奴才传谕我行营各领队大臣，今后但凡事关军机要务之事，亦要尽皆钉封咨行”。

② “五十七案”：系驿站笔帖式妄自私拆窥阅奏折一案。“五十七者，委以笔帖式坐守驿站之人，胆敢拆窥自部咨送封套内字寄之事，情节甚为可恶。将此，若不示戒众人办理，则坐守驿站人等不知惩惧。据此，将五十七应合即行送去法办，由此处差员严加看押五十七，经军营直至巴里坤，沿驿传告情由罪节，示戒各驿人等，送来巴里坤，恭候圣谕抵达法办”。译自：《清代新疆满文档案汇编》第27册，第217页，乾隆二十二年十二月二十二日，《定边右副将军兆惠等奏报驿站笔帖式五十七私拆部文封套应正法折》。

③《乾隆朝满文寄信档译编》第20册，第470页。乾隆五十三年二月初九日，《寄谕塔尔巴哈台参赞大臣永保所奏啰嗦且有错字著好生学习满语》，档号：03-139-3-016。

④《乾隆朝满文寄信档译编》第23册，第388页。乾隆五十七年六月初四日，《寄谕喀什噶尔参赞大臣明兴等申饬兵丁淹毙一折清语含糊不清事》，档号：03-141-1-026。

⑤ 参译自《清代新疆满文档案汇编》第27册，第271页，乾隆二十四年十二月十八日，《乌鲁木齐办事大臣安泰等奏请在乌鲁木齐设满洲道员同知等以便办理钱粮等项事务折》。“乌鲁木齐等地各项咨行、查核之事较前渐增，倘少缮写满洲书之人，不可顺利成事。经查，去年赶送进征兵队马匹之西安等地满洲兵，由辟展具奏后留下缮写文书人等内，兹仅派出两人分给乌鲁木齐协助办事。昔事少期间，各项缮抄即曾不敷，兹较前事增两人实是不能办理。兹因无官差前来满洲兵，故不得协助之人，奴才等拟就近由凉州等地将军等处满洲领催、前锋内，调取满汉文书良优会缮写满洲字之人十名，协效办理满洲文书处。伊等若行走良优，奴才等照驿站委笔帖式之例办理，伊等内若有能执掌事务出众奋效之人，则奴才等咨行伊等该管之处，于伊等应升之缺添名，以示鼓励办理。因非奴才等私下携取之处，故谨奏请旨。朱批：著照呈奏施行。钦此。”

连接二者的重要通道，驿站制度亦为乾隆帝贯彻实施其意志的重要保障。奏折公文经“伊犁，乌鲁木齐，哈密，甘省凉州，经宁夏，陕西潼关，山西大同，河北保定至京城”[①]递送。清朝奏折程限严格，视紧要程度而定驿站程限，有日行三百里、四百里、五百里、六百里和八百里5种，其六百里奏折，非军报自不轻用。清朝政府将战时驿站系统不断发展，形成军台（专门用于军事通讯），驿站（为地方、中央各级政权管理服务），营塘（服务于物资转运）及通讯、巡逻两用卡伦等。自哈密分两路：其一为天山北路，即由哈密经巴里坤、古城、乌鲁木齐、奎屯达伊犁，乌鲁木齐以东又称乌鲁木齐北路，乌鲁木齐以西又称乌鲁木齐西路；其二为天山南路，即由哈密经辟展、吐鲁番、喀喇沙尔、库尔勒、玉古尔[②]、库车、拜城、阿克苏、巴尔楚克、叶尔羌、英吉沙尔达喀什噶尔。天山北路于奎屯有一线通塔尔巴哈台，天山南路于阿克苏、叶尔羌各支路分别通乌什、和阗。天山南北两路又通过乌鲁木齐南路（乌鲁木齐至吐鲁番）及伊犁军台路（伊犁至阿克苏）相连。天山北路在塔尔巴哈台、古城和三台有支路与乌里雅苏台科布多军台相连。乾隆帝构建此驿站系统沿古驿道、传统商道推进，总长68600余里，共设驿站、军台、营塘及有关卡伦458座，各驿站配马数目不一，如“乘驿官兵经哈密至肃州作二十二驿，每驿乘马一百二十匹。经肃州直至泾州作二十七驿，每驿备乘马二百匹，经陕西路行走”[③]。伊犁至北京距离为10820里，若以六百里加急递送，20天内即可完成奏折递送，最快纪录为14天[④]，使乾隆帝迅速决策处理新疆大小事务成为可能。如乾隆帝裁决哈密通判经方私亏库银一案，从立案到结案用时4个月。都统索诺木策凌受贿案，前后7个多月结案。高朴玉石案查处，前后用时4个

---

① 佟玉泉、佟克力编：《锡伯族民间散存清代濒危古典文献》，编译自《京城至伊犁驿站数目及名称（满文）》篇，乌鲁木齐：新疆人民出版社，2008年版，第459—464页。

② 玉古尔：地名，又称布古尔，今称轮台县。傅恒等撰《西域同文志》云：“玉古尔，回语，临阵奋勇前进之谓。”官修《西域图志》卷十五云：“玉古尔，在英噶萨尔西一百二十里，逾伊兰布拉克至其地。”徐松《西域水道记》卷二云：“玉古尔者，汉轮台地。《西域传》云：‘轮台、渠犁，地相近也。’庄南四十里有故小城，又南二十里有故大城，又南百余里，尤多旧时城郭，田畴阡陌，畎陇依然，直达（塔里木河）河岸，疑官田所治矣。”乾隆二十四年，徙多兰维吾尔人居此，设阿奇木、伊什罕等伯克共10员，隶喀喇沙尔办事大臣。光绪八年，置布古尔巡检，隶喀喇沙尔直隶厅。二十八年升格为县，改称轮台县，隶焉耆府。

③ 译自：《清代新疆满文档案汇编》第43册，第441页，乾隆二十五年正月初六日，《定边将军兆惠等奏将军营侍卫官兵编队回京折》。

④ 浏览乾隆朝伊犁、京城间六百里加急公文，以14天速度完成递报者甚多。

月。而和阗“格绷额”案审理，除官员回护拖延，自乾隆帝命福嵩查案至断案前后用时两个月，和阗与哈密、乌鲁木齐相距3000里，距京城更是万里之遥，乾隆帝将此案件查办与军事战报等同对待，保证各类决策要务均由其一人裁定。

三、将军的军事指挥权

伊犁将军职权范围系新疆管理制度重要内容，各类汉文文献表述不一，学界对此观点亦不相同。乾隆二十七年（1762），清政府设置伊犁将军初始，对其职掌规定：“伊犁为新疆总汇之区，既经设立将军，凡乌鲁木齐、巴里坤所有满洲、索伦、察哈尔、绿旗官兵，皆听将军总统调遣。至回部与伊犁相通，自叶尔羌、喀什噶尔，以至哈密等处驻扎官兵，亦听将军兼管。其地方事务，有各处驻扎大臣，仍照旧例办理。再叶尔羌、喀什噶尔等回城，皆在边陲，如有应调伊犁官兵之处，亦准各处大臣，咨商将军，就近调拨。臣等拟开明职掌，载入敕书。”[①]《钦定皇舆西域图志》《大清一统志》《嘉庆重修一统志》对伊犁将军职掌述为统辖天山南北各新疆地方驻防官兵调遣事务；《皇朝通志》为统掌新疆之军政；《皇朝通典》述为统掌新疆之军政，山北山南皆听节制；《西陲总统事略》述为总统新疆南北两路，至于具体管辖内容则语焉不详；《钦定新疆识略》述为节制南北两路，统辖外夷部落，操阅营伍，广办屯田，应办事件印房、营务处、粮饷处、驼马处及文武各员分司之；《皇朝文献通考》述为总理天山南北路事务。此外，伊犁将军虽为边疆驻防将军，但较东北、喀尔喀蒙古等地驻防将军权限甚大，其全称是“总统伊犁等处将军”，黑龙江将军全称为“镇守黑龙江等处将军”，吉林将军全称为“镇守吉林等处将军”，盛京将军全称为“镇守盛京等处将军”，乌里雅苏台将军全称为“乌里雅苏台定边左副将军”，均无“总统”二字，其特殊性尤为突显，但对伊犁将军“总统”之权限予以量化时，有“节制”“兼理”“统辖”等词汇出现，其概念外延多有含糊，学界对此多有探讨，观点不一。乾隆朝八旗驻防前后37年，本文以任职伊犁将军15年的伊勒图为典型个案，解读其满文奏折，借以概括其职权范围。

---

① 〔清〕傅恒等撰：《平定准噶尔方略》续编，卷19，乾隆二十七年十月壬子。

伊勒图（？—1785），纳喇氏，满洲正白旗人。乾隆初，以世管佐领授三等侍卫，累迁镶红旗蒙古副都统。乾隆二十八年（1763），授伊犁参赞大臣。次年进京。三十二年，复任。调任喀什噶尔参赞大臣。翌年，授伊犁将军。三十六年，调任塔尔巴哈台参赞大臣。逾二年回任伊犁将军。奏屯兵携眷、回户分屯耕种、积贮粮食；又奏开采铜、铅、煤等矿；办满营义学和教授俄罗斯语文学校，以及鼓铸制钱、卡伦管理、安置回归中国之土尔扈特等事项。诸事办妥，部属皆悦服。五十年，病故，谥襄武，封一等伯，乾隆帝遣侍卫丰伸济赴伊犁赐奠。伊勒图任伊犁将军任期，除永贵、增海、明亮、舒赫德几度署理代理外，合计15年之久，于历任伊犁将军任期中堪当第一。伊勒图任职期间，历经新疆驻防布设、调整、定型，对解析伊犁将军职权甚为典型。伊犁将军伊勒图满文奏折统计参见表2。

表2 伊犁将军伊勒图满文奏折分类统计

事务分类	职权事务	首任	再任		
		乾隆三十三年六月—三十四年一月	乾隆三十四年十二月—三十六年七月	乾隆三十八年七月—四十八年六月	乾隆四十八年九月—五十年七月
作战系统管理	官员任免	23	59	512	182
	官兵训练	1	8	45	24
	军事调遣	4	20	158	63
	卡驿巡查	4	12	78	21
后勤系统管理	绿营军屯	3	15	98	20
	回屯生产	2	5	35	9
	牧场经营	3	9	47	11
	马政事务	3	8	56	10
	矿业事宜	0	1	25	4
	案件审理	9	8	45	14
	财政事务	4	11	86	23
	废员事务	2	8	48	13

续表

事务分类	职权事务	首任	再任		
		乾隆三十三年六月—三十四年一月	乾隆三十四年十二月—三十六年七月	乾隆三十八年七月—四十八年六月	乾隆四十八年九月—五十年七月
防控对象管理	回部事务	3	3	30	6
	布鲁特事务	2	4	74	8
	哈萨克事务	6	28	164	32
	土尔扈特事务	0	51	359	98
其他事项		10	16	96	60
合计		79	266	1956	598

注：本表据《清代新疆满文档案汇编》中伊犁将军伊勒图奏折统计而成。

伊勒图满文奏折内容丰富，《清代新疆满文档案汇编》中有其奏折2844篇，若以军府管理事务分类，概可分为作战系统管理、后勤系统管理、防控对象管理、其他事务四大类17个项目：

——官员任免。此类奏折共776件，述及伊犁区域八旗、绿营各级官员考核、补放、引荐、奖惩、休致等内容，对官员领导能力、廉洁自律、为官效率等记述详尽，并对补放所缺提出拟正、拟陪意见，另有官员请假就医、病愈出任等，以及官员考语等。大小官员任免，决定权均集中于乾隆帝手中，伊勒图仅有建议、执行、考核权。

——官兵训练。此类奏折78件，述及伊犁区域八旗、绿营马步箭、枪炮技艺及检查奖励情况。此外八旗官兵训练，又有围场射猎形式，多于哈什河一带行围，围猎中包围、分割等规则与军事战术无异，所获猛兽数目记于官兵履历。回疆诸城及塔尔巴哈台换防官兵训练管理，由各自驻防大臣负责，伊勒图并未直辖。

——军事调遣。此类奏折245件，述及伊犁满营官兵移驻，伊犁四营官兵增补，以及塔尔巴哈台、回疆诸城驻兵换防事宜，伊勒图对换防区域仅派送、调遣换防官兵，而不参与管理。

——卡驿巡查。此类奏折115件，述及伊犁区域卡伦、驿站、军台管理，包括捉拿逃人，伊犁哈萨克、布鲁特边境巡查，卡伦维护及卡伦侍卫任职情况。伊勒图虽不负责伊犁以外卡驿管理，却负有自伊犁官牧场向南北两路卡伦驿站派送牲畜的责任。

——绿营军屯。此类奏折136件，述及伊犁绿营军屯人员调配、牲畜管理，就生产内容按一年周期奏报，春季播种、夏季长势、秋季收割入仓奖励及开垦招耕事宜。另有屯兵对遣犯的管理及遣屯借支偿还事宜，该绿营军屯仅限伊犁及塔尔巴哈台区域。

——回屯生产。此类奏折51件，述及伊犁区域回屯户数、面积、管理，按季奏报生产状况，含及春季奏灌溉水况、借支籽种，夏季奏田禾长势、秋收预测、借支账目、伯克奖励，秋季奏收成、入仓、赏赐伯克等。回疆、哈密、吐鲁番等区域回屯事务由各自驻防大臣负责，伊勒图并未涉及。

——牧场经营。此类奏折70件，述及察哈尔营、厄鲁特营牧场经营情况，包括巡查牧场牲畜头数、膘肥状况、孳生数目、人员管理，兼有两营农耕生产情况及官兵技艺查看等内容。对锡伯营、索伦营牧放生产效果亦有记述。

——马政事务。此类奏折77件，述及伊犁区域贡马收取、解运赴京、马匹贸易、马匹管理，以及将军府驼马处管理、各路驿站马匹供应等事宜。

——矿业事宜。此类奏折30件，述及伊犁区域矿场开发，包括辟里沁山金矿、双树子金矿、哈尔海图山铜矿、伊犁铁矿等勘探、挖掘、产量预测、人员管理等事宜。

——案件审理。此类奏折76件，述及伊犁八旗驻防城及周边旗人、民人及废员等刑事命案的审理，还有越境犯罪事件。

——财政事务。此类奏折124件，述及伊犁所属各城官兵钱粮、盐菜银事务，铸币管理、库存钱粮管理、各类赏赐、房租收支、各类贸易收支，以及伊犁各驻防城建设、喇嘛寺修建等预算奏效事宜。

——废员事务。此类奏折71件，述及伊犁区域废员“效力赎罪”情况，对废员戍期满事、减免戍限事、再留任等内容呈报较多。

——回部事务。此类奏折42件，述及伊犁区域回部伯克选派、管理、调遣等内容。

——布鲁特事务。此类奏折88件，述及伊犁周边布鲁特越境处理，浩罕与布鲁特、哈萨克边境冲突，以及布鲁特朝贡、贡马收取等事宜。回疆周边浩罕、巴达克山等藩属事务属回疆大臣。

——哈萨克事务。此类奏折230件，述及哈萨克投附、朝贡、贸易、越境、赏赐、遣使等事宜。外交口径对哈事务由伊犁将军统一负责，而涉及塔尔巴哈台和哈萨克边境秩序问题，则由塔尔巴哈台参赞大臣负责。

——土尔扈特事务。此类奏折508件，涉及土尔扈特自东归安置中，新疆各地相关信息探查咨询、物资调配、部众分割、牧场安置、人员册封等内容。

——其他事项。此类奏折182件，涉及伊犁区域谢恩请安、喇嘛事务、对俄交涉、官学设置、朱批折缴回、伊犁建庙供祭牌位、进贡特产、返京丁忧、送选秀女等事宜。

梳理伊勒图奏折，其奏稿内容多数限定于伊犁区域，甚至不包括塔尔巴哈台具体管理，但涉及新疆驻防布局设置时，伊勒图奏折范围便迅速拓展至天山南北，尤其是土尔扈特回归始末，伊勒图在奉旨赈济东归部众的同时，强调警惕其首脑意图，防范可能出现的“潜在威胁”，调整全疆驻军布局，指挥各地各级官员对东归部众“分而治之”，并就东路驻防设置人员、地点等事宜，亲自勘查、协调、处理，与明瑞将军于“乌什事件”统领指挥如出一辙。

由此可见，伊犁将军的“统辖”体现于新疆全境战略安全保障方面，尤其是军事作战，有调遣全疆军队武装之权，而对军队日常管理及以军统政之军政事务，则仅限于伊犁区域。需要指出的是，各域驻防大臣虽各自管理，直接向乾隆帝奏报，但涉及重要事务亦向伊犁将军知会，伊犁将军自新疆安全角度对各地驻防大臣予以节制，使得就军政事务而言，新疆全境分四大军政事务管理区，分属伊犁将军、乌鲁木齐都统、回疆参赞大臣、塔尔巴哈台参赞大臣。但就新疆战略安全而言，因伊犁驻防与东路驻防，兼有控辖土尔扈特部众之责，故新疆全境八旗、绿营由伊犁将军统一指挥。

四、两军府的军队管理权

关于新疆两军府，王希隆先生指出：乌鲁木齐都统虽名义上受伊犁将军节制，表现为上下级关系，但实质与将军不仅品级相同，同为从一品，其所辖官兵总额、军政事务等，亦与伊犁将军基本相同；惠远城满营与巩宁城满营建制基本一致，城池规制完全相同，故新疆军府应分伊犁将军府和乌鲁木齐都统府[①]。但

---

① 王希隆：《关于清代新疆军府制的几个问题》，《西域研究》2001年第2期。

同为军府，为何不称将军而称都统？为何未参照之前甘肃之例，构建宁夏、凉州两将军府？新疆两军府关系、分工又该如何理解？诸多问题若不澄清，则甚难理解新疆军府特质。

双军府体系，非新疆驻防所独有。清准对峙时期，清政府于甘肃亦建有宁夏将军与凉州将军，随着伊犁驻防的构建，遂设伊犁将军，撤凉州将军，可见其设与撤同战略威胁变化、防控对象转移密切相关。

乌鲁木齐都统的设立非提前计划，而是围绕潜在威胁及战略安全而迅速构建，其具体方案由伊犁将军舒赫德提出，并经不断讨论酝酿，屡次调整而实施。乾隆三十六年（1771）三月，伊犁四营环卫伊犁九城布局完成，标志伊犁驻防定型，对哈萨克、布鲁特越境侵踞问题布设驻军，实现了有效防控。当月，伊犁最后一座驻防城（惠宁城）构建完毕，正当乾隆帝对此大加赞许，清朝政府上下欣悦之时，俄方使者告知土尔扈特举部17万自伏尔加河流域东归，此事对清朝触动极大[①]，迅速采取措施应对，对入境部众调查后，清政府立刻大幅调整新疆驻防格局，再次移驻陕甘八旗、绿营于新疆，防控潜在威胁。伊犁将军舒赫德遵旨筹划新疆驻兵事宜，筹划设立乌鲁木齐满营，奏请于乌鲁木齐驻满兵三千，添设参赞大臣、领队大臣各一员，巴里坤驻满兵二千，添设领队大臣一员，其领队大臣令参赞大臣兼摄，俱统辖于伊犁将军[②]。次年三月，清政府于乌鲁木齐设参赞大臣一、领队大臣一、巴里坤领队大臣一等诸驻防大臣，命索诺木策凌为乌鲁木齐参赞大臣、德云为领队大臣，俱受伊犁将军节制[③]。九月，清朝政府旋改乌鲁木齐参赞大臣为都统[④]。乾隆帝指出，从前因乌鲁木齐驻防满洲绿营兵丁，曾放参赞大臣管辖，俱听伊犁将军调遣，今乌鲁木齐所属地方宽阔，而距伊犁遥远，兵民辐辏，应办事件甚繁，将参赞大臣一缺改为都统一员，于管辖兵丁，办理诸事，尤为有益，而于体制亦属相符。使乌鲁木齐军府继伊犁军府之后迅速构建。

乌鲁木齐都统与伊犁将军虽品级相同，却又有差别。都统，满语起初称作gūsai ejen，雍正时改为gūsa be kadalara amban，为一旗之最高军政长官，相

---

① 惠宁城满营的构建与土尔扈特东归的获悉，均为乾隆三十六年三月下旬，因时间基本一致，使学界常忽略东西两路驻防构建的差异。

②《清高宗实录》卷896，乾隆三十六年十一月戊戌，第1041页。

③《清高宗实录》卷904，乾隆三十七年三月戊戌，第70—71页。

④《清高宗实录》卷917，乾隆三十七年九月庚戌，第287页。

对驻防将军，都统职权侧重管理而非作战。清代驻防都统有三，除乌鲁木齐外，亦有察哈尔、热河两地都统[①]。

《三州辑略》载：乌鲁木齐都统“驻扎巩宁城，统辖满汉文武官员，督理八旗、绿营军务，总办地方刑钱事件”[②]。其职权“辖领队大臣五，本城一、吐鲁番一、巴里坤一、古城一、库尔喀喇乌苏一；协领十二，本城六、外城六，节制提、镇，迪化城提标、巴里坤镇标、哈密协、玛纳斯协”[③]。看似乌鲁木齐都统管辖覆盖新疆东部全域，独揽军队管理、命盗钱谷、案件等各类军政事务，但该区域道员辖区隶属陕甘总督下辖甘肃省，地方行政机构既有府州县“直省制”建置，又有各级都统、大臣“军府制”建置，造成管辖机构和管辖地域重叠情况，于镇迪道辖境内，有“军府制”与“州县制”并存特点，清政府对此强调“凡满洲绿营官兵屯田一切事务，皆与提督总管办理”[④]。

满文奏折系研究乌鲁木齐都统职权的重要依据，而其中又以都统永铎为典型。《清代新疆满文档案汇编》中，收录乌鲁木齐都统永铎满文奏折186篇，对比伊犁将军四大类17个项目内容，可看出乌鲁木齐都统职权异同，借以解析两军府建构。乌鲁木齐都统永铎满文奏折统计参见表3。

表3　乌鲁木齐都统永铎满文奏折分类统计

乾隆五十年九月至乾隆五十二年十二月

事务分类	职权事务	奏折统计
作战系统管理	职官任免	52
	官兵训练	5
	军事调遣	17
	卡驿巡查	0

① 乾隆二十六年（1761），清朝政府设察哈尔都统一名、副都统二名，驻张家口，管辖察哈尔八旗，兼辖四处驻防官兵，节制宣化、大同二镇，察核张家口绿营兵；嘉庆十五年（1810），清朝政府改热河副都统为都统，驻承德，统辖蒙旗兵丁，管理封禁之地，负责办理旗蒙民人刑名等。对比三地都统，窥见其相同之处，都统管理对象多为蒙古部众，或札萨克属地，或察哈尔驻地，其地域位置均系交接要地，或长城要道，或塞外要地，系清朝政府防控关注之地。

②③ 和瑛：《三州辑略》卷2，官制。

④《清高宗实录》卷907，乾隆三十七年四月甲申，第132页。

续表

事务分类	职权事务	奏折统计
后勤系统管理	绿营军屯	4
	回屯生产	0
	牧场经营	0
	马政事务	6
	矿业事宜	11
	案件审理	19
	财政事务	28
	废员事务	10
防控对象管理	回部事务	0
	布鲁特事务	0
	哈萨克事务	3
	土尔扈特事务	15
其他事项		15
合计		186

注：本表据《清代新疆满文档案汇编》中乌鲁木齐都统永铎奏折统计而成。

——职官任免。此类奏折共52件，述及乌鲁木齐、巴里坤、古城、吐鲁番等东路各城，八旗、绿营各级官员考核、补放、引荐、奖惩、休致等内容，考核满营官员，对补放所缺提出拟正、拟陪意见，与伊犁将军相同，都统仅有建议、执行、考核权。

——官兵训练。此类奏折5件，述及乌鲁木齐八旗、绿营训练奖励及八旗官兵围场射猎事宜，而乌鲁木齐以外东路各城官兵训练事宜，则由各分辖驻防官员向乾隆帝奏报。

——军事调遣。此类奏折17件，述及派遣乌鲁木齐驻防官兵，开展军务调遣、押运钱粮、护送人员、缉拿逃犯等事宜，大规模官兵调遣及布防事宜均由伊犁将军指派。

——卡驿巡查。无此类奏折，东路卡驿军台事务由沿线驻防大臣向乾隆帝奏报，诸多事务知会都统，又因远离边境，东路无巡边军务。

——绿营军屯。此类奏折4件，述及乌鲁木齐绿营军屯人员调配、产量、赏赐事宜。

——回屯生产。无此类奏折，东路回屯事务由所辖驻防大臣奏报乾隆帝。

——牧场经营。无此类奏折，各牧场事务由所辖驻防大臣、绿营官员奏报。

——马政事务。此类奏折6件，述及伊犁马场转运马匹分配事宜。

——矿业事宜。此类奏折11件，述及昌吉、乌鲁木齐东路等地金矿、铅矿挖掘、管理事宜。

——案件审理。此类奏折19件，述及乌鲁木齐、奇台、昌吉、库尔喀喇等处，八旗、绿营驻防城刑事命案审理处理事宜。

——财政事务。此类奏折28件，述及乌鲁木齐粮价、官兵钱粮发放及遣官赴内地采买物品等事宜。

——废员事务。此类奏折10件，述及派赴乌鲁木齐废员“效力赎罪”、戍期满事、减免戍限事、再留任等内容。

——回部事务。无此类奏折，东路回部伯克选派、管理、调遣等事宜系所辖驻防大臣奏报。

——布鲁特事务。无此类奏折。

——哈萨克事务。此类奏折3件，述及哈萨克朝贡、贸易事宜。

——土尔扈特事务。此类奏折15件，涉及土尔扈特查看等内容。

——其他事项。此类奏折15件，涉及谢恩请安、朱批折缴回、进贡特产事宜。

若将军府职能分军事、民政两部分，则可看出乌鲁木齐都统永铎职权，轻军事而重民政特点。清政府规定“巴里坤、古城、吐鲁番满营事务俱属乌鲁木齐都统总理，应移巴里坤、奇台、古城地方事务合归乌鲁木齐都统办理”[①]，对比同期伊犁将军伊勒图奏折，窥见乌鲁木齐都统永铎军事管理权甚弱，东路驻军18649名，其中满营兵5884名、绿营兵12765名，虽名义统管东路满营官

① 和宁：《三州辑略》，台北：成文出版社，1968年版。

兵，下辖乌鲁木齐、巴里坤、古城、吐鲁番、喀喇乌苏5位领队大臣，但军队具体管理及各类军务分散于各驻防大臣，指挥权统归伊犁将军，都统直辖官兵限于乌鲁木齐驻军，直辖八旗官兵仅巩宁城满营。绿营官兵多数自甘肃换防而来，其军队系陕甘总督所辖绿营，其具体管理亦由各驻防大臣、绿营官员负责，军事训练各自进行，卡驿军台、军屯、回屯、马政等事务由所辖各驻防大臣管理，直接向乾隆帝汇报，仅知会都统，都统职权仅为总理而非统辖，所谓“总理”即为对东路官员任免提出意见、处理军队后勤、协调各类事务、裁决各地命案等。

对比乌鲁木齐都统与伊犁将军奏报，伊犁将军不仅直辖伊犁六营八旗及六城绿营，负责伊犁全境官兵训练，巡查卡驿军台，管辖伊犁全境回屯、军屯、官牧事务，直接应对边境事务，并调遣各路大军，其官兵以八旗为主、绿营为辅，且绿营兵中马兵、步兵、炮兵等作战兵比例甚大，故伊犁军府可称为“大军府”。乌鲁木齐都统，其军事职责逊于将军，协助开展土尔扈特防控，配合开展回疆换防，其驻军绿营居多，屯兵为主，分散为乌鲁木齐以东十二城、乌鲁木齐以西十四城、乌鲁木齐以南嘉德城，以此分割东归部众，防控“潜在威胁”，较伊犁驻军防控对象而言，其安全威胁少、防控面积小，而辖地内地移民多、绿营军民多，民政事务多于军事事务，同时都统民政之表象，亦能掩盖对蒙古部众军事防控的实质，故乌鲁木齐都统府可称为“小军府”。

五、三位要员的分权与制衡

伊犁将军、乌鲁木齐都统与陕甘总督三位一品要员，虽三者分辖属地，但却功能互补，实在一体。以往相关研究多忽视陕甘总督因素，而实际陕甘总督不但参与新疆问题决策，还通过绿营军权、财政权、人事权等节制新疆军府，呈现将军府、都统府、总督府由军事性向民政性过渡的特点，即将军府军事职能大于民政职能，都统府军事职能弱化而民政职能突出，总督府则民政职能突出而军事职能弱化。

就参与新疆决策而言，纵览总督职权，清准对峙期间，陕甘总督或主持西线战事，任宁远将军[1]、定远将军[2]、定西将军[3]，率兵征伐准部；或负责后方事宜，料理军需，转运粮草，组织官兵。平定准部后，清政府最初拟以“直省制”管理新疆，拆陕甘总督，设甘肃总督统辖新疆，但因边境安全局势，恢复陕甘总督，设伊犁将军，并以乌鲁木齐为界分划伊犁将军与陕甘总督辖区。伊犁驻防定型后，又因土尔扈特东归安置，清朝政府为有效控辖而布设东路驻防，设乌鲁木齐都统，使总督直辖区域退出新疆，但陕甘总督始终参与新疆重大问题决策，充任重要角色。可以理解为，因新疆安全威胁因素，鉴于军事防控需要，使陕甘总督对新疆的直辖，转变为将军与都统的直辖，而其他民政管理事项依然由陕甘总督不同程度负责，既是对新疆军府的协助，又可视为对将军、都统的节制。

就绿营军权而言，新疆绿营数量巨大，乾隆十二年（1747），清朝政府改安西镇为安西提督。乾隆二十四年，回疆底定以后，安西提督移驻巴里坤，为巴里坤提督，旋改乌鲁木齐提督。伊犁驻绿营3107名，东路驻绿营12765名，绿营占新疆驻军总额四成多[4]，合家眷7万余口，《绿营兵志》载：“当时新疆未建行省，凡所设提督、镇都受节制于陕甘总督。而天山南北路各城，则各设屯戍兵，其北路塔尔巴哈台，南路阿克苏、乌什、喀喇沙尔、吐鲁番有换防，有屯田；其南路喀什噶尔、英吉沙尔、叶尔羌、和阗、库车、哈密专设换防，都归伊犁将军管辖，以五年为期，由陕甘区各标营轮班派往。”[5]《新疆图志》载：“国朝底定西陲，兵制迄今凡三变。乾隆时之荡平南北路也，以伊利为总汇重地，乌鲁木齐居中外卫要，分设旗绿各营，携眷移戍，谓之驻防，南路回疆及塔尔巴哈台则更番输戍，三年一易，谓之换防。驻防、换防之绿营皆自陕甘移调者也。”[6]新疆绿营虽归将军、都统管辖指挥，但绿营兵亦归甘

---

① 岳钟琪。雍正三年（1725），岳钟琪任陕甘总督。七年授宁远将军，出西路征讨准噶尔部噶尔丹策零，师抵巴里坤后，筑东西二城，蓄粮屯兵。出兵袭击乌鲁木齐以援北路，又由巴里坤赴木垒分三路击败敌人。十年，遣兵击退侵犯哈密之敌。

② 查朗阿。雍正七年，查朗阿任川陕总督。雍正十一年，授查朗阿为定远将军。

③ 永常。乾隆十八年，永常任陕甘总督，加太子太保。二十年，旋授定西将军，以阿睦尔撒纳为先锋，直击达瓦齐。

④ 关于新疆绿营兵额，《新疆图志》载陕甘携眷移驻新疆驻防兵共计15872名，不携眷换防兵4919名。按该时平均值一户4.3口计算，陕甘携眷绿营兵携眷总额66951名，合计换防兵丁、绿营军民总计达7万名左右。

⑤ 罗尔纲：《绿营兵志》，北京：中华书局，1984年版，第58—59页。

⑥〔清〕袁大化等：《新疆图志·军制》，宣统二年（1910）刻本。

肃绿营系统，属陕甘总督的军队，新疆军府对其只有“使用权”，而无“所有权”。

就财政权而言，陕甘总督始终掌握清朝政府对新疆财政拨款的分配权，即协饷的汇总与调拨，并对新疆各驻防大臣的开支予以核查、奏销。清朝政府规定“每年所需数目，由伊犁将军衙门料估，咨行陕西、甘肃总督。将用过数目，造具细册，由总督转送户部销算”[①]，此后清朝政府遂一度放权于伊犁将军，认为“今伊犁等处早已平定，不惟满洲官兵安居服习，即察哈尔、索伦、厄鲁特亦皆丰足，地方并无他事。办理销算事件时，不必由将军衙门咨行总督转部销算。况且昨已有旨：每年伊犁兵饷，即由伊犁将军估计调取。其销算亦应由伊犁将军奏销”[②]。不久，因伊犁事务繁杂，财政支出繁多，总督远离伊犁，难以具体核销财务事宜，清政府遂将各地财政核销事宜交于各驻防大臣负责，强调须经总督查核。“舒赫德等处伊犁满洲官兵来年所需俸禄银，俱照例咨文从甘肃、陕西总督大臣处办理外，锡伯、厄鲁特、察哈尔、土尔扈特、回子等部，来年所需俸禄等数目已核算具奏，伊犁满洲营官兵和锡伯、索伦、察哈尔等部官兵，俱伊犁将军所属。锡伯、索伦、察哈尔官兵一年所需俸禄等银两数目，舒赫德俱核算业已具奏。满洲官兵一年所需多少并未计算具奏，却咨文让陕西、甘肃总督大臣计算办理，起初如何办理哉，将此之便寄住去让舒赫德等清楚查处奏闻。”[③]不仅伊犁如此，各地驻防也做出调整，“乌什、叶尔羌、喀什噶尔及库车、哈喇沙尔等处钱粮奏销，向系各该处大臣，册咨陕甘总督，转送户部核销，凡有驳查，往返动经年月。嗣后除吐鲁番迤东，设有府厅州县管理钱粮者，仍造册送总督核转外，其乌什、叶尔羌、喀什噶尔及库车、哈喇沙尔等处，一切钱粮奏销，请径由各该处办事大臣专折具奏，再行册送户部，并移咨陕甘总督查核”[④]。此调整虽将总督核销工作转移，但总督对新疆驻防财政监控权却未有变化。

就人事权而言，清政府虽授乌鲁木齐都统人事推荐权，可向乾隆帝推荐官员，提出拟正拟陪意见供皇帝酌定，但仍需由陕甘总督兼管会商。绿营升拔降

---

①②《乾隆朝满文寄信档译编》第10册，第655页。《寄谕伊犁将军伊勒图等著将年终销算钱粮事由将军衙门承办》，乾隆三十八年九月十九日，档号：03-134-1-097。

③ 译自：《清代新疆满文档案汇编》第113册，第54页，乾隆三十八年四月十五日，《伊犁将军舒赫德奏报伊犁满洲、锡伯营公需饷银折》。

④《清高宗实录》卷1155，乾隆四十七年四月壬午，第468页。

免之事皆由镇员禀将军，再由陕甘总督咨办。乾隆帝规定："乌鲁木齐地方官员升迁调补等事，虽应由乌鲁木齐都统处办理，亦应与陕西、甘肃总督勒尔谨会同具奏。"曾有出现索诺木策凌未商议便独自定办具奏一事，乾隆帝斥责"实属不合"，谕索诺木策凌"如有乌鲁木齐地方官员升迁调补等事，俱与陕西、甘肃总督会商具奏，伊不可独办具奏"[①]。此外，对命案审理，都统查办亦须详报或知会总督，对都统权力予以节制。

就军府后勤管理而言，军府民政官员多系总督派遣，如伊犁仓储由陕甘所派同知或通判管理，三年一换，除粮饷外，凡绸缎、棉花、茶叶、回布皆掌于陕甘所派官员之手；惠远、惠宁、宁远、绥定、塔尔奇5处税务以理事同知专司；此外满营及伊犁四营生息银经营事务亦交抚民同知办理，即各旗营将应得盐菜银扣存，经将军、参赞大臣奏请后交抚民同知，每两九厘生息，以备养赡鳏寡孤独，按季陆续扣还。理事、抚民同知待遇甚高，岁支养廉银八百两，不但逾领队大臣养廉银一百两，且有公费银七百两[②]。

综上所述，新疆驻防民政官员系陕甘总督派遣，绿营军队亦隶属总督，各类财政事宜亦有总督会商，新疆内乱之时，陕甘总督亦率甘肃兵入疆协助伊犁将军平乱。此外，总督人选兼有满汉，且于陕甘、乌鲁木齐、伊犁、回疆轮流互任，使陕甘总督对新疆军府驻防要员，既有辅助作用，更有监督、制衡效果。陕甘总督不但对新疆大小军府事务了如指掌，更对其制衡有力。

将军府、都统府、总督府系一个完整体系，由战略前沿向后方过渡，职能各有侧重，职权各有特色。

将军府，除天山南北军事指挥外，其直辖区为伊犁，东至精河察哈尔营驻地，西至巴尔喀什湖西岸，其所辖官兵分派南北两路塔尔巴哈台、回疆八城，负责边防事务，但南北两路民政事务则由诸驻防大臣负责，即南北两路换防官兵"所有权"归属将军与都统，而"使用权"分属各域驻防大臣，使得将军府职务突出全疆战略防御指挥、伊犁驻军管理及南北边防事务。将军府诸机构保持战备设置，职官及官印保持战时形制，八旗兵最多，兵种最杂，军务最繁，边防最长，可谓西域战略区域之"最前沿"，作战职能突出，堪称"大军府"。

---

①《乾隆朝满文寄信档译编》第12册，第556页。乾隆四十二年七月二十五日，《寄谕乌鲁木齐都统索诺木策凌等著补地方官仍与总督会商具奏》，档号：03-134-5-047。

②〔清〕永保：《总统伊犁事宜·北路总说·伊犁》。

都统府，于土尔扈特部东归时迅速设置而成，以乌鲁木齐为中心，向东西拓展，以东至巴里坤，以西至精河察哈尔营。其军务，以东归部众为主要防控对象，兼有南疆换防军务及吐鲁番回民警戒等；其驻兵，以绿营屯兵为主、八旗兵为辅，屯田面积最大，驻兵管理分属驻防大臣，与伊犁集中管理甚为不同；其城池，东路驻防城31座，而其他三路驻防、换防城仅17座，都统辖区自巴里坤延伸至伊犁界，可谓连接甘肃与伊犁，城池密布，关隘林立，合同伊犁驻防，将东归游牧部众彻底分割为四区。其民政，东路回民、汉民大杂居，紧邻甘肃，远离边界，安全威胁较弱，使清政府对此军政大权有所分离，州府制、回部札萨克制分别贯行，甘肃官员管理民政事务。较将军府而言，都统府辖区体现“次前沿”特点，兼有“作战”与“后方”双重职能，堪称“小军府”。

总督府，自甘肃八旗驻防始建，其“后方”职能日益突出，鲜有总统作战指挥，多为保障战略后勤。新疆驻防始建后，新疆将军、都统与总督同为一品，并无隶属关系，但总督参与新疆问题决策，并通过绿营军权、财政权、人事权等节制新疆军府，掌控军府后勤管理，保障协饷供应，派遣官员协助军府处理民政事务①，加之新疆八旗、绿营驻军主体均出甘肃，其人员选调、物资转运均由总督负责，使总督府“民政”职能突出，处理后勤事务，堪称“大后方”。

综上所述，乾隆帝将甘肃嘉峪关以西，至巴尔喀什湖以东的西域全境，分辖于将军、都统、总督，以三位一品要员，分辖“最前沿”“次前沿”“大后方”三条战略防控区域，实施战略一体管理，保证西北安全。

六、四军政区的军政管辖权

新疆驻防军事指挥由伊犁将军统辖，驻防重心设于伊犁、乌鲁木齐，东西两域军队管理由伊犁将军、乌鲁木齐都统负责，而具体军事、民政事务管理则又分为四大区域，即西路伊犁、东路乌鲁木齐、南路回疆、北路塔尔巴哈台，分属伊犁将军、乌鲁木齐都统、回疆参赞大臣、塔尔巴哈台参赞大臣负责。乾隆二十年（1755）至二十六年，清政府疲于平定准部、回部及清剿玛哈沁事

① 华立：《新疆军府制下的理民体制与满汉员的任用》，《清史研究》2010年4期。

宜，乾隆二十七年（1762）至三十六年清政府完成伊犁驻防布设，乾隆三十七年至四十五年，清政府完成东路驻防布设，乾隆帝处置一批高朴、经方、索诺木策楞、格绷额等大案，进一步调整权力格局及驻防布局。至乾隆五十五年后，新疆政局稳定，社会有序，清朝治理新疆格局基本成型。

本文选择《清代新疆满文档案汇编》中乾隆五十六年新疆奏折，对其予以分类统计，解读内容，借以梳理各域驻防大臣职权内容。乾隆五十六年新疆驻防大臣满文奏折统计参见表4。

表4 乾隆五十六年新疆满文奏折统计

	区域	西路	东路					北路	南路									
	职务	伊犁将军	乌鲁木齐都统	哈密办事大臣	巴里坤领队大臣	巴里坤总兵	吐鲁番领队大臣	塔尔巴哈台参赞大臣	喀什噶尔参赞大臣	乌什办事大臣	叶尔羌办事大臣	和阗办事大臣	库车办事大臣	喀喇沙尔办事大臣	阿克苏办事大臣	英吉沙尔领队大臣	喀什噶尔帮办大臣	叶尔羌协办大臣
事项	姓名	永保	尚安	琅玕	和升额	和伦	伊江阿	特成额、永保	明亮	富尼善	明兴	李侍政	秀林	德勒克扎布	佛住	博斌	博兴、毓奇	爱兴阿
作战系统管理	职官任免	32	17															
	官兵训练	12	2				1			4	2		1	4	1			
	军事调遣	27	5	3			3	14	5	15	4	1	5	3				
	卡驿巡查	5						4	8	15	8	2	4	6	1		2	
后勤系统管理	绿营军屯	6	5				2	7		1								
	回屯生产	6					1		8	4	3	3	3	5	4		1	
	牧场经营	4						2					3					
	马政事务	5	2					3	3	1								
	矿业事宜		7						1	4				1				

续表

	区域	西路	东路					北路	南路									
后勤系统管理	案件审理	8	5	5			1	2	8	6	4	3	9	7	3		1	
	财政事务	12	6	1			2	8	8	10	8	2	3	6				
	废员事务	11	13							1								
防控系统管理	回部事务	3	1	2			2		28	6	14	5	3	1	1		1	
	布鲁特事务								8	3								
	哈萨克事务	17	2					17										
	土尔扈特事务	30	2	1	1		2	31				1		17				
其他事项		7	9	10		1	10	15	11	7	18	7	13	7	6	1	6	1
合计		185	76	22	1	1	24	103	88	77	61	24	44	57	16	1	11	1

注：本表据《清代新疆满文档案汇编》中乾隆五十六年（1791）全年新疆奏折统计而成。

——职官任免。此类奏折共49件，述及伊犁将军、乌鲁木齐都统，就八旗、绿营各级官员考核、补放、引荐、奖惩、休致等内容，考核满营官员，对补放所缺提出拟正、拟陪意见。可见新疆官员任免方面将军与都统职权相同。

——官兵训练。此类奏折27件，述及乌鲁木齐八旗、绿营训练奖励及八旗官兵围场射猎事宜，而乌鲁木齐以外东路各城官兵训练事宜，则由各分辖驻防官员向乾隆帝奏报。

——军事调遣。此类奏折85件，伊犁将军、乌鲁木齐都统奏折述及派遣官兵换防，其余驻防大臣奏报述及军务调遣、押运、护送、缉拿，并汇报官兵途经辖地等事宜。

——卡驿巡查。此类奏折55件，奏报各自辖区巡查卡伦、驿站及巡查边境事宜。

——绿营军屯。此类奏折21件，述及绿营军屯生产、收成、赏赐事宜。

乌鲁木齐都统兼有奏报奇台县等移驻民纳粮事宜，塔尔巴哈台参赞大臣奏有该域降雪情况。

——回屯生产。此类奏折38件，各域驻防大臣奏报回屯收成、奖励事宜。

——牧场经营。此类奏折9件，以伊犁为主，奏官牧场经营、牲畜头数事宜。

——马政事务。此类奏折14件，述及各域马匹转运、分配事宜。

——矿业事宜。此类奏折13件，述及乌鲁木齐金矿、回疆硝矿挖掘、管理、转运事宜。

——案件审理。此类奏折62件，伊犁将军、乌鲁木齐都统奏折以驻军辖区命案审理为主，各驻防大臣奏报内容为刑案及邪教案查处事宜。

——财政事务。此类奏折66件，述及官兵钱粮、抚恤发放，新疆与内地金融货币使用，回疆布匹、绸缎解运销售，驻军辖区铺房菜园租金数目，驻防城区税赋收支等事宜。

——废员事务。此类奏25件，述及辖区废员管理及减免戍限事、再留任等。

——回部事务。此类奏折67件，回疆占59件，述及伯克选派、管理、调遣、年班等事宜，另有设伯克子弟学堂教学满语等内容。

——布鲁特事务。此类奏折11件，均集中于回疆，述及布鲁特越界管理、朝贡、管理事宜。

——哈萨克事务。此类奏折36件，集中于伊犁、塔尔巴哈台，述及越界管理、朝贡、贸易、贡马、租马、管理事宜。

——土尔扈特事务。此类奏折85件，涉及土尔扈特及其他扎萨克部册封、赏赐、探查、年班、喇嘛等各类管理，亦包括头目亲属婚庆丧葬事宜。

——其他事项。此类奏折129件，除谢恩请安、朱批折缴回、进贡特产、玉石事宜，亦有各驻防官员祭拜山岭神灵等内容。

综上所述，根据驻防官员级别及奏报内容，可看出新疆军政事务管理大致有四域，将新疆全境分为东路、南路、西路、北路四大区域，各域驻防官员管辖各自地区的军政事务。

西路，即伊犁军政区，东北与塔尔巴哈台军政区接界，西北到达巴尔喀什湖、楚河一带，东与乌鲁木齐军政区之库尔喀喇乌苏、晶河接界，南与喀什噶尔军政区之阿克苏、乌什相邻，为天山南北总汇之区。驻兵17000余，及回屯

6000余户，为伊犁将军直辖区。设伊犁参赞大臣协助伊犁将军，但参赞一职据事务所需而时设时撤，该区域各类事务均或由伊犁将军一人奏报，或由将军与其他驻防大臣合奏，鲜有其他大臣单独奏报，可见伊犁将军权力甚为集中。

东路，即乌鲁木齐军政区，东达巴里坤、哈密，与喀尔喀蒙古、甘肃接界，西与伊犁军政区相邻，北与塔尔巴哈台军政区接界，南达吐鲁番一带。驻兵18000余，内地移民20余万，设有道、府、州、县等行政机构，为乌鲁木齐都统直辖区，乌鲁木齐都统虽有官员任免事宜奏报，但该域具体管理事务由乌鲁木齐都统、巴里坤领队大臣、哈密办事大臣、吐鲁番领队大臣等分别奏报，军队管理亦甚为分散，远不及伊犁将军对伊犁驻军的统一管辖，东路诸多事务诸大臣仅知会都统。

北路，即塔尔巴哈台军政区，西联哈萨克，北扼俄罗斯，环山带河，广袤数千里，有土尔扈特、哈萨克等部落游牧，驻伊犁、陕甘换防兵2000余名。设参赞大臣一员，管辖该区域事务，各类事务均系参赞大臣一人奏报。

南路，即喀什噶尔军政区，西至帕米尔，东与甘肃、青海接界，南与西藏以喀喇昆仑山相隔。驻兵于喀喇沙尔、库车、乌什、阿克苏、叶尔羌、和阗、英吉沙尔、喀什噶尔八城，驻伊犁、乌鲁木齐、陕甘换防兵3000余名，喀什噶尔参赞大臣负责该域。对军队使用而言，各办事大臣有“使用权”而无“所有权”，可派遣官兵差务，但作战指挥统归伊犁将军负责。就地方管理事务而言，各城办事大臣、领队大臣、协办大臣分别管辖各自辖区事务，回疆参赞大臣职权不含官员任免，其区域“总理”与区域“管理”相比相差甚远，可窥见乾隆帝对南疆区域分治，官员权力制衡的用意。

七、结语

宏观考察驻防管理系统及各级管理制度，解析各域机构职能、官员权限、管理特点，可知清朝以将军府、都统府、总督府辖区，构建四道战略安全地带，旨在实现西北边疆安全稳定的国家利益。

四道战略安全地带，相关管理制度各有特色。其一，界外属国地带，以敖包、界碑明确边界，以边界巡查、卡伦换防保证边境秩序，以朝贡体系保持藩属往来，以各驻防要员处理协调属国事务，保证边界以外安全稳定。其二，“界内卡外”租贡地带，围绕哈萨克、布鲁特越境放牧问题，建立卡伦体系，以马租、马贡方式处理二者需求矛盾，以季节移设卡伦、定期巡边方式控辖“潜在威胁”。其三，“新辟疆土”地带，即乾隆朝新收复之巴里坤至伊犁、回疆之“准部故地”，以新疆东路驻防、伊犁驻防布设防御，“分割”土尔扈特、回部等部，实现“分而治之”，控辖弹压内部反清力量。其四，“旧有疆土”地带，即吐鲁番、哈密至嘉峪关区域，为乾隆朝统一西域前清朝管辖区域。清朝于平准后将该区域由原战略前沿改为战略后方，变战时军管体制，纳入地方州府体系，安全级别逐步提升，并作为新疆驻防重要战略后方，提供战略物资，调派管理人员，辅助新疆大小军府弹压各类威胁。

概览此四道缓冲地带，由内向外军事职能不断递增，防御功能不断强化，管理机构由民政职能向军事职能过渡。清政府以新疆驻防体系保障西北边疆稳定，维护内地安全利益，又以直省协饷供应新疆驻防军费，弹压边疆威胁，使直省与新疆互为一体。围绕四道缓冲地带安全问题，将军府、都统府、总督府分工、职责各有侧重，由外向内，民政职能不断增强，军事职能不断递减，可谓伊犁、乌鲁木齐至甘肃以西，系战略前沿至后方过渡区域，为一完整战略防御区域，此清政府西域[①]与新疆[②]划分之根本[③]。

微观考察新疆八旗驻防内部管理，通过各域驻防大臣奏报及相关军政制度，可见其军事指挥权统属伊犁将军，其军队管理分属伊犁将军与乌鲁木齐都统，其军政管理大致分东路、西路、南路、北路四域，不但防御各有倾向，控辖力度亦有差异。新疆驻防控辖对象多集中于土尔扈特、哈萨克、布鲁特等游牧部众，使驻防区域置于天山以北游牧区域，天山以南农耕地带仅为换防。若将新疆驻军中八旗及绿营马兵、炮兵、步兵划归“作战兵”，而绿营屯兵划入

---

① 清代西域区域基本锁定于嘉峪关以西区域，尤以平准后清政府首部志书《西域图志》最为代表。

② 清政府使用“新疆”一词多有特指倾向，指经武力平定后边疆社会旧有体制向内地州县体制过渡的区域，如西南改土归流区域多被称“新辟苗疆”，简称“新疆”。康熙初年，吴三桂削平土司政权，分置四府，称当地为“新疆”；雍正年间，清政府于云南乌蒙设置府县，推行改土归流，称当地为“改土新疆”，贵州东南苗疆区域设八寨、丹江、清水江、古州等厅，亦称之为“新疆”；乾隆初年时，云贵等省改土归流地区仍未安定，“苗乱”频繁，清政府剿抚兼施，仍称其地为“新疆”；乾隆四十一年平定大小金川后，清政府于当地设厅并归隶四川总督管辖，清朝遂又添一“新疆”。清朝政府平定准部、回部后将天山南北称为“新疆”，对其管理讨论再三，窥见清朝政府改制意图。

③ 清朝西域方志、图志、舆图，均将嘉峪关以西至伊犁区域视为一体，与新疆区域有所差别，窥见其涉及管理事务突出新疆一域，而涉及战略事务则突出西域全境，将新疆与甘肃西部紧密联系。

“非战斗兵”，可窥见清朝政府四路驻防轻重倾向。西路伊犁驻军17699名，东路驻军18649名，虽东西驻兵兵额相仿，但伊犁“作战兵”无论数额或比例均远高于“非作战兵”。伊犁八旗兵14592名，绿营兵虽有3107名，但兵种中马兵、炮兵、步兵之“作战兵”比例大于东路绿营兵，而东路驻军中八旗兵仅5884名，绿营兵额12765名，其中“非作战兵”比例甚大。北路塔尔巴哈台及南路回疆八城均为换防，其中回疆八旗兵1370名、绿营兵2767名，“作战兵”居多，而塔尔巴哈台驻军中八旗兵1320名、绿营兵800名（含马兵166名、步兵634名），“作战兵”亦多。

综合各路驻防情况，可知西路伊犁为清政府驻兵重心，其次为东路乌鲁木齐，北路与南路八旗兵数目基本一致，因回疆城池较多，故南路绿营兵数目为北路绿营兵3倍多，说明南路防御较北路力度稍强。

各路驻防既合为一体，又各有区划，其管理制度亦各有侧重。伊犁作为新疆八旗驻防重心，不仅体现在“作战兵”数目最多，还表现为兵种最多、军训最严、辖区最广、军务最繁、管理难度最大。伊犁八旗除满蒙八旗外，亦有总管旗制伊犁四营，伊犁绿营中马兵、步兵、炮兵、屯兵各兵种一应俱全，使驻军各项管理制度尤为完备。军事训练除满营、绿营例行操练外，亦有锡伯营校场校阅，厄鲁特营、察哈尔营牧场校阅，更有各旗营例行“围场阅兵”等制度。军事辖区自北路塔尔巴哈台至南路回疆，其换防、守卡、巡边等驻防事宜，均以伊犁驻防为主体，使伊犁各类防务制度最为细密，同时设巡边、守卡、台卡、马政等制度。而各地军政管理事务则由各驻防大臣负责，形成相关奏报制度。为保证伊犁驻防正常运转，清政府组建后勤供应系统，基于便省原则，以内地直省协饷保障驻防官兵俸饷，建立俸禄、兵饷制度；为解决军粮供应，设立回屯、军屯、旗屯、旗牧制度。东路驻防除负责回疆五城换防事务外，无巡边任务，其卡伦数目甚少，军事操练亦不及西路。但东路绿营城池数量多、分布广，形成乌鲁木齐以东十二城、以西十四城、以南一城，自巴里坤向西延伸至精河，关隘林立，布防森严，东西连接伊犁与甘肃，以北与蒙古驻军呼应，以城防将诸蒙古游牧部众分割控辖，其管理制度与伊犁差异较大。

新疆八旗驻防管理制度整体突出备战应战特征。为应对各种矛盾与潜在威胁，做到随时应战。乾隆帝将战时作战体系常态化，实施军府管辖，保持战备状态；保留战时印务、粮饷、驼马、营务四处，未改设直省将军府左司、右司；保留战时官差制，将参赞大臣、领队大臣、办事大臣、协办大臣等战时军营钦差官制加以常态化。乾隆帝认识到战时军管体制的局限，权力集中之负面影响，对驻防大员选择心腹、肱股中的精英，对驻防官员强化吏治，除完善典章制度外，反复强调“满洲荣誉”“宗室颜面”，严厉惩治腐败违纪问题，防止激起民变，重蹈“乌什事变”覆辙。

综上所述，乾隆朝新疆管理制度诸多特征，盖源自新疆地区的具体特点与清政府战略目标，紧密围绕安全稳定、长治久安这一核心布设实施，使新疆管理制度有别于其他边疆地区以及中原地区同类制度，并在实施过程中取得成效。

论乾隆朝东北封禁政策影响下的吉林地区民人移民问题

马金柱

乾隆五年至七年（1740—1742），清廷陆续出台禁令，严格限制内地民人流寓东北，学界一般称之为乾隆朝东北封禁政策。这一政策对清代东北之行政体制、土地开发、物产资源、边防海防以及民族关系等产生了十分深刻的影响。第二次鸦片战争后，清廷为应对东北边疆危机移民实边，将东北地区逐步开放，禁令才告废除。尽管中外学者围绕此话题产出了大量成果，但是在一些基本认识上分歧尚存。有鉴于此，本文以乾隆朝东北封禁政策下吉林地区民人移民问题为切入点，阐述对这一政策的粗浅见解[①]。不当之处，敬请方家批评指正。

一、乾隆朝东北封禁政策的概况

17世纪中叶，清朝迁都北京，八旗人口主体“从龙入关”，致使“根本重地”东北地区人烟稀少，即便旧都盛京城，据时人于顺治五年（1648）所见，

作者系北京市社会科学院满学研究所助理研究员。

本文系北京市社会科学院青年课题“边地视阈下清代珲春驻防旗人社会生活研究”（项目编号：01214004）的阶段性成果。

① 贾文华《清代东北封禁政策研究综述》（东北师范大学硕士学位论文，2007年）一文曾对当时有关清代东北封禁政策问题的研究成果进行过较为细致的爬梳。此后相关研究仍层出不穷，其中从移民史角度展开讨论的成果可见任玉雪：《清代吉林将军双城地区的身份制度与旗界、民界（1815—1911年）——兼论东北地区的封禁政策》，《中国历史地理论丛》2013年第3期；刘小萌：《清代东北流民与满汉关系》，《清史研究》2015年第4期；刘芳：《清前期东北地区关内汉民流入研究（1644—1795年）》，辽宁师范大学硕士学位论文，2015年；陈跃：《论乾隆朝对东北的封禁》，《历史档案》2017年第3期；褚宏霞、姜泓仰：《清代乾嘉时期东北地区移民清查升科落籍方式探析》，《泰山学院学报》2019年第5期；马金柱：《清代东北封禁政策下的旗民交往关系——以乾隆朝吉林珲春为例》，《历史档案》2020年第1期。

也已是“牛车仍杂沓，人屋半荒芜”，居民约计仅千家[①]。清廷为填补后方空虚，入关数年之后就开始将东北土地向内地民人开放，以充实根本。

顺治八年（1651），清廷“以山海关外荒地甚多，民人愿出关垦地者，令山海道造册报部，分地居住”[②]。顺治十年，清廷加大力度，积极鼓励招徕内地民人前往东北开垦定居，规定：“辽东招民开垦，至百名者，文授知府，武授守备；六十名以上，文授州同、州判，武授千总；五十名以上，文授县丞、主簿，武授百总。招民数多者，每百名加一级。所招民每名给月粮一斗，每地一晌给种六升，每百名给牛二十只。”康熙七年（1668），此例停止[③]。不过清廷并未禁止内地民人出关垦种[④]。

需要强调的是，顺康时期的招垦范围仅限于盛京地区，吉黑地区只允许商民进入，且不得开垦土地与入籍。雍正四年（1726），清廷在吉林地区所属吉林乌拉、宁古塔、伯都讷分别设立永吉州、泰宁县、长宁县专管民务后，吉林地区才开始招民开垦，准许民人入籍此一州两县以及拥有土地。但是泰、长两县很快于雍正七年、乾隆元年（1736）相继被裁，宁古塔与伯都讷恢复旧制，停止招民，严禁流民[⑤]。

据学者研究，顺康雍时期，盛京地区“民地在不断扩大，旗地在不断减少”[⑥]。这在当时引起了乾隆帝的注意。乾隆五年四月，他面谕兵部左侍郎舒赫德：

> 盛京为满洲根本之地，所关甚重。今彼处聚集民人甚多，悉将地亩占种。盛京地方米粮充足，并非专恃民人耕种而食也。与其徒令伊等占种，孰若令旗人耕种乎？即旗人不行耕种，将地亩空闲，以备操

---

①〔清〕释函可：《千山诗集》卷6《初至沈阳》，载《清代诗文集汇编》第38册，上海：上海古籍出版社，2010年版，第243页。

②《皇朝文献通考》卷1《田赋考一》，《文渊阁四库全书》本，第19页b。

③〔清〕阿桂等修：《钦定盛京通志》卷35《户口一》，载《中国地方志集成·省志辑·辽宁》，南京：凤凰出版社，2009年版，第633页。

④ 参见刁书仁、高峰：《论清初东北招民开垦政策与汉族民人对东北的开发》，《史学集刊》2004年第1期。

⑤ 详见拙文《融入军府：清前中期吉林地区的理民体制》，载常越男主编：《满学论丛·第十辑》，沈阳：辽宁民族出版社，2021年版，第255—270页。

⑥ 刁书仁：《论乾隆朝清廷对东北的封禁政策》，《吉林大学社会科学学报》2002年第6期。

兵围猎，亦无不可。尔至彼处，与额尔图详议具奏。[①]

随后，清廷推出了整饬盛京地区风俗的八款措施，六款与民人相关。其中“山海关出入之人，必宜严禁”“严禁商船携载多人”“稽查保甲宜严”“奉天（即盛京地区——笔者注）空闲田地，宜专令旗人垦种”四款是从人口和土地两大方面针对民人的严格管制措施，“严禁凿山以余地利”“重治偷挖人参以清积弊”两款虽未指明群体，但执法客体无疑仍主要是民人[②]。通过这六款措施，清廷开始对盛京地区实施封禁，这也是乾隆朝东北封禁政策之开端。不难想象的是，由于区位因素的影响，严格审查、限制进入盛京地区的内地民人，对民人进入吉黑地区事实上也会起到抑制作用。

乾隆六年（1741）九月，清廷接续盛京地区封禁政策的思路，出台了针对吉林地区的封禁政策：一、人口方面，“吉林、伯都讷、宁古塔等处为满洲根本，毋许游民杂处。除将现在居民逐一查明，其已入永吉州籍贯，立有产业之人按地亩编为保甲，设甲长、保正，书十家名牌，不时严查外，其余未入籍之单丁等，严行禁止；不许于永吉州之山谷陬隅造房居住，仍查明本人原籍、年貌，五人书一名牌互保，五人内如有一人偷挖人参、私买貂皮、擅垦地亩、隐匿熟田及赌博滋事者，将犯枷责递解外，仍将连保四人一并递解。地方官知情，不行查拿，按溺职例议处。若连保人有愿回籍者，给引回籍，并令地方官按季查明人数，陆续将回籍之人尽行裁汰。倘将牌内无名人容留者，甲长、保正从重治罪，仍将拿获之人枷责递解回籍，于岁底造册，送部备查”。二、土地方面，“嗣后永禁垦荒，将民人现有地亩，尽行清丈，不拘年限，总以丈量之年为始，照数纳粮。如隐匿地亩及民地捏指旗人名姓不交钱粮者，将匿人与代隐人一并治罪，地亩入官。本人自首，免其治罪”[③]。吉林地区由此彻底结束了雍正四年（1726）以来实行的招民开垦政策，实行全面封禁。

次年，清廷又将封禁向黑龙江地区推进，规定：“黑龙江城内贸易民人应分隶八旗查辖。初至询明居址，令五人互结注册，贸易毕促回，病故、回籍除名，该管官月报。如犯法，将该管官查议。其久住有室及非贸易者，分别注

---

① 《清高宗实录》卷115，乾隆五年四月甲午条，第687—688页。
② 《清高宗实录》卷115，乾隆五年四月甲午条，第688—691页。
③ 《清高宗实录》卷150，乾隆六年九月戊辰条，第1152—1153页。

册，回者给票，不能则量给限期。嗣后，凡贸易人娶旗女、家人女，典买旗屋，私垦、租种旗地及散处城外村庄者，并禁。再，凡由奉天、船厂等处及出喜峰口、古北口前往黑龙江贸易者，俱呈地方官给票，至边口、关口查验，方准前往……回原籍之民人，著勒限三年。”[①]东北地区由此尽行封禁。

应该指出的是，乾隆朝东北封禁政策颁布之后，东北地区并非完全禁止民人进入。按照规定，携眷移居者一律禁止[②]，而“所有商贾、工匠及单身佣工三项为旗民所资藉者，准其居住”[③]，但须履行一系列较为严密的登记手续，且不得入籍[④]。

由上所见，乾隆朝东北封禁政策实际上是由南到北渐次形成，因各地方实情有异，清廷对盛京、吉林、黑龙江三个大区所实行的具体政策也不尽相同。有清一代，盛京地区无疑是东北地区的政治、经济中心，而在乾隆朝东北封禁政策之下，吉林地区才是重中之重，堪称清帝的心理底线。这在乾隆四十一年（1776）乾隆帝令寄给吉林将军富椿的谕旨中阐述得十分充分，内曰：

曾降旨曰：盛京、吉林地方为本朝初创丕基之地，若听与民人等杂居，以致废弃满洲风俗，关系甚巨，故前严禁民人等居住。但国家太平百余年，盛京地方又与沿海山东、直隶接壤，流民渐集年久，若一旦驱逐，则必致各失生计。是以于盛京地方设州县官管理。至吉林并不如盛京与有民人之地相连，不可令民居住，故裁州县官，严行查办。今闻流民渐多。等情。自富椿到任以来，并未奏查办之事。吉林地方有无集民之处，亦未具奏。此与满洲风俗攸关，不可不谨慎。将此著寄询富椿，于吉林乌拉所属地方有无民人居住？有则如何办理？除即行查奏外，永行禁止流民，毋许入境。赴吉林之流民皆经过盛京。嗣后，严禁民人从各边关、海船去吉林。由此亦降旨于将军弘

① 《清高宗实录》卷162，乾隆七年三月庚午条，第43页。
② 《清高宗实录》卷115，乾隆五年四月甲午条，第688页。
③ （光绪朝）《钦定大清会典事例》卷158《户部七·户口·流寓异地》，载《续修四库全书》第800册，上海：上海古籍出版社，2002年版，第566页。
④ 《清高宗实录》卷115，乾隆五年四月甲午条，第688—689页。

晌。[①]

至于黑龙江地区，因距离内地穹远，且气候严寒，生活环境较为艰苦，所以清中期流寓至该地区的民人人口未成规模，尚无法与盛京、吉林地区相提并论。如，乾隆四十四年（1779），黑龙江将军傅玉等奏称："黑龙江地方屡经奉谕，禁止流民栖止，除往来贸易者，并无携带家口居住之人。"[②]

因此，考察乾隆朝东北封禁政策下吉林地区民人的流入情况以及清廷的应对措施无疑具有典型意义，从中可以更清晰地管窥到在这一政策背后帝王的统治思想。

二、封禁政策下民人流寓吉林地区的动因

尽管禁令甚严，实际上仍有为数众多的民人不断违禁流寓吉林地区。思其缘由，当主要有以下两个方面：

其一，吉林地区地旷人稀且土地肥沃，流寓至此易于生存。乾隆四十六年（1781）吉林地区提高田赋以前[③]，由于"吉林等处耕地肥沃而钱粮轻微"，已形成"流民图利而潜往者日众"[④]之态势。事实上，吉林地区流民原系潜来，往往寻求远处山谷、山崴等处隐匿垦田居住，难于清查，且即便是入籍纳钱粮民户，也常常通过私开田亩多获利益。如，嘉庆五年（1800）时伯都讷地方查

① 《寄谕吉林乌拉将军富椿著查明吉林所属地方有无流民集聚》，乾隆四十一年十二月二十日，载中国第一历史档案馆编：《乾隆朝满文寄信档译编》第12册，第525页。按：弘晌为时任盛京将军。

② 《清高宗实录》卷1082，乾隆四十四年五月庚寅条，第542页。

③ 乾隆四十六年，清廷议定，盛京地区查丈流民私垦地亩仿照山东科则定赋，"酌增以杜流民占种之弊"，后又议定吉林地区参照盛京地区办理，规定："四十二年以前陈民耕种地亩，照奉天陈民例，分为上、中、下三等，银米各半征收。以后续行查出私开地亩，亦照奉天查出流民地亩加增粮额之例，银米并征。"（参见：《皇朝文献通考》卷5《田赋考五》，《文渊阁四库全书》本，第42页b—第43页b。）

④ 《吉林将军衙门为议定征收地亩钱粮数目及地亩管理办法以禁流民事咨三姓副都统衙门》，乾隆四十六年四月二日，载辽宁省档案馆编：《清代三姓副都统衙门满汉文档案选编》，沈阳：辽宁古籍出版社，1995年版，第140页。

丈出陈民等开垦地就多达57281亩[①]。再者，吉林地区长春堡[②]、伯都讷西北界、阿勒楚喀北界均与蒙古地界毗连，“蒙古种地民人每因蒙古租重、此地租轻，越界采集”[③]。因此，清廷提高田赋并督促地方官兵严行稽查也未能实现“永远禁止流民”“流民无利可图，不需驱逐而自然散去”的目标[④]，吉林地区的土地仍对流民具有很强的吸引力。道光十四年（1834），道光帝曾提到：“山海关自准令贫民出口之日起，共放出四千六百余名口，俱系前赴盛京、吉林所属地方谋生。上年系丰收年分，查无一户回籍进关，皆由边外地尽膏腴，俱各耕种营生，虽前定章程，应于成熟后饬令回籍，而该贫民等安居乐土，不但不肯回籍，抑且呼朋引类，日积日多，驱逐不易。”[⑤]入吉流民中不乏经营田事取得实绩之人。如，于居安，原籍山东潍县，“以岁侵挈家至伯都讷厅，遂占籍焉，以田力起家”[⑥]。

其二，高水平的人口增长率加大了内地民人生计压力。由于明清鼎革战争造成内地人口锐减，加之清入关后颁布了诸多招徕逃民、奖励垦荒等有利于农民和土地结合的政策，因此内地人地矛盾尚不突出，内地民人缺乏往赴关外开垦的动力。况且，顺康雍时期盛京地区地旷人稀，内地民人即便移居关外亦无须进一步北上踏入吉林地区。至乾隆时期情况发生变化。王跃生指出，18世纪末叶中国人口总量达近4亿，18世纪中后期中国人口的年增长率为14‰，绝对量上是一个高水平增长率[⑦]。在以农为本的清代内地社会，人口快速增长无疑会大大加深人地矛盾，加大民人的生计压力，直隶、山东、山西等省离开本乡谋生之民甚多，其中很大一部分人即向邻近的东北、蒙古等地区流迁。道光《荣成县志》中就记有：“乾隆庚午迄今，历九十年，而户口有减无增。何哉？

① 《吉林志书》，长春：吉林文史出版社，1988年版，第7页。

② 长春堡为蒙古郭尔罗斯前旗属地，本不准内地民人开垦，后因该旗王公私行招民垦种，民人聚集，清廷遂于嘉庆五年在此设长春厅管理民人，就近归吉林将军统辖，故亦属吉林地区。

③ 《吉林将军衙门为通行查禁流民章程事咨三姓副都统衙门》，嘉庆十五年十二月十二日，载辽宁省档案馆编：《清代三姓副都统衙门满汉文档案选编》，第162页。

④ 《吉林将军衙门为议定征收地亩钱粮数目及地亩管理办法以禁流民事咨三姓副都统衙门》，乾隆四十六年四月二日，载《清代三姓副都统衙门满汉文档案选编》，第141页。

⑤ 《清宣宗实录》卷250，道光十四年三月乙酉条，第778页。

⑥ 〔清〕长顺修：《吉林通志》卷114《人物志四十三·耆旧》，长春：吉林文史出版社，1986年版，第1683页。

⑦ 王跃生：《18世纪中后期中国人口数量变动研究》，《中国人口科学》1997年第4期。

地瘠民贫，百倍勤苦所获不及下农，拙于营生。岁歉则轻去其乡，奔走京师、辽东、塞北。甚有挈家以逃者，此凋敝所有来欤！"[①]随着人口压力由内地向边疆地区不断传导，入吉流民的人口数量也在与日俱增。检阅清代官方档案，即可发现相关记载。乾隆末年，三姓副都统派员查出的焦万良等98户流民，"在原籍时早已失去产业，无以为生，乃为寻求活路，携妻子于乾隆四十六年至四十九年间陆续前来"。同时查出的到三姓后娶妻之郝元泰、徐通等35户流民，"原籍并无产业，无以为生，乃为寻求活命，各处散游，来至三姓，陆续娶早年携眷流民及纳钱粮之永宁社民人之女为妻，隐居庄屯之中，靠租永宁社民人房、地及为人佣工活命"[②]。以上人等情形有异，恰恰从不同侧面反映了这一史实。

上述两个方面交织在一起，对内地人口向边疆地区流动产生了强烈的刺激作用，使得流民屡禁不止，吉林地区因此形成了大量的流入定居人口。据吉林将军衙门嘉庆十六年（1811）奉旨所报伯都讷厅实情：该处原有纳粮丁民1655户，乾隆四十二（1777）、四十三等年查出流民1900户，五十八年查出2151户，嘉庆五年查出318户，十四年查出1738户，是时旧有、新增纳粮丁民共计7762户[③]。更有甚者，长春厅在嘉庆五年初设之时仅有民人2330户，10年间4次清查，陆续查出流民达11557户，至十六年奉文查报时，陈、新流民共计13887户[④]。可见，禁令未能完全阻止民人流入人口的迅速增长。是故，多有学者认为乾隆朝东北封禁政策以失败而告终。然而事实上，清廷几乎在实施封禁政策的同时，还采用了一套管理办法，将安置流民常规化，亦自乾隆初开始施行。

---

①〔清〕李天骘修：《荣成县志》卷3《食货》，台北：成文出版社，1976年版，第141—142页。

②《三姓副都统衙门为查报流民户籍及驱逐流民事咨吉林将军衙门》，乾隆五十六年十月二十一日，载《清代三姓副都统衙门满汉文档案选编》，第145页。

③《吉林志书》，第6—8页。原文中嘉庆五年查出流民户数记381户，兹据《清代三姓副都统衙门满汉文档案选编》中所收录的相关档案可知，此数当为318户。如此，则历年新旧纳钱粮民丁之总和方与所载7762之数相合，故在此予以更正。参见：《清代三姓副都统衙门满汉文档案选编》，第147页。

④《吉林志书》，第3—4页。

三、封禁政策的背面：清廷对入吉流民的安置

通过梳理史料可知，清末东北逐步解禁之前，清廷面对入吉流民问题时，一方面不断申明禁令、命将军严行稽查，一方面却在不断安置流民。在此有必要对后一点做进一步阐述：

其一，对于已入境流民，愿入籍者，令其纳钱粮进行安置，不愿者遣回原籍。乾隆六年（1741）清廷议定封禁吉林地区时原定："倘将牌内无名人容留者，甲长、保正从重治罪，仍将拿获之人枷责递解回籍，于岁底造册，送部备查。"[①]据此，嗣后凡流寓吉林地区者，理当一概逐回。而乾隆十五年，乾隆帝批准了大学士傅恒议覆吉林将军永兴奏折时提出的"除无业游民照例驱逐外，凡有业可守、难以迁移而又愿意入册者，应分别使纳钱粮，酌情安置"之主张[②]，开始放宽限制，准许已有产业者入籍，并为之后清廷处理入吉流民问题定下了基调。据《钦定大清会典事例》（下文简称《会典事例》），乾隆二十七年，清廷定：

> 宁古塔界内地方偏小，外来流民不便准其入籍，应将流民驱回。如有愿于吉林、伯都讷地方入籍者，即将该处丈出余地分给伊等交纳地粮。伊等在宁古塔所垦之地，交宁古塔纳粮民人纳粮。其吉林、伯都讷地方垦地流民，如有愿纳粮者，将伊等地亩、花名入册交纳钱粮；愿回籍者，将地亩交与现纳粮民人并附近民人纳粮。仍令嗣后严禁私垦，并令边门官员实力查逐，倘复有流民潜入境地者，严参议处。[③]

这一规定取消了产业方面的要求，限制被进一步放宽，被查出的流民根据

---

① 《清高宗实录》卷150，乾隆六年九月戊辰条，第1152—1153页。

② 《吉林将军衙门为通行查禁、安置流民及办理其私垦田亩办法事咨三姓副都统衙门》，乾隆二十九年四月十八日，载《清代三姓副都统衙门满汉文档案选编》，第127页。

③ （光绪朝）《钦定大清会典事例》卷158《户部七·户口·流寓异地》，载《续修四库全书》第800册，第566页。

个人意愿即可在吉林地区入籍，并分得土地。自此清廷在处理流民问题时，即大致依照这一原则办理。如，仍据《会典事例》，乾隆三十四年（1769），清廷覆准："阿勒楚喀、拉林地方流民二百四十二户，俱系陆续存住，在二十七年定议之前，定限一年，尽行驱逐至伯都讷地方，每户拨给空甸一具，令其入籍垦种，二年后纳粮。"[①]又如，乾隆四十四年，吉林将军富尔松阿查出流民13700余户、垦田297800余亩，奏准入红册作为定额交纳钱粮，经户部议覆奏准施行[②]。再如，上文伯都讷厅和长春厅纳粮丁民户数的数字变化亦可为证。将军衙门所报两地嘉庆十六年（1811）时的总户数，均分别与各自旧有户数与历年查出流民户数之总和相一致。这些情形皆表明，乾隆二十七年之后清廷对入吉流民执行的入籍政策即已较为宽松。

从区域上看，根据前引乾隆二十七年规定，吉林地区所查出的流民主要安置于吉林、伯都讷两地入籍交纳钱粮，而从具体事例来看，清廷并非拘泥于此。嘉庆六年，吉林将军秀林奏请将查出的吉林、伯都讷、打牲乌拉、阿勒楚喀四处流民私垦田亩入于各地方清册内，并令纳地丁钱粮，其中于打牲乌拉查出者就近入伯都讷民册。次年初，清廷议准："照该将军所奏乾隆四十四年陆续查办之例，将查出之六百十七户流民入于各该处之民册，自嘉庆七年开始交纳钱粮。私垦之七万六千四百三十余亩田，入于各该处地亩册，自嘉庆七年起并纳银米……如此则此等流民皆得乐业，亦副圣上体恤众民人之至意。"又因吉林、伯都讷、宁古塔、三姓等地除此之外有无流民私垦田亩尚未尽查，清廷同时议准："令其再查具奏后一体办理。"[③]嘉庆八年清查结束，所查出的流民即按原定议入各地民册交纳钱粮[④]。

此外，乾隆四十九年，吉林将军都尔嘉在奏折中曾提到："（乾隆）四十三年定例禁止流民后，四十四年原任将军和隆武奏请，将吉林地方所查出流入

① （光绪朝）《钦定大清会典事例》卷158《户部七·户口·流寓异地》，载《续修四库全书》第800册，第566页。

② 《吉林将军衙门为知会历年查办流民及其开垦地亩并此次清丈地亩情形等事咨三姓副都统衙门》，嘉庆七年四月初二日，载《清代三姓副都统衙门满汉文档案选编》，第148页。

③ 《吉林将军衙门为知会历年查办流民及其开垦地亩并此次清丈地亩情形等事咨三姓副都统衙门》，嘉庆七年四月初二日，载《清代三姓副都统衙门满汉文档案选编》，第147—149页。

④ 《三姓副都统衙门为造报流民户籍册事咨吉林将军衙门》，嘉庆八年十一月二十四日，载《清代三姓副都统衙门满汉文档案选编》，第150—151页。

人等二十八户，遵照新例驱逐出界。圣主施恩，未允驱逐，仍令入吉林民籍纳丁。”[①]又，嘉庆六年（1801），吉林地区查出流民后，吉林将军秀林在奏折中亦有“若将此等流民照四十三年奏准之成例逐出界外，则其必失生计”之语，请求将所查流民就近入于地方民册[②]。笔者未能找到两任将军提到的乾隆四十三年（1778）例具体内容，不过将此二事与前举事例结合来看可以推知，对于新查出的流民，该例较为严厉，明令驱逐，但之后清廷顾及流民生计，并未坚持循此办理。嘉庆朝和光绪朝所修两部《会典事例》以及光绪时吉林将军长顺所修《吉林通志》等书相关条目中均无有关此乾隆四十三年例的记载，或从侧面反映了这一点。

其二，准许入吉的民人，由“商贾、工匠及单身佣工三项为旗民所资藉者”[③]，放开至灾民和贫民。乾隆五十七年直隶岁歉，乾隆帝准许求食灾民出山海关谋生，到达吉林地区者计达15000余人。次年，吉林将军恒秀奏称：“吉林屡丰，流民均获生全，今年内地有秋，饬令回籍，咸云甫经全活，移回转苦失业，路费亦艰。察其情形属实，似宜俯听，但人数众多，恐不肖杂处生事。请照例造入红册，自来岁为始，交丁银。除报部外，嗣后有愿回籍者，注明开除。”乾隆帝批准了这一请求[④]。嘉庆六年，直隶又现水灾，灾民复纷纷出关，而“该管官相沿五十七年之例，遇有出关民人，即概准放行，并不分别查验，办理总未画一”[⑤]。为此，嘉庆八年清廷议定章程，其中一方面重申“应将携眷民人出口之处，永行禁止”，另一方面将内地灾民出关制度化，规定：“嗣后各关口民人出入，凡只身前往者，无论贸易、佣工及就食穷民，皆令呈明该地方官给票，到关查验放行……设关内地方偶值荒歉，应由该督抚察看灾分轻重、人数多寡，酌量情形，据实具奏。俟奉旨允行，方准出关，并令守口

---

①《吉林将军都尔嘉奏请将宁古塔流民编入官庄折》，乾隆四十九年十一月三日，军机处满文录副奏折03-0191-3046-008，中国第一历史档案馆藏。

②《吉林将军衙门为知会历年查办流民及其开垦地亩并此次清丈地亩情形等事咨三姓副都统衙门》，嘉庆七年四月初二日，载《清代三姓副都统衙门满汉文档案选编》，第147页。

③（光绪朝）《钦定大清会典事例》卷158《户部七·户口·流寓异地》，载《续修四库全书》第800册，第566页。

④《清高宗实录》卷1440，乾隆五十八年十一月庚寅条，第236页。

⑤《著兵部酌定出关民人查验放行章程事上谕》，嘉庆八年四月初五日，转引自中国第一历史档案馆编：《嘉庆八年管理民人出入山海关史料选》，《历史档案》2001年第2期，第63页。

员弁及附近州县将人数记档，仍于本年成熟之后，由盛京等处将军出示晓谕，劝令回籍安业，不得任听久住，以杜私垦等弊端。”[①]道光十四年（1834），据清官方统计，“山海关自准令贫民出口之日起，共放出四千六百余名口，俱系前赴盛京、吉林所属地方谋生”，并且上年系丰收年份，却无一户依照章程回籍。尽管如此，道光帝还是进一步放宽政策，下令：“嗣后除贸易、探亲及实系贫民，形同乞丐，襁负而至，虽携带妻子，仍准照例发给执照出关外，其借贫民名目，迁徙眷属，乘坐大小车辆，前往奉天、吉林种地营生者，概行截回，以杜朦混。”[②]至此，携眷贫民亦被纳入准许出关人员之列，严禁出关者实际上仅存非贫困携眷民人这一类。

可见，为应对内地流民的不断流入，清廷在实施封禁政策禁止流民的同时，还并行着一个旨在安辑流民的“安置政策”。

余　论

清帝早在入关前便开始致力于国家多民族大一统格局的构建[③]，关注满洲利益并不意味着要漠视其他民族百姓的生存权益，作为清代中国的最高统治者，其政治身份以及政治实践中超民族性的一面同样不可忽视。乾隆帝尝言：“天子以四海为家，则四海之民，皆吾一家之赤子也。保赤之心既切，因利之政当求。”[④]在乾隆朝东北封禁政策之下，清廷对流寓东北地区民人的安置，恰是清帝这一统治思想的具体体现。

乾隆初清廷颁布封禁“根本重地”东北地区之政策，乃是为控制民人人口迁入规模，以确保以满洲群体为核心的旗人在政治、经济、文化等层面的主体地位所采取的强制管制措施。然而此后面对流寓民人较为困难的生计状况，清帝往往虑及“若概行驱逐，未免失所”[⑤]而网开一面，采取折中方案妥善安置，并在事实上成为封禁政策表层之下一种常规举措。总体而言，他们对于民

① （光绪朝）《钦定大清会典事例》卷627《兵部·绿营处分例·关禁》，载《续修四库全书》第807册，第730—731页。

② 《清宣宗实录》卷250，道光十四年三月乙酉条，第778页。

③ 参见李大龙：《试论游牧王朝对“大一统”思想的继承与实践》，《西北民族研究》2021年第2期。

④ 《清高宗实录》卷704，乾隆二十九年二月甲申条，第863页。

⑤ 《清仁宗实录》卷196，嘉庆十三年闰五月壬午条，第596页。

人留居东北采取的实为外严内宽、刚柔相济的移民政策。“封禁”与“安置”二者间的张力表明，对于民人，东北封禁政策的实际作用在于筛选与调控，而非绝对禁止：一方面准许商民、工匠等补益地方社会者进入；另一方面控制民人人口规模，准许符合一定条件的原籍无产贫民入籍。也正因如此，随着清中期内地人口总量激增，生计压力增大，封禁政策虽未废除，但也被大大放宽。概言之，在考察乾隆朝东北封禁政策实效时，不应将民人流入后不断转化为入籍定居人口仅仅视作地方官兵未实心查办以及清帝妥协的结果，而是也应当看到这一现象背后，清帝乃至相关满洲大臣在决策过程中的恤民思想。

清代内札萨克蒙古诸部驻京王公稽考

刘维栋

蒙古王公驻京生活的现象早已得到学术界重视①，遗憾的是，前人研究未能详细地考证驻京王公的具体情况，许多史实仍未清晰明了。笔者不揣浅陋，希冀在前人研究基础上对内札萨克蒙古诸部的王公进行勾稽整理，从而进一步深入关于驻京蒙古王公群体的研究。

依据统辖方式的不同，清代蒙古部落主要可分为清朝直接管理的内属蒙古与间接管辖的外藩蒙古。内属蒙古，即由清朝设置的将军、都统、办事大臣直接管理控制的蒙古部落。外藩蒙古则包括内札萨克蒙古与外札萨克蒙古，内札萨克蒙古即通常所指的科尔沁等二十四部四十九旗；外札萨克蒙古则包括喀尔喀四部及新疆蒙古、青海蒙古等部②。下面就内札萨克诸部驻京王公的具体情况进行详细考订。

作者系山西师范大学历史与旅游文化学院讲师。

① 杜家骥先生在论述满蒙联姻制度时不但介绍了满蒙联姻的具体史实与细节，还专辟章节论述外藩蒙古王公中的驻京额驸群体以及蒙古王公对清朝行政的参与，罗列出蒙古王公担任领侍卫内大臣、御前大臣等职差人物（杜家骥：《清朝满蒙联姻研究》，北京：故宫出版社，2013年版，第311—330、501—533页）；后又撰专文指出蒙古王公参与清朝政治及对清朝多民族国体形成的重要作用（杜家骥：《清朝国体问题试谈——以清代蒙古族对清朝统治的参与为中心》，载赵志强主编：《满学论丛·第六辑》，沈阳：辽宁民族出版社，2016年版，第38—55页）。李文琪在系列论文中将蒙古王公大臣驻京的原因（李文琪：《清代外藩蒙古王公来京原因考》，《首都博物馆丛刊》2009年）、人数规模（李文琪：《清代外藩蒙古王公年班来京人数考》，《首都博物馆丛刊》2010年）、在京居住情况（李文琪：《清代外藩蒙古王公在北京的活动经费与居住情况》，《首都博物馆丛刊》2011年）及清廷与外藩蒙古王公之关系做了较为系统的梳理（李文琪：《有关外藩蒙古王公与京师清廷关系的再思考》，《首都博物馆丛刊》2012年）。白拉都格其（汪炳明）先生考察了咸丰朝担任"公职"的蒙古王公贵族的部分事迹（汪炳明：《咸丰朝担任"公职"的几位蒙古王公贵族》，《蒙古学信息》2001年第3期）。

② 包文汉：《清代"藩部"一词考释》，《清史研究》2000年第4期。

一、科尔沁诸部驻京王公

科尔沁左翼中旗

科尔沁左翼中旗驻京王公主要是满珠习礼玄孙色布腾巴勒珠尔后嗣。色布腾巴勒珠尔是科尔沁达尔罕亲王罗卜藏衮布第三子，初封一等台吉，乾隆八年（1743）获封辅国公，十一年尚乾隆和敬公主，十七年承袭达尔汗亲王爵位，四十年在征剿大金川军中因伤病殁。色布腾巴勒珠尔开始驻京时间并不确定，从乾隆帝评价其“久侍禁庭，禀性笃诚，恪勤夙著”[①]，可见其驻京时间必定不短。若以和敬公主出嫁后曾在京生活数年来说，色布腾巴勒珠尔至迟在乾隆十一年迎娶公主后开始驻京生活。后和敬公主与色布腾巴勒珠尔曾数次回科尔沁居住的记录，时间长短不一。但乾隆三十六年和敬公主自科尔沁返回后[②]，再未有回蒙旗居住。色布腾巴勒珠尔之父罗卜藏衮布也有过驻京经历，乾隆帝称其“人颇勤慎，幼直禁庭，实心效力”[③]，依据时间推算，罗卜藏衮布在康熙朝有过入值宫廷的经历。

色布腾巴勒珠尔一生参与了乾隆朝平定准噶尔、征战大小金川等战役，并护送东归之土尔扈特渥巴锡汗到承德避暑山庄觐见乾隆帝，两次因罪夺爵又因功复起，并图形紫光阁，坎坷之经历在驻京王公中可谓异数。厚赏与夺爵罢官的极端境遇体现了乾隆帝对色布腾巴勒珠尔既用且防的矛盾心理[④]。除四处征战外，色布腾巴勒珠尔还曾管理正红旗蒙古都统事务[⑤]，乾隆三十二年任理藩

---

① 包文汉、奇·朝克图整理：《蒙古回部王公表传》（第一辑）卷18《和硕毅亲王色布腾巴勒珠尔传》，呼和浩特：内蒙古大学出版社，1998年版，第153—154页。

② 《奏报和敬公主已由牧场返回前往避暑山庄折》，乾隆三十六年七月初二日，军机处全宗，中国第一历史档案馆藏，档号：03-0184-2417-046。

③《蒙古回部王公表传》（第一辑）卷18《札萨克和硕达尔汉巴图鲁亲王满珠习礼传》，第150页。

④ 参见特木尔巴根：《乾隆中叶满蒙关系新探——以色布腾巴勒珠尔爵位更替为例》，《满族研究》2017年第3期。

⑤《为著固伦额驸色布腾巴勒珠尔管理正红旗蒙古都统事务事》，乾隆十二年五月初一日，军机处全宗，中国第一历史档案馆藏，档号：03-18-009-000007-0002-0070。

院尚书[①]，次年五月因病被免[②]；乾隆三十五年（1770），授为正白旗领侍卫内大臣[③]，两月后，因所属旗分与所任领侍卫内大臣旗分不一，调补为正黄旗领侍卫内大臣[④]。

色布腾巴勒珠尔与和敬公主子鄂勒哲特穆尔额尔克巴拜于乾隆三十八年任侍卫[⑤]，四十年承袭郡王[⑥]，四十七年任镶黄旗蒙古都统[⑦]，五十六年，因酗酒疯癫被削爵并圈禁于府[⑧]，一月后，因念及其父色布腾巴勒珠尔之功被赏给公衔[⑨]。

乾隆五十九年正月，鄂勒哲特穆尔额尔克巴拜嗣子鄂勒哲依图袭爵[⑩]，嘉庆四年（1799），鄂勒哲依图被封为辅国公[⑪]；五年，仁宗念“皇考爱恤色布腾巴勒珠尔之恩”，赏给鄂勒哲依图贝子，以观后效；次年，命其管理圆明园八旗、内务府三旗事务；十三年，授其为理藩院额外侍郎；十四年晋为多罗贝勒[⑫]；十八年为正白旗领侍卫内大臣[⑬]，并不再兼任理藩院额外侍郎[⑭]。二十一

---

①《为色布腾巴勒珠尔著授为理藩院尚书事》，乾隆三十二年闰七月初二日，军机处全宗，中国第一历史档案馆藏，档号：03-18-009-000035-0001-0037。

②《清史稿》卷13《高宗本纪》，北京：中华书局，1977年版，第478页。

③《为色布腾巴勒珠尔著守卫正白旗领侍卫内大臣事》，乾隆三十五年八月初六日，军机处全宗，中国第一历史档案馆藏，档号：03-18-009-000037-0004-0038。

④《清高宗实录》卷871，乾隆三十五年十月己亥条，第678页。

⑤《清高宗实录》卷941，乾隆三十八年八月丙午条，第717页。

⑥《蒙古回部王公表传》（第一辑）卷18《和硕毅亲王色布腾巴勒珠尔传》，第154页。

⑦《清高宗实录》卷1164，乾隆四十七年九月己亥条，第593页。

⑧《为鄂勒哲特穆尔额尔克巴拜酗酒几近疯癫朕派伊灵阿为谙达管束并不奏闻著将伊灵阿降一级摘顶翎留任效力赎罪事》，乾隆五十六年七月二十一日，军机处全宗，中国第一历史档案馆藏，档号：03-18-009-000053-0001-0017；《清高宗实录》卷1384，乾隆五十六年八月乙巳条，第573页。

⑨《清高宗实录》卷1386，乾隆五十六年九月甲戌条，第599页。

⑩《清高宗实录》卷1445，乾隆五十九年正月庚戌条，第280页。

⑪《清仁宗实录》卷39，嘉庆四年二月戊午条，第468页。

⑫ 包文汉、陶继波整理：《蒙古回部王公表传》（第二辑）《钦定续纂外藩蒙古回部王公表传》（嘉庆朝）卷1《科尔沁部》，呼和浩特：内蒙古大学出版社，2008年版，第71页。

⑬《为鄂勒哲依图著补授正白旗领侍卫内大臣托津著署理正黄旗领侍卫内大臣事》，嘉庆十八年六月二十五日，军机处全宗，中国第一历史档案馆藏，档号：03-18-009-000070-0002-0061。鄂勒哲依图也于当年十月任正白旗蒙古都统，见《为成宁著调补镶红旗满洲都统崇禄调补镶蓝旗汉军都统鄂勒哲依图补授正白旗蒙古都统未到任前著景安暂署事》，嘉庆十八年十月二十九日，军机处全宗，中国第一历史档案馆藏，档号：03-18-009-000070-0004-0031。

⑭《为鄂勒哲依图不必兼任理藩院额外侍郎喀喇沁公玛哈巴拉著补授理藩院额外侍郎事》，嘉庆十八年八月初一日，军机处全宗，中国第一历史档案馆藏，档号：03-18-009-000070-0003-0022。

年鄂勒哲依图因过失被革去领侍卫内大臣与都统职务[①]；次年，又复命其正黄旗领侍卫内大臣与御前大臣[②]。

嘉庆二十四年（1819）正月，鄂勒哲依图被封为郡王，当年六月去世。其侄济克默特承袭贝子爵位，道光三年（1823）被命为御前行走[③]。道光二十七年，济克默特与其子棍楚克林沁因身体单弱，不能办差，一并被革去了御前侍卫与乾清门头等侍卫的职差[④]。棍楚克林沁于道光二十八年降袭辅国公[⑤]，咸丰四年（1854），随僧格林沁镇压太平天国起义[⑥]，咸丰八年进班管理圆明园八旗包衣三旗官兵[⑦]；同治十三年（1874），管理中正殿事[⑧]；光绪五年（1879），为正黄旗汉军都统[⑨]，次年补惇亲王领侍卫内大臣班，并带豹尾枪差使[⑩]；光绪十年任御前大臣[⑪]，月余后病逝，棍楚克林沁嗣子那苏图承袭辅国公[⑫]。

那苏图袭爵后被挑在乾清门行走[⑬]，其子达赉也因捐输报效而被赏给公

---

①《为鄂勒哲依图索特纳木多布斋私行坐轿著革退领侍卫内大臣都统鄂勒哲依图罚俸两年索特纳木多布斋罚俸一年事》，嘉庆二十一年十一月十一日，军机处全宗，中国第一历史档案馆藏，档号：03-18-009-000073-0004-0031。

②《为鄂勒哲依图补授正黄旗领侍卫内大臣御前大臣事》，嘉庆二十二年六月初二日，军机处全宗，中国第一历史档案馆藏，档号：03-18-009-000074-0002-0028。

③《蒙古回部工公表传》（第二辑）《钦定续纂外藩蒙古回部工公表传》（道光十六年）卷1《科尔沁部》，第207页。

④《清宣宗实录》卷450，道光二十七年十二月辛亥条，第663页。

⑤《蒙古回部王公表传》（第二辑）《钦定续纂外藩蒙古回部王公表传》（咸丰朝）卷1《科尔沁部》，第469页。此处有误，档案中显示其承袭镇国公爵位，见《奏驻京科尔沁札萨克贝子衮楚克林沁袭镇国公请赏食俸折》，道光二十八年十月三十日，军机处全宗，中国第一历史档案馆藏，档号：03-0205-4310-045。

⑥《清文宗实录》卷118，咸丰四年正月戊午条，第35页。

⑦《为派奕仁镇国公棍楚克林沁托云进班管理圆明园八旗包衣三旗官兵并管理该枪营事务》，咸丰八年六月二十二日，军机处全宗，中国第一历史档案馆藏，档号：03-18-009-000100-0006-0060。

⑧《清穆宗实录》卷367，同治十三年六月丁酉条，第869页。

⑨《清德宗实录》卷99，光绪五年八月甲寅条，第478页。

⑩《清德宗实录》卷120，光绪六年九月丁亥条，第740页。

⑪《清德宗实录》卷191，光绪十年八月壬申条，第690页。

⑫《为贝子衔镇国公棍楚克林沁在御前行走有年差使勤慎今溘逝著赏银等准子承袭辅国公事》，光绪十年九月十五日，军机处全宗，中国第一历史档案馆藏，档号：03-18-009-000117-0005-0040。

⑬《清德宗实录》卷200，光绪十年十二月丁酉条，第852页。

衔，并在乾清门行走[①]。那苏图于光绪二十七年病逝，其子达赉承袭辅国公[②]，次年被挑为御前行走[③]，二十九年（1903）任正红旗蒙古副都统[④]。民国二年（1913），达赉因首赞共和被晋封为贝子[⑤]，因此又称“达贝子”，其在京府邸也被称为“达贝子府”，即原和敬公主府，位于张自忠路23号[⑥]。

除色布腾巴勒珠尔后裔外，晚清该部还有达尔罕亲王那木济色楞驻京生活。光绪十年，那木济色楞幼年承袭爵位，后又入宫廷读书，光绪二十四年为旗札萨克，并于当年十二月娶克勤郡王第四女为妻[⑦]。

科尔沁左翼后旗

科尔沁左翼后旗驻京王公是晚清名王僧格林沁家族一系。僧格林沁家族驻京始于其养父索特纳木多布斋。索特纳木多布斋是冰图郡王洪果儿从子贝勒栋果儿七世孙，于乾隆四十八年（1783）袭札萨克郡王爵位[⑧]，嘉庆元年（1796）被指为和硕额驸[⑨]，嘉庆六年与庄敬公主成亲[⑩]；后任御前大臣、领侍卫内大臣、正黄旗蒙古都统等职差，道光五年（1825）病逝，被追封亲王衔，其嗣子僧格林沁承袭爵位[⑪]。

---

①《清德宗实录》卷397，光绪二十二年十一月壬辰条，第185页。

②《为加恩已故科尔沁达尔汗辅国公那苏图之子达赉著承袭辅国公事》，光绪二十七年二月二十七日，军机处全宗，中国第一历史档案馆藏，档号：03-18-009-000123-0001-0028。

③《为载瀛振载涛载振达赉均在御前行走事》，光绪二十八年十一月二十日，军机处全宗，中国第一历史档案馆藏，档号：03-18-009-000123-0008-0015。

④《清德宗实录》卷520，光绪二十九年八月己未条，第866页。并不见达赉任御前大臣之记述，见佟佳江：《清末民初东北蒙古王公传略》，《黑龙江民族丛刊》1994年第4期，第60页。

⑤ 中国第二历史档案馆编：《政府公报》第9册，1913年1月5日第239号《临时大总统令》，上海：上海书店，1988年影印版，第43页。

⑥ 冯其利：《寻访北京清王府》，北京：文化艺术出版社，2006年版，第238页。

⑦ 博尔济吉特·温都尔涅夫：《达尔罕王生平史略》，载内蒙古政协编《内蒙古文史资料》（第32辑），第31—32页。

⑧《蒙古回部王公表传》（第一辑）卷20《追封多罗贝勒栋果儿传》，第169页。

⑨《清仁宗实录》卷12，嘉庆元年十二月壬辰条，第186页。

⑩《清仁宗实录》卷91，嘉庆六年十一月壬辰条，第205页。

⑪《蒙古回部王公表传》（第二辑）《钦定续纂外藩蒙古回部王公表传》（道光十六年）卷1《科尔沁部》，第208—209页。

僧格林沁生于嘉庆十六年六月初五（1811年7月24日）[①]，他备受道光、咸丰二帝重视，两朝连任御前大臣、领侍卫内大臣，因镇压太平军起义有功被封为“博多勒噶台亲王”并世袭罔替。在第二次大沽口战役中，率军重创英法联军，使清朝取得了鸦片战争以来第一次重大胜利。同治四年（1865），僧格林沁在山东被捻军埋伏袭杀[②]，其子伯彦讷谟祜承袭亲王爵位[③]，并袭博多勒噶台亲王号[④]，孙那尔苏为世袭罔替贝勒，次孙温都苏为辅国公[⑤]。

伯彦讷谟祜继承王位后仍像其父般受清廷赏识，被委任为御前大臣[⑥]、正黄旗领侍卫内大臣[⑦]，后擢升为镶白旗满洲都统[⑧]。满洲都统一般由满洲旗人充任，以外藩蒙古任满洲都统者极为鲜见。伯彦讷谟祜子那尔苏也曾任御前行走[⑨]，后承管善朴营、中正殿事务，光绪十五年（1889）任内大臣、镶红旗蒙古都统[⑩]，次年正月因病去世。温都苏于光绪十五年被挑为御前行走[⑪]，次年被命管理中正殿事务[⑫]。

光绪十七年，伯彦讷谟祜溘然逝世，因长子那尔苏早逝，伯彦讷谟祜孙阿穆尔灵圭承袭亲王爵位，四子辅国公温都苏晋贝勒，六子头等台吉博迪苏为辅国公[⑬]。阿穆尔灵圭在晚清政局具有相当影响力，除在京任总司稽察守卫事宜

---

① 卓海波：《僧格林沁生年考》，载中央民族大学历史系主编：《民族史研究》第六辑，北京：民族出版社，2005年版，第359页；周学军：《僧格林沁及其子孙出生日期考》，《内蒙古民族大学学报》（社会科学版）2008年第4期。

②《蒙古回部王公表传》（第二辑）《钦定续纂外藩蒙古回部王公表传》（咸丰朝）卷1《科尔沁部》，第470—471页。参见卓海波：《僧格林沁若干问题研究》，中央民族大学历史文化学院博士学位论文，2012年。

③《清穆宗实录》卷137，同治四年四月癸巳条，第227页。

④《清穆宗实录》卷148，同治四年七月己卯条，第472页。

⑤《清穆宗实录》卷143，同治四年闰五月己巳条，第369页。

⑥《清穆宗实录》卷194，同治六年正月丙辰条，469页。

⑦《清穆宗实录》卷231，同治七年闰四月丁巳条，第187页。

⑧《清德宗实录》卷5，光绪元年三月辛丑条，第143页。

⑨《清德宗实录》卷1，同治十三年十二月丁丑条，第79页。此条最早见那尔苏任御前行走。

⑩《为内大臣著以那儿（尔）苏补授事》，光绪十五年正月二十一，军机处全宗，第一历史档案馆藏，档号：03-18-009-000117-0001-0023；《为镶红旗蒙古都统之缺著以那尔苏补放事》，光绪十五年八月初八日，军机处全宗，中国第一历史档案馆藏，档号：03-18-009-000117-0003-0036。

⑪《清德宗实录》卷265，光绪十五年正月甲戌条，第557页。

⑫《清德宗实录》卷280，光绪十六年正月己巳条，第740页。

⑬《清德宗实录》卷303，光绪十七年十一月癸亥条，第1007页。

王大臣、镶白旗汉军都统职外，还在旗地创办新式学校，与驻京蒙古王公共同创办新式“公司”。辛亥革命时，从自身阶层利益出发倡导并进行了一些政治活动，对袁世凯治蒙政策的制定起到重要作用，也对维护蒙古族利益有一定作用[①]。

博迪苏作为伯彦讷谟祜幼子，出生于同治十年十月初三日（1871年11月15日）[②]，民国三年一月八日（1914年2月13日）病逝于北京。在清末也有相当政绩，曾出任正蓝旗蒙古都统、正白旗领侍卫内大臣、御前大臣[③]，博迪苏目前已知有四子，长子阿勒坦鄂齐尔过继给其兄温都苏为嗣，次子阿勒坦巴图尔于博迪苏卒后袭爵，三子阿勒坦巴干，四子阿勒坦胡雅克[④]。其撰写的《朔漠纪程》记述了光绪三十二年（1906）受命赴库伦规劝十三世达赖喇嘛返回西藏的过程[⑤]。

科尔沁部其他旗驻京王公

据宣统二年（1910）《理藩部档案》所示，时值在京的王公还有科尔沁卓哩克图亲王色旺端噜布、科尔沁宾图王棍楚克苏隆及众多台吉塔布囊等[⑥]。色旺端噜布即色旺端鲁布，是科尔沁左翼中旗卓哩克图亲王，光绪三十二年自寺庙还俗，继其弟额尔德木毕里克袭亲王爵位[⑦]，宣统元年被准入北京贵胄法政学堂学习[⑧]，民国十八年病逝于北京。棍楚克苏隆是科尔沁左翼前旗札萨克，曾在乾清门行走[⑨]，清末民初经常来往于旗地与北京，光绪末年曾在北京贵胄

---

① 乌力吉套格套：《辛亥革命时期阿穆尔灵圭的政治活动》，《内蒙古社会科学》2002年第4期。

② 周学军：《僧格林沁及其子孙出生日期考》，《内蒙古民族大学学报》（社会科学版）2008年第4期。

③ 佟佳江：《清末民初东北蒙古王公传略》，《黑龙江民族丛刊》1994年第3期。

④ 中国第二历史档案馆编：《政府公报》第85册，1916年第113号《蒙藏院呈科尔沁左翼后旗已故贝子博迪苏之子阿勒坦巴干等年已及岁请照例授为三等台吉文并批令》，第403—404页。

⑤ 王婷婷、白·特木尔巴根：《清末行纪所见十三世达赖出走喀尔喀蒙古事件——以〈朔漠纪程〉和〈游蒙日记〉为中心》，《内蒙古师范大学学报》（哲学社会科学版），2016年第1期。

⑥ 《理藩部全宗》第212号档，中国第一历史档案馆藏，转引自杜家骥：《清朝满蒙联姻研究》，北京：故宫出版社，2013年版，第314页。

⑦ 赵海山等主编：《科尔沁左翼中旗志》，海拉尔：内蒙古文化出版社，2003年版，第200页。

⑧《理藩部奏科尔沁卓哩克图亲王色旺端鲁布到京候期入贵胄法政学堂肄业折》，载《政治官报》第764号，宣统元年十二月二十九号，第19页。

⑨《清德宗实录》卷493，光绪二十八年正月辛未条，第518页。

学堂读书，辛壬之际时也常驻北京活动，暗中串联蒙古王公反对革命，保护其自身利益[①]。棍楚克苏隆之弟丹巴多尔济也曾驻京活动，民国四年（1914）任总统府翊卫处副使，民国七年为翊卫使，次年晋封“亲王”。民国十年任将军府拱威将军，十二年授陆军中将，民国二十七年病逝于北京[②]。色旺端鲁布娶贝勒载澍次女，棍楚克苏隆娶克勤郡王第七女[③]。

二、喀喇沁部驻京王公

喀喇沁左翼旗

喀喇沁左翼驻京王公主要是僧衮扎布之后裔，僧衮扎布是清初喀喇沁镇国公色棱玄孙。康熙五十五年（1716），色棱孙善巴喇什因勤慎被晋封为固山贝子，次年，善巴喇什去世后由其子僧衮扎布承袭爵位。康熙五十八年，僧衮扎布尚郡主。雍正元年（1723）被命为御前行走，雍正九年因击败准噶尔有功被晋为贝勒。乾隆二年（1737）被擢升为理藩院额外侍郎，乾隆七年卒。后僧衮扎布长子瑚图灵阿降袭贝子，乾隆三十七年任定边左副将军，乾隆四十四年病逝后，由其子济克默特扎布袭爵，但次年即因罪被削爵位。乾隆五十六年，济克默特扎布去世，其子喇特纳吉尔第为札萨克一等塔布囊。嘉庆二十三年（1818），喇特纳吉尔子克兴额袭爵。道光二十七年（1847），克兴额子佈哩那巴拉承袭，咸丰二年因罪削爵，佈哩那巴拉弟乌凌阿袭爵并于同治五年（1866）晋镇国公。光绪十一年（1885），乌凌阿嗣子索特那木旺济勒袭爵（一等塔布囊）[④]。

自瑚图灵阿后，在僧衮扎布后嗣中有相关史料记载的仅有克兴额一人。道光八年，署理热河都统松筠呈报“布里讷什与本管札萨克克兴额口角之嫌”一案。此案中显示了克兴额在旗居住并处理旗务，并因在“家中赁戏、不自检

① 博彦满都：《我所知道的宾图王棍楚克苏隆》，载内蒙古自治区政协编：《内蒙古文史资料》第2辑，呼和浩特：内蒙古人民出版社，1979年版，第187—193页。

②《清末民初东北蒙古王公传略》。

③《清朝满蒙联姻研究》，第62页。

④（光绪朝）《清会典事例》卷967《理藩院·封爵·内札萨克》，北京：中华书局，1991年版，第10册，第1019页。

点，著交理藩院先行议处”[①]。那么极有可能瑚图灵阿的后裔是在京城与旗地来回居住，但是由于后裔中有两次因罪削爵，复爵后品级也比较低，也没有被授予御前行走差使，已经远离了政治中心，行踪记录也就不甚明晰。

僧衮扎布次子扎拉丰阿乾隆七年（1742）初袭辅国公，乾隆十年被命为御前行走，十三年被授为满洲正红旗副都统，又升蒙古镶黄旗都统，次年晋贝子爵位，乾隆十八年任领侍卫内大臣兼理藩院额外侍郎。扎拉丰阿于乾隆二十年参与平定准噶尔之役，五月因擒达瓦齐而被晋封为郡王，八月任定西将军，十一月改任定边右副将军。但次年四月即因作战不力被削郡王爵，改授贝子品级，旋即削职授为公品级，3个月后在雅尔拉击溃阿睦尔撒纳与哈萨克汗巴巴，被复授贝子，后因请撤所部追击兵马，被降为辅国公。乾隆二十四年，扎拉丰阿被命署理蒙古正红旗都统且复贝子爵位，二十六年任汉军正黄旗都统，次年任领侍卫内大臣，三十八年为御前大臣，四十四年晋封贝勒。乾隆四十年，扎拉丰阿兼袭其兄之子济克默特扎布所削之辅国公。乾隆四十八年，扎拉丰阿随驾盛京道中染疾，被晋封郡王，回归游牧途中于遥亭病故。乾隆帝命其子丹巴多尔济扶灵入京治丧，赏银四千两，并遣皇十七子出城迎接，照郡王例办理丧仪[②]。

丹巴多尔济幼时曾养育内廷，初封一等塔布囊，乾隆四十八年任正红旗蒙古都统并袭贝子爵位，后因罪革爵仅授公品级。嘉庆四年（1799），丹巴多尔济被赏给辅国公爵位，六月又被授正黄旗领侍卫内大臣，但次年因妄称休妻，被削爵降职。嘉庆八年，丹巴多尔济在陈德刺驾案中护驾有功，并擒获陈德被晋封为贝勒，七月任领侍卫内大臣。嘉庆十一年被命在御前大臣上学习行走[③]。嘉庆十八年，丹巴多尔济去世，其子托恩多袭贝勒[④]。道光十二年（1832）托恩多卒，托恩多子德木齐扎布（德木斋扎布）袭贝勒爵位[⑤]，咸丰二年（1852），德木齐扎布因屡次捐输议叙，两年后被命在御前行走[⑥]。光绪二年

---

①《清宣宗实录》卷134，道光八年三月庚子条，第40页。

②《蒙古回部王公表传》（第一辑）卷24《札萨克镇国公色棱传》，第192—195页。

③《蒙古回部王公表传》（第二辑）《钦定续纂外藩蒙古回部王公表传》（嘉庆朝）卷1《喀喇沁部》，第75—76页。

④《蒙古回部王公表传》（第二辑）《钦定续纂外藩蒙古回部王公表传》（道光十六年）卷1《喀喇沁部》，第211页。

⑤《蒙古回部王公表传》（第二辑）《钦定续纂外藩蒙古回部王公表传》（道光二十九年）卷1《喀喇沁部》，第346页。

⑥《蒙古回部王公表传》（第二辑）《钦定续纂外藩蒙古回部王公表传》（咸丰朝）卷1《喀喇沁部》，第473页。

(1876)，德木齐扎布子熙凌阿袭爵[①]。熙凌阿于光绪十五年命为御前行走，民国元年（1912）晋封郡王，民国二年二月加亲王衔，四月当选第一届国会参议员[②]。熙凌阿府第在灯市口大街，传为明相严嵩故宅[③]。

除《表传》中所记述的事迹外，瑚图灵阿还有重要的任职信息可以补充。如瑚图灵阿于乾隆三十年（1765）六月任理藩院额外侍郎[④]，乾隆三十年至三十六年任库伦办事大臣[⑤]；乾隆三十一年十二月赴西宁任西宁办事大臣，到任月余后返回[⑥]；约在光绪十七年，索特那木旺济勒卒后，旗札萨克职位承袭出现问题，后由熙凌阿兼任旗札萨克[⑦]。

僧衮扎布家族与清朝皇家、宗室保持着密切的婚姻关系，如僧衮扎布就曾初娶恂郡王允禵次女，续娶直郡王允禔十三女，再续娶理郡王弘晰三女；长子瑚图灵阿初娶淳亲王允祐女，续娶弘春（允禵子）女；次子扎拉丰阿娶贝勒允祜女。济克默特扎布娶弘富（愉郡王允禑子）女；喇特纳吉尔第初娶果郡王永瑹女，续娶顺承郡王恒昌女；克兴额娶肃亲王永锡女；乌凌阿娶礼亲王全龄女。扎拉丰阿子丹巴多尔济幼初娶循郡王永璋女，续娶辅国公永琨女；熙凌阿娶怡亲王载垣女[⑧]。

喀喇沁中旗

该部确定驻京当差的为德勒格尔，德勒格尔祖父玛哈巴拉亦有可能长期驻京。玛哈巴拉于乾隆三十九年袭札萨克一等塔布囊[⑨]，乾隆五十年娶都统兴兆长女乡君为妻[⑩]，嘉庆十八年（1813）任理藩院额外侍郎，在道光九年（1829）赏给贝子衔时，宣宗给予他的评语中有“从前在皇祖高宗纯皇帝、皇

---

① （光绪朝）《清会典事例》卷967《理藩院·封爵·内札萨克》，第10册，第1019页。

② 《清末民初东北蒙古王公传略》。

③ 〔清〕朱一新：《京师坊巷志稿》卷上《灯市口大街》，北京：北京古籍出版社，1982年版，第111页。

④ 韩基奭：《理藩院额外侍郎考》，《史学月刊》2015年第1期。

⑤ 见达力扎布：《〈喀尔喀法规〉汉译及研究》第一章附表二，北京：中央民族大学出版社，2015年版，第29页。

⑥ 慕谨：《〈清代职官年表〉补正》，《历史档案》1992年第4期，第37页。

⑦ 达力扎布：《〈喀喇沁左翼旗乌梁海氏家谱〉评介》，《清史研究》2006年第4期。

⑧ 《清朝满蒙联姻研究》，第100、101、106页。

⑨ 《蒙古回部王公表传》（第一辑）卷24《札萨克一等塔布囊格呼勒传》，第196页。

⑩ 《清朝满蒙联姻研究》，第112页。

考仁皇帝时，即在御前乾清门行走，近年将札萨克事务妥协办理”[①]。可见玛哈巴拉曾有一段时间在京当差，可能是道光朝才回旗办理札萨克事务。其子三等塔布囊多尔济拉布坦于道光六年娶庄亲王绵课第八女[②]；次子锡林达瓦历任乾清门行走、御前行走，卒于道光二十三年[③]。长孙德勒格尔于道光二十四年袭札萨克头等塔布囊，受命在乾清门行走，二十九年出任伊犁领队大臣，咸丰五年（1855）授镶蓝旗蒙古副都统[④]，咸丰十一年还被文宗令赏假调养[⑤]，说明其一直在京当差。

喀喇沁右翼旗

喀喇沁右翼驻京王公是晚清著名蒙王贡桑诺尔布。贡桑诺尔布先祖是喀喇沁部固噜思奇布。固噜思奇布于顺治七年（1650）晋多罗杜棱贝勒并世袭罔替，其子图巴色棱袭爵后，于康熙七年（1668）被晋为郡王爵并世袭罔替[⑥]。该部王公最早驻京可追溯至康熙朝之噶勒藏（噶尔臧）。噶勒藏于康熙三十一年尚端静公主，四十三年袭札萨克杜棱郡王[⑦]。后因罪被囚住京城。

同治七年，贡桑诺尔布之父旺都特那木济勒袭爵[⑧]，旺都特那木济勒先后任乾清门行走、御前行走等差使，赏戴三眼花翎，并因擒贼剿匪有功被赏给亲王衔[⑨]。贡桑诺尔布生于同治十一年五月初九（1872年6月14日），卒于民国十九年十一月二十五日（1931年1月13日）[⑩]。光绪十二年（1886），贡桑诺

---

①《蒙古回部王公表传》（第二辑）《钦定续纂外藩蒙古回部王公表传》（道光十六年）卷1《喀喇沁部》，第212页。

②《清朝满蒙联姻研究》，第114页。

③《清宣宗实录》卷400，道光二十三年十二月庚戌条，第1158页。

④《蒙古回部王公表传》（第二辑）《钦定续纂外藩蒙古回部王公表传》（咸丰朝）卷1《喀喇沁部》，第474页。

⑤《为德勒格尔患疾赏假调养事》，咸丰十一年十一月十四日，军机处全宗，中国第一历史档案馆藏，档号：03-18-009-000102-0004-0069。

⑥⑦《蒙古回部王公表传》（第一辑）卷23《札萨克多罗杜棱贝勒固噜思奇布列传》，第185—186页。

⑧（光绪朝）《清会典事例》卷967《理藩院·封爵·内札萨克》，第10册，第1018页。

⑨《为擒贼校历之旺都特那木济勒赏给亲王衔达克沁赏给贝勒衔德木楚克素隆堆胡尔素隆均赏给郡王衔等事》，光绪十四年正月二十九日，军机处全宗，中国第一历史档案馆藏，档号：03-18-009-000116-0005-0012。

⑩ 白拉都格其：《贡桑诺尔布生卒日期考》，《内蒙古社会科学（汉文版）》2002年第6期。

尔布以头等塔布囊被命为乾清门御前行走[①]，二十年（1894）袭札萨克郡王，二十九年东渡日本参观，宣统三年（1911）与蒙古王公那彦图、博迪苏发起成立“蒙古王公联合会”，民国元年九月任蒙藏事务局总裁，民国三年任新改组的蒙藏院总裁[②]。贡桑诺尔布最早驻京生活是在宣统元年二月入陆军贵胄学堂“随班听讲”[③]。

笔者曾到访过喀喇沁旗贡桑诺尔布王府，在王府博物馆收藏的两副对联中发现了贡桑诺尔布之父旺都特那木济勒的情况。第一副对联书“衡斋姻兄贤王法正　分光御烛星辰烂；旧踏松枝雨露新　姻愚弟隆懃”。第二副联前有“衡斋妹丈雅属”，联为：“品节详明德性坚定，事理通达心气和平”，署名“兄世铎书”。旺都特那木济勒先娶惠亲王绵愉第五女，续娶礼亲王全龄第四女；其子贡桑诺尔布娶肃亲王隆懃第五女[④]。即礼亲王世铎为旺都特那木济勒之妻弟，肃亲王隆懃为其亲家。从隆懃的称呼“姻兄”及世铎的称呼“妹丈”来看，旺都特那木济勒与二人关系匪浅。

三、其余各部驻京王公

土默特部

土默特部驻京王公主要是土默特右翼旗玛呢（尼）巴达喇家族。玛呢巴达喇是土默特右旗贝子固穆五世孙，其堂兄色布腾栋啰布、色腾喇什分别于乾隆三十九年（1774）、乾隆五十年先后袭爵，乾隆五十七年色腾喇什因任意凌虐下属被削爵，改由玛呢巴达喇父亲朋素克林亲（朋素克琳沁或彭素可琳沁）袭爵[⑤]。嘉庆四年（1799），朋素克林亲因“科敛所属银钱地亩”罪被削爵，由玛呢巴达喇承袭贝子爵位。玛呢巴达喇于嘉庆六年六月被指为庄静公主固伦额

---

①《清德宗实录》卷223，光绪十二年正月甲辰条，第7页。
②《清末民初东北蒙古王公传略》。
③《宣统政纪》卷8，宣统元年二月辛亥条，第139页。
④《清朝满蒙联姻研究》，第103页。
⑤《蒙古回部王公表传》（第一辑）卷25《札萨克固山贝子固穆列传》，第203—204页。

驸，次年七月与公主成婚[①]。在他被选定为额驸后，朋素克林亲也被赏给三等台吉并允许在京生活[②]。嘉庆十年（1805），朋素克林亲被命署理正黄旗蒙古副都统，另一子扎勒瓦多尔济（尹湛纳希家谱写作哈瓦道尔吉，下文档案中又写作扎拉瓦多尔济）[③]被命为头等侍卫并在大门行走[④]，二人相关驻京档案如下：

> 嘉庆十二年十月十五日，原任副都统彭苏可林沁自行奏请：本身俸、廉并伊子头等侍卫扎拉瓦多尔济俸银认买孟端胡同官房一座，价银一万七千十五两。奉旨：准其认买，应扣俸、廉著减半坐扣，钦此。等因，在案。续于嘉庆十七年二月准理藩院咨称：原任副都统彭苏克林沁并伊子头等侍卫扎拉瓦多尔济缘事革职，无俸可扣，其未完房价银，伊子固伦额驸玛尼巴达拉呈请旨：本身俸银减半代伊父坐扣，伊弟扎拉瓦多尔济名下应扣房价亦情愿一并代扣。[⑤]

可见朋素克林亲与扎勒瓦多尔济自嘉庆十二年购买孟端胡同官房，但5年后因罪二人被革职且无俸禄可领，买房剩余银两由玛呢巴达喇代缴。嘉庆十七年，朋素克林亲早先因罪圈禁也被开释，并允许继续驻京生活[⑥]。

玛呢巴达喇作为嘉庆帝的女婿、道光帝的妹夫，在嘉道年间颇受重用。在“癸酉之变”中，作为固伦额驸的玛呢巴达喇协助同是驻京王公的拉旺多尔

---

①《蒙古回部王公表传》（第二辑）《钦定续纂外藩蒙古回部王公表传》（嘉庆朝）卷1《土默特部》，第77页。

②《二位土默特贝子玛尼巴达喇以为固伦额驸其赴彭素可琳沁赏三等台吉来京居住事》，嘉庆六年十二月十七日，军机处全宗，中国第一历史档案馆藏，档号：03-18-009-000062-0004-0043。

③ 纳古单夫译：《尹湛纳希黄金家族廿九世孙宗室世系谱》，《内蒙古社会科学》1985年第5期。

④《为土默特贝子朋素克琳沁著署理正黄旗蒙古副都统事务伊子固山额驸扎勒瓦多尔济著赏头等侍卫在大门上行走事》，嘉庆十年十一月十七日，中国第一历史档案馆藏，档号：03-18-009-000062-0004。

⑤《为查明固伦额驸吗呢巴达拉嘉庆十七年至二十五年份代其父彭苏克林沁等扣过房价银两数目事》，嘉庆二十五年九月初三日，内务府全宗，军机处全宗，中国第一历史档案馆藏，档号：05-08-011-000032-0024。

⑥《为朋素克琳沁著加恩释回仍赏三等台吉与其子玛呢巴达喇在京居住不必回游牧地事》，嘉庆十七年正月初一日，军机处全宗，中国第一历史档案馆藏，档号：03-18-009-000069-0001-0002。

济、索特纳木多布斋沿途警报、搜捕贼人[①]。嘉庆二十一年（1816），玛呢巴达喇被授为正红旗蒙古都统[②]，道光六年（1826）正月，又被命为正白旗领侍卫内大臣[③]，九月被实授为御前大臣[④]。道光八年，道光帝因平定张格尔叛乱而封赏勋戚，玛呢巴达喇也因“内廷翊卫、夙夜勤劳”被赏加郡王衔，并给四团龙补服，支食贝勒全俸[⑤]。道光十一年，将其从郡王衔贝子晋为贝勒[⑥]。

清实录中有嘉庆二十五年西宁办事大臣秀宁奏驳法礼哈咨商动用青海蒙古乌拉一案，其中提及玛呢巴达喇等至西藏迎接哲布尊丹巴呼毕勒罕时勒索青海蒙古台吉[⑦]，此处的玛呢巴达喇是喀尔喀左翼阿巴噶部郡王，（道光十六年）《续纂蒙古回部王公表传》中写作“嘛尼八达拉”[⑧]，与土默特部玛呢巴达喇并非一人。

玛呢巴达喇子德勒克色楞于道光十三年袭札萨克固山贝子爵位，并接连获紫禁城骑马、穿黄马褂等“恩赏”，但因犯错两度被革去御前行走差使。咸丰帝即位后，德勒克色楞受到宠信，被命为正黄旗领侍卫大臣、镶蓝旗蒙古都统；又因跟随僧格林沁镇压太平天国有功被晋封为贝勒，戴三眼花翎。咸丰七年（1857），德勒克色楞因克扣军饷、侵吞赏银被夺爵圈禁，其子索特那木色登袭爵[⑨]。同治元年（1862），索特那木色登私藏并放走嫌犯乌尔图那素图，被交理藩院议处[⑩]。光绪元年（1875），索特那木色登被挑为乾清门行走，并赏双

---

①〔清〕昭梿撰，何英芳点校：《啸亭杂录》卷6《癸酉之变》，北京：中华书局，1980年版，第169页。

②《为肃亲王永锡著调镶白旗汉军都统玛尼巴达喇授正红旗蒙古都统晋隆调镶黄旗汉军都统端恩授正蓝旗蒙古都统》，嘉庆二十一年七月十一日，军机处全宗，中国第一历史档案馆藏，档号：03-18-009-000073-0003-0005。

③《清宣宗实录》卷94，道光六年正月乙未条，第517页。

④《清宣宗实录》卷105，道光六年九月丁亥条，第733页。

⑤《清宣宗实录》卷132，道光八年正月丁卯条，第17页。

⑥《清宣宗实录》卷194，道光十一年八月戊子条，第1064页。

⑦《清仁宗实录》卷369，嘉庆二十五年四月丁未条，第881页。

⑧《蒙古回部王公表传》（第二辑）《钦定续纂外藩蒙古回部王公表传》（道光十六年）卷3《阿巴噶部》，第222页。

⑨ 参见汪炳明：《咸丰朝担任“公职”的几位蒙古王公贵族》，《蒙古学信息》2001年第3期。

⑩《清穆宗实录》卷22，同治元年三月癸巳条，第588页。

眼花翎[①]；光绪六年因病被开去乾清门行走差使[②]，同年其子棍布扎布袭爵[③]。棍布扎布先于光绪二十五年（1899）署正白旗汉军副都统[④]，次年任正蓝旗蒙古副都统[⑤]，宣统元年转为镶白旗满洲副都统[⑥]。

棍布扎布久居京城，其府第在今积水潭医院内，俗称棍贝子府。棍贝子府是嘉庆帝赐予固伦庄静公主的府邸，除了引自积水潭的水源外，在园内山石布局也有其惊艳独特之处。园内"局势相当宽敞，而台榭很少，在塘的中间堆了一带土石相间的洲渚，后面是不高的土山，配合着水滨的古木，非常清虚潇洒，大有倪云林画之意"[⑦]。

奈曼部

奈曼部驻京王公是札萨克多罗达尔罕郡王德木楚克扎布。德木楚克扎布先祖与清廷姻亲关系相较于其他几部而言并不十分密切，且并无公主下嫁的先例。道光二十一年（1841），宣宗将寿安固伦公主下嫁德木楚克扎布，寿安固伦公主是清朝最后一位下嫁蒙古部落的皇室公主[⑧]。德木楚克扎布之父阿完都滢底扎布于嘉庆二十四年（1819）袭爵，道光十年被命为御前行走，道光二十三年授兵备札萨克[⑨]。道光二十八年，阿完都滢底扎布去世，由德木楚克扎布袭爵。咸丰元年（1851），德木楚克扎布被授为御前大臣，十月任正白旗蒙古都统；次年任崇文门监督，九月调为正白旗领侍卫内大臣[⑩]。同治四年（1865），德木楚克扎布去世，被追封为亲王并以亲王例致祭[⑪]。

---

①《清德宗实录》卷20，光绪元年十月甲申条，第319页。

②《清德宗实录》卷112，光绪六年四月戊申条，第642页。

③（光绪朝）《清会典事例》卷967《理藩院·封爵·内札萨克》，第10册，第1020页。

④《清德宗实录》卷453，光绪二十五年十月辛卯条，第974页。

⑤《清德宗实录》卷458，光绪二十六年正月甲子条，第14页。

⑥《宣统政纪》卷21，宣统元年九月辛亥条，第383页。

⑦ 朱家溍：《漫谈叠石》，载《故宫退食录》，北京：紫禁城出版社，2009年版，第516页。

⑧《清朝满蒙联姻研究》，第86页。

⑨《蒙古回部王公表传》（第二辑）《钦定续纂外藩蒙古回部王公表传》（道光二十九年）卷2《奈曼部》，第350页。

⑩《蒙古回部王公表传》（第二辑）《钦定续纂外藩蒙古回部王公表传》（咸丰朝）卷2《奈曼部》，第477页。

⑪《清穆宗实录》卷146，同治四年六月丁巳条，第426页。

同治五年，德木楚克扎布嗣子萨噶拉袭爵，但3年后去世，由其子玛什巴图尔袭爵[①]。玛什巴图尔是萨噶拉次子，光绪六年（1880）被命为御前行走、前引大臣，光绪十八年十一月晋为和硕亲王衔[②]，光绪二十一年辞官回旗居住。光绪三十四年玛什巴图尔去世，其子苏珠克图巴图尔袭爵，并被命为御前行走。民国元年（1911）九月，苏珠克图巴图尔被晋升为亲王，次年十月任卓索图、昭乌达、哲里木、锡林郭勒四盟宣慰使，民国四年任昭乌达盟盟长。苏珠克图巴图尔后长期在京生活，民国十五年因与张作霖矛盾激化被勒令离京返旗，回旗后郁郁而终[③]。

敖汉部驻京王公

杜家骥先生考证出敖汉部罗卜藏及其子垂济扎勒、孙德威多尔济都曾驻京生活。且垂济扎勒与德威多尔济都曾教养内廷，府第在今东长安街路北。另外该部在乾嘉时期的一等台吉彭楚克林沁（彭素克拉锡）也长期驻京，担任宫廷侍卫[④]。

罗卜藏在雍正七年（1729）时就已经“在内廷行走有年”，雍正九年因随策凌进剿噶尔丹策凌被授参赞大臣；乾隆元年（1736）为御前行走，乾隆七年被擢为理藩院额外侍郎，十三年署镶蓝旗蒙古都统。垂济扎勒在乾隆七年被命为乾清门行走，次年为御前行走[⑤]。德威多尔济于乾隆四十七年娶成亲王永瑆次女为妻，并且居住于京城专为其安排的贝子府[⑥]。德威多尔济四世孙德色赉都布初袭贝子爵位，后因平定“金丹教”有功被晋封多罗郡王，于光绪二十年驻京当差，并在鼓楼东大街北锣鼓巷东搴店胡同新建府院，取名“德王府”，

---

① （光绪朝）《清会典事例》卷967《理藩院·封爵·内札萨克》，第10册，第1020页。

② 查本月实录并无晋封记载，真实性有待详查。实录十一月辛丑条仅有“以蒙古王公上年剿办贼匪出力，予亲王衔多罗都楞郡王旺都时那木济勒、多罗达尔罕岱清贝勒德木楚克苏隆，等奖叙有差”。《清德宗实录》卷318，光绪十八年十一月辛丑条。

③ 希儒博：《奈曼旗郡王玛什巴图尔和苏珠克图巴图尔父子》，载内蒙古自治区政协编：《内蒙古文史资料》（第35辑）《内蒙古近代王公录续编》，呼和浩特：内蒙古文史书店，1989年版，第166—182页。

④《清朝满蒙联姻研究》，第319—320页。

⑤《蒙古回部王公表传》（第一辑）卷26《多罗贝勒罗卜藏传》，第211—212页。

⑥ 德威多尔济有贝子府见《乾隆五十年郡主格格下嫁初定成婚》档册，藏日本东洋文库，史部、序号V1-1-51，转引自杜家骥：《清朝满蒙联姻研究》，第68页。

于民国十七年（1928）回旗[①]。

德色赉都布于光绪二十年（1894）被挑为乾清门行走[②]，光绪三十一年为御前行走[③]。有些蹊跷的是敖汉部札萨克郡王达木林达尔达克及其子勒恩扎勒诺尔赞复都死于北京，达木林达尔达克于光绪二十七年病逝于北京，其子勒恩扎勒诺尔赞复被侍女小叔子用菜刀砍死[④]。《清史稿》载："二十四年，札萨克郡王达木林达尔达克以充昭乌达盟长扰累属下，违例科派，夺盟长及札萨克。三十一年，札萨克郡王勒恩扎勒诺尔赞复被护卫刺死。"[⑤]可能勒恩扎勒诺尔赞复的护卫就是被其欺辱侍女的小叔子，日本人鸟居龙藏也在其光绪三十四年经过敖汉王府的日记中写道"先前的敖汉王在滞留北京期间被杀。围绕何人继承王位，纷扰四起，一时决议不下。王府内部几无秩序可言"[⑥]。可见此事影响范围之广。

巴林部驻京王公

巴林部驻京王公则主要是淑慧公主孙璘沁及重孙德勒克。璘沁是巴林郡王鄂齐尔第三子，乾隆十三年（1748）袭札萨克郡王，乾隆二十年被授议政大臣并与定北将军班第剿达瓦齐于伊犁[⑦]。议政大臣是清前期高官，多为满人担任，外藩蒙古王公中仅有璘沁与车布登扎布被授予该职，且二人任职时应驻京[⑧]。德勒克于乾隆十五年与和婉公主成亲，曾因身体稍弱被特旨留京并封公爵，乾隆四十八年因在清字经官译办经卷，被恩封贝子爵位，不久任理藩院侍

① 鲍枫珊：《敖汉贝子府和德王》，载内蒙古政协编：《内蒙古文史资料》第32辑，第163—164页。

②《为四子部卓哩克图郡王勒旺诺尔布敖汉旗白字德色赉都布均上挑乾清门乌珠穆沁多罗贝勒济尔哈郎赏戴双眼花翎事》，光绪二十年十二月二十三日，军机处全宗，中国第一历史档案馆藏，档号03-18-009-000125-0004-0032。

③《为那木济色楞等著赏用紫缰喇什敏珠尔赏戴双眼花翎德色赉都布等挑御前行走沙克都尔扎布等赏戴花翎事》，光绪三十一年十二月二十八日，军机处全宗，中国第一历史档案馆藏，档号：03-18-009-000119-0008-0111。

④ 鲍玺：《敖汉亲王勒扎勒仁钦旺布及其家世轶闻》，载内蒙古政协编：《内蒙古文史资料》第32辑，第152页。

⑤《清史稿》卷519《藩部·敖汉》，第14340页。

⑥［日］鸟居龙藏：《蒙古旅行》，戴玥、郑春颖译，北京：商务印书馆，2018年版，第255页。

⑦《蒙古回部王公表传》（第一辑）卷28《札萨克郡王色布腾传》，第224页。

⑧《清朝满蒙联姻研究》，第80页。

郎兼国史馆副总裁[①]。

德勒克嗣子为其侄赛尚阿，赛尚阿应该未长期驻京，嘉庆朝有“理藩院奏驳仪亲王之格格原任巴林公赛尚阿之妻呈恳来京归宁于例不合一折”[②]，可见赛尚阿与妻子仪亲王永璇长女并不长在京居住，“回娘家”时才需要特别奏准。

据孟允升回忆，清末民初时期，巴林部有郡王驻京与那彦图之子祺诚武关系很好[③]；杜家骥先生判断此郡王即巴林郡王扎嘎尔，扎嘎尔于光绪三十年（1904）被命为御前行走，娶慈禧太后侄女为妻[④]。民国二年（1913），因外蒙古叛军侵袭巴林草原，扎嘎尔申请常驻北京，任临时参议员、安福国会议员等[⑤]。

阿拉善厄鲁特部

阿拉善厄鲁特部虽不属于内札萨克，但因其地处内蒙古地区，且在京城存有府第，特将此部一并列出。阿拉善厄鲁特部有驻京经历的是阿宝及其后人塔旺布鲁克扎勒等。《清史稿》载康熙四十三年（1704），西套阿拉善厄鲁特部阿宝“尚郡主，授和硕额驸，赐第京师，命御前行走”，5年后，袭爵遣归游牧。阿宝次子罗卜藏多尔济乾隆四年（1739）袭多罗贝勒，乾隆三十年晋和硕亲王[⑥]。罗卜藏多尔济袭爵时年仅6岁[⑦]，因其年幼少孤被教养内廷，与其一同进入内廷教养的还有土谢图汗部郡王桑斋多尔济、郭尔罗斯部公额尔登额[⑧]。塔旺布鲁克扎勒是罗卜藏多尔济的五世孙，于宣统二年（1910）承袭亲王爵位，民国五年为西蒙宣抚使，民国七年续任袁世凯翊卫使，民国十一年任蒙藏院代理总裁，十三年任蒙藏院总裁，至民国十六年卸任[⑨]。

阿宝娶康熙堂兄博果铎第三女，罗卜藏多尔济娶庄亲王允禄第八女[⑩]。而

---

①《蒙古回部王公表传》（第一辑）卷28《固山贝子德勒克传》，第225页。

②《清仁宗实录》卷272，嘉庆十八年八月甲辰条，第698页。

③ 孟允升：《北京的蒙古王府》，《满族研究》1989年第3期。

④《清朝满蒙联姻研究》，第319—321页。

⑤《清末民初东北蒙古王公传略》。

⑥《蒙古回部王公表传》（第一辑）卷80《札萨克多罗贝勒和啰理传》，第546—548页。

⑦《清高宗实录》卷104，乾隆四年十一月丙辰条，第568页。

⑧（乾隆朝）《大清会典则例》卷143《理藩院·柔远清吏司·教养》，《影印文渊阁四库全书》，第624册，第528页。

⑨ 李勤璞：《民国时期阿拉善的旗政》，《西部蒙古论坛》2019年第3期。

⑩《清朝满蒙联姻研究》，第170—171页。

到了塔旺布鲁克扎勒，则先娶克勤郡王女睿仙格格，续娶本旗女李氏，再经贡桑诺尔布介绍娶旗人姜静德；其驻京时间则依据其子达理札雅的出生时间来算，在光绪二十九年（1903）之前有一段时间在北京生活，达理札雅出生前回旗[①]；民国二年（1913）再返京城居住，并经袁世凯批准照驻京蒙古王公例子给予廪饩俸米，至民国二十年在北京逝世。

结　语

内札萨克蒙古诸部王公驻京直接受到满蒙联姻制度的影响。从驻京王公归属构成来看，内札萨克蒙古驻京各部的王公主要集中在科尔沁部的色布腾巴勒珠尔家族、僧格林沁家族，喀喇沁部的僧衮扎布家族，土默特部玛呢巴达喇后裔等，这些家族基本都迎娶过清朝公主、格格，与清朝皇室的关系最为紧密，他们的子孙后裔常驻京城且世代联姻也是顺理成章之事。

将部分重要的蒙古王公集居至京城，契合了“事在四方，要在中央”[②]的治边传统。自秦汉以来，国家治理边疆的政令都是从中央发出，边疆的人群也是以进入中央枢要为荣。这种中央—地方的互动，有力地维护了政权的稳固与边疆的安宁。清朝在治理边疆时，在沿袭传统治边手段的基础上有所发展，除坚持中央统一治理边疆的立场外，通过婚姻或命令的形式令蒙古部落关键上层人士留居京城，逐渐形成驻京王公群体。这些驻京王公内可通达皇帝，外可与其部落保持联系，成为中央与边疆信息传递的重要通道。管理好这些驻京王公，进而也能够顺利管控好他们所代表的蒙古部落。

① 阿拉善左旗政协编：《阿拉善左旗文史资料》（第一辑），1989年版，第239页。
② 袁剑：《边疆研究要回答时代之问》，《历史评论》2020年第4期。

附 表

内札萨克诸部驻京王公府第简表[1]

<table>
<tr><th>王府名称[2]</th><th>位置</th><th>府主</th><th>所属部旗</th><th>主要驻京王公</th><th>所属家族</th></tr>
<tr><td rowspan="8">达贝子府</td><td rowspan="8">张自忠路</td><td rowspan="8">达赉</td><td rowspan="8">科尔沁左翼中旗</td><td>色布腾巴勒珠尔</td><td rowspan="8">色布腾巴勒珠尔家族</td></tr>
<tr><td>鄂勒哲特穆尔额尔克巴拜</td></tr>
<tr><td>鄂勒哲依图</td></tr>
<tr><td>济克默特</td></tr>
<tr><td>棍楚克林沁</td></tr>
<tr><td>那苏图</td></tr>
<tr><td>达赉</td></tr>
<tr></tr>
<tr><td>达尔汉亲王府</td><td>什锦花园胡同</td><td>那木济色楞</td><td>科尔沁左翼中旗</td><td></td><td></td></tr>
<tr><td rowspan="7">僧王府[3]</td><td rowspan="7">炒豆胡同</td><td rowspan="7">僧格林沁</td><td rowspan="7">科尔沁左翼后旗</td><td>索特纳木多布斋[4]</td><td rowspan="7">僧格林沁家族</td></tr>
<tr><td>僧格林沁</td></tr>
<tr><td>伯彦讷谟祜</td></tr>
<tr><td>那尔苏</td></tr>
<tr><td>博迪苏</td></tr>
<tr><td>温都苏</td></tr>
<tr><td>阿穆尔灵圭</td></tr>
</table>

① 此表依据冯其利先生《寻访京城清王府》及笔者调查综合所得。见冯其利：《寻访京城清王府》，第224—255页。

② 以现存府第名称为准。

③ 僧王府系僧格林沁修建，其养父索特纳木多布斋与庄敬公主并未在此居住过。

④ 索特纳木多布斋与庄敬公主曾被嘉庆帝赏赐含晖园居住，庄敬公主去世后此园缴回。见中国第一历史档案馆编：《清代档案史料·圆明园》（下），上海：上海古籍出版社，1991年版，第1052页。

续表

<table>
<tr><th>王府名称</th><th>位置</th><th>府主</th><th>所属部旗</th><th>主要驻京王公</th><th>所属家族</th></tr>
<tr><td>贡王府</td><td>米粮库胡同</td><td>贡桑诺尔布</td><td>喀喇沁右翼旗</td><td></td><td></td></tr>
<tr><td rowspan="13">熙贝勒府</td><td rowspan="13">灯市口西路</td><td rowspan="13">熙凌阿</td><td rowspan="13">喀喇沁左翼旗</td><td>僧衮扎布</td><td rowspan="13">僧衮扎布家族</td></tr>
<tr><td>瑚图灵阿</td></tr>
<tr><td>济克默特扎布</td></tr>
<tr><td>喇特纳吉尔</td></tr>
<tr><td>克兴额</td></tr>
<tr><td>佈哩那巴拉</td></tr>
<tr><td>乌凌阿</td></tr>
<tr><td>索特那木旺济勒</td></tr>
<tr><td>扎拉丰阿</td></tr>
<tr><td>丹巴多尔济</td></tr>
<tr><td>托恩多</td></tr>
<tr><td>德木齐扎布</td></tr>
<tr><td>熙凌阿</td></tr>
<tr><td rowspan="6">棍贝子府</td><td rowspan="6">蒋养房胡同</td><td rowspan="6">棍布扎布</td><td rowspan="6">土默特部右旗</td><td>朋素克林亲</td><td rowspan="6">玛呢巴达喇家族</td></tr>
<tr><td>玛呢巴达喇</td></tr>
<tr><td>扎瓦多尔济</td></tr>
<tr><td>德勒克色楞</td></tr>
<tr><td>索特那木色登</td></tr>
<tr><td>棍布扎布</td></tr>
<tr><td rowspan="3">奈曼亲王府</td><td rowspan="3">泰安侯胡同</td><td rowspan="3">苏珠克图巴图尔</td><td rowspan="3">奈曼部</td><td>德木楚克扎布</td><td rowspan="3">德木楚克扎布家族</td></tr>
<tr><td>玛什巴图尔</td></tr>
<tr><td>苏珠克图巴图尔</td></tr>
</table>

续表

王府名称	位置	府主	所属部旗	主要驻京王公	所属家族
阿拉善亲王府[①]	后海附近毡子胡同	塔旺布鲁克扎勒	阿拉善厄鲁特部	阿宝	阿宝家族
				罗卜藏多尔济	
				塔旺布鲁克扎勒	

① 有学者认为此阿拉善王府就是阿宝时期的京师赐第，且罗卜藏多尔济也在此居住。冯其利先生认为原清初赐第并不在此，阿拉善王府搬到此处应是在清道咸之际。见冯其利：《寻访北京清王府》，第254页；达昭、张正二位依据阿拉善左旗档案馆藏清朝圣旨，认为北京阿拉善王府是罗卜藏多尔济于乾隆朝晚期修建。见达昭、张正：《北京阿拉善王府》，载北京市政协文史和学习委员会编：《北京文史资料》第70辑，北京：北京出版社，2005年版，第257页。

清代宗室觉罗婚丧恩赏档案及其史料价值

徐春峰

清承明制，于顺治九年（1652）设置宗人府，掌管皇族之政令，负责办理皇族名册，定期纂修谱牒，恩赏养赡、封爵继嗣、轮值扈从、陵庙祭祀等。现存中国第一历史档案馆的清代宗人府档案共计50余万件，其中约有15万件涉及皇族的婚丧恩赏。这批宗人府档案记录了恩赏的宗室觉罗的姓氏、旗分、婚丧日期、银两数目等内容，对研究清代宗室觉罗的人口结构、生计状况、皇族恩赏以及八旗制度等方面均有宝贵的史料价值。

一、宗室觉罗婚丧恩赏银两名称及规定

宗人府档案中的“恩赏银两”[①]或“恩赐银两”[②]，满文为“kesi menggun”，绝大多数是针对贫困皇族，即宗室、觉罗因婚丧之事发放的专项费用。关于此项恩赏银两，在《大清会典》、《清实录》及《宗人府则例》记载中，其名称并不固定和规范。

雍正朝《大清会典》中，仅于宗人府之下“凡升降”之例中提及康熙朝宗室“婚丧之事”及“宗室婚丧之费”[③]。据载，康熙三十二年（1693），宗室贫困的现象日趋严重，“闲散宗室有甚贫者，遇婚丧之事，每至称贷积逋”[④]。因

作者系中国第一历史档案馆副研究馆员。

①《宗人府左司为宗室哲陈之妻病故请恩赏银两事》，雍正十三年八月初六日，宗人府档案，中国第一历史档案馆藏，档号：06-02-007-000146-0028。

②《正白旗满洲都统为正白旗闲散宗室英海之妻病故请领恩赐银两事》，乾隆二十四年，宗人府档案，中国第一历史档案馆藏，档号：06-01-001-000001-0117。

③（雍正朝）《大清会典》卷1《宗人府・凡例》，全文检索数据库，中国第一历史档案馆藏。

④（雍正朝）《大清会典》卷1《宗人府》。

宗室均为努尔哈赤之父显祖宣皇帝塔克世的后代子孙[①]，甚至与皇帝同辈之人更是五服血亲，康熙帝先是推出宗室济贫之法："嗣后，王以下闲散宗室以上有力者，于贫乏宗室，著随分赡给。"[②]康熙三十九年（1700），他还提出代宗室觉罗养女嫁女："宗室觉罗之女，有愿与朕养者，朕养而教之。并有女年已长，其父母不能遣嫁者，朕亦代为嫁之。"[③]四十一年，令宗人府议奏，"照借户部八年银例，择贤能官员，滋生利息，算给宗室婚丧之费"，定"所生利银，赏给宗室"，以用作婚礼和丧礼的费用[④]，这就是最初的清代皇族婚丧恩赏银两。

乾隆朝《大清会典》于宗人府"凡优恤"之下，单列有"宗室觉罗婚丧之费"[⑤]，《大清会典则例》中则分为"优恤宗室"与"优恤觉罗"两部分进行表述，其中优恤宗室内提及"宗室觉罗婚丧之费"[⑥]，表明此时婚丧恩赏的皇族除了宗室以外，还增加了觉罗这一群体。同时，于内务府广储司之下列"优恤婚丧"，以记载八旗及内府三旗官员兵丁"婚丧恩赏之用"滋生银两[⑦]。至嘉庆朝《大清会典事例》则于宗人府"优恤"之下，单列"红白事件恤赏"[⑧]"官兵恤赏"[⑨]，其中"红白事件恤赏"内有"恩赏宗室婚丧银"或"宗室觉罗恩赏之用"[⑩]。光绪朝亦如之[⑪]。

《宗人府则例》中，有"宗室觉罗婚丧事件"[⑫]"恩赏宗室婚丧事件银

---

① "以显祖宣皇帝本支为宗室，伯叔兄弟之支为觉罗"，乾隆朝《钦定大清会典》卷1《宗人府》，全文检索数据库，中国第一历史档案馆藏。

②③④（雍正朝）《大清会典》卷1《宗人府》。

⑤（乾隆朝）《钦定大清会典》卷1《宗人府》。

⑥（乾隆朝）《钦定大清会典则例》卷1《宗人府》。

⑦（乾隆朝）《钦定大清会典则例》卷159《内务府·广储司》。

⑧（嘉庆朝）《钦定大清会典事例》卷6《宗人府·优恤·红白事件恤赏》，全文检索数据库，中国第一历史档案馆藏。

⑨（嘉庆朝）《钦定大清会典事例》卷860《八旗都统二十四·优恤·官兵恤赏》。

⑩（嘉庆朝）《钦定大清会典事例》卷6《宗人府·优恤·红白事件恤赏》。

⑪（光绪朝）《钦定大清会典事例》卷6《宗人府·优恤·红白事件恤赏》；又（光绪朝）《钦定大清会典事例》卷1139《八旗都统二十九·优恤·官兵恤赏》。

⑫《钦定宗人府则例二种》（第二种）卷1《天潢宗派·宗室觉罗婚丧》，载故宫博物院编《故宫珍本丛刊》第278册《清代则例》，海口：海南出版社，2000年版，第145页。

两”[①]“恩赏觉罗婚丧事件银两”[②]及“恩赏宗室觉罗婚丧事件银两”[③]之名，结合档案中的表述，在叙及宗人府负责发放的宗室觉罗婚丧事件所领取的恩赏银两时，特此固定其名称为“宗室觉罗婚丧恩赏银两”[④]。

除名称以外，文献中还记载有宗室觉罗婚丧事件的相关规定，如婚丧事件的呈报。据《宗人府则例》载：“凡宗室觉罗婚丧事件，自亲王以至辅国公由门上呈报，不入八分公以至闲散宗室由族学长呈报，觉罗由子女首领呈报。”[⑤]可以看出，宗室觉罗婚丧事件的呈报既有等级之分，又有亲疏之别。光绪朝《大清会典事例》中载有道光二十三年（1843）议定的宗人府条例：“嗣后凡遇觉罗红白事件，请领赏银食钱粮等事，均由该佐领、族长并子女首领等各出具保结，呈报该旗。一面令该佐领、子女首领，各出具图结，呈报本府。俟文到日，查核相符，方准给予。”[⑥]条例规定觉罗婚丧事件上报的两条途径：一面呈报本旗都统，一面呈报宗人府。

同样，文献还记载了婚丧事件呈报的规定内容。乾隆元年（1736），宗室觉罗领取婚丧恩赏银两时，需“该旗将其本生年月日时开写保送到宗人府衙门”[⑦]。嘉庆朝《大清会典事例》始载有婚嫁事宜，“宗室觉罗娶妇，以其母家姓氏职名报府；嫁女，以婿姓氏职名报府注册”[⑧]。《宗人府则例》规定得更为具体，凡宗室觉罗婚丧事件，“娶妻应声明女家旗分、佐领、姓氏、父名、系嫡系继或再继并该氏之生年月日时；嫁女应声明婿家旗分、佐领、姓氏、父

---

①《钦定宗人府则例二种》（第二种）卷22《优恤·恩赏宗室婚丧事件银两》，载《故宫珍本丛刊》第279册《清代则例》，第163页。

②《钦定宗人府则例二种》（第二种）卷22《优恤·恩赏觉罗婚丧事件银两》，载《故宫珍本丛刊》第279册《清代则例》，第168页。

③《钦定宗人府则例二种》（第二种）卷22《优恤·恩赏银两年终奏销》，载《故宫珍本丛刊》第279册《清代则例》，第172页。

④ 参见徐春峰：《清代宗室觉罗婚丧恩赏银两初探——以宗人府档案为例》，载《清宫史研究》第十一辑，北京：文化艺术出版社，2013年版。

⑤《钦定宗人府则例二种》（第二种）卷1《天潢宗派·宗室觉罗婚丧》，载《故宫珍本丛刊》第278册《清代则例》，第145页。

⑥（光绪朝）《钦定大清会典事例》卷6《宗人府六·优恤·红白事件恤赏》。

⑦《清高宗实录》卷16，乾隆元年四月庚午，全文检索数据库，中国第一历史档案馆藏。

⑧（嘉庆朝）《钦定大清会典事例》卷1《宗人府·宗令宗正宗人职掌》；（光绪朝）《钦定大清会典事例》卷1《宗人府·宗令宗正宗人职掌》。

名。薨故等事应声明卒年月日时，系某人子女、某人妻室”[①]。

由此可知，现有关于宗室觉罗婚丧恩赏银两的史料，大多散布于不同的文献中，琐碎且不成体系。针对这一情况来说，这批宗室觉罗婚丧档案记载的婚丧事件及其恩赏银两，数量众多，内容详细，填补了清代官修文献记录的缺失，对梳理宗室觉罗婚丧恩赏银两及其制度研究尤为珍贵。

二、宗室觉罗恩赏银两档案内容概述

15万件的宗室觉罗婚丧恩赏档案，约占馆藏宗人府档案总量的三成左右，时间跨度从雍正朝到宣统朝（含宣统小朝廷时期），以独立的婚丧嫁娶事件为核心，以不同的文书种类为形式，翔实地记录了所恩赏的宗室觉罗姓氏、旗分、婚嫁及病故日期、银两数目以及恩赏银发放过程中参与的人员、机构等相关内容，是宗人府档案的重要组成部分。

（一）领取婚丧恩赏的宗室觉罗相关信息

恩赏档案记录了清代各个时期、不同旗分的宗室和觉罗的婚丧事件。乾隆二十三年（1758），镶蓝旗闲散宗室能德二姐出聘，呈报“今年二十六岁，雍正十一年癸丑二月十六日丑时生，闲散宗室已故庆福之子，闲散宗室已故讷音图之孙。能德第二姐今年二十七岁，雍正十年壬子六月初五日巳时生，正黄旗包衣金鉴佐领下拜唐阿舒隆阿为婿，定于今年八月初五日娶”[②]。同年，镶红旗闲散宗室多明阿娶妻时，报明：“今年十九岁，系乾隆五年庚申十月十四日戌时生。多明阿今定镶蓝旗满洲固山伯起图佐领下笔帖式那敏之女为妻，择于本年八月十六日娶。”[③]乾隆二十五年，报正蓝旗“食三两钱粮闲散宗室巴哈之母于乾隆二十五年二月十五日辰时病故。巴哈，年四十八岁，康熙五十二年癸巳八月十九日卯时生；巴哈之父伊都里，原系应封宗室，康熙三十四年乙亥十

①《钦定宗人府则例二种》（第二种）卷1《天潢宗派·宗室觉罗婚丧》，载《故宫珍本丛刊》第278册《清代则例》，第145页。

②《镶蓝旗满洲都统为镶蓝旗闲散宗室能德之姐出聘请领恩赏银两事》，乾隆二十三年，宗人府档案，中国第一历史档案馆藏，档号：06-01-001-000001-0095。

③《镶红旗满洲固山为镶红旗闲散宗室多明阿娶妻请领恩赏银两事》，乾隆二十三年八月，宗人府档案，中国第一历史档案馆藏，档号：06-01-001-000001-0093。

月十七日未时生；祖塞尔赫，原任侍郎”[①]。嘉庆元年（1796），正白旗四品宗室伊勒图病故，“今年八十三岁，甲午十月初八日未时生，于嘉庆元年二月三十日病故，承办人系伊勒图之子、头等侍卫宗室额勒恒厄，丙寅十月二十四日戌时生”[②]。

根据档案内容可以看出，在婚丧嫁娶的事例中，除了规定的呈报婚嫁之人的“旗分、佐领、姓氏、父名”或者薨故之人身份及“卒年月日时”等内容外，还有其他相关信息，如嫁娶时间、故去男性的“生年月日时”、两代或三代父系等。单就婚丧事例中的年龄一项，婚嫁事例以及男性丧事，绝大多数都有年龄或可以根据出生日期计算出来，但女性丧事则不然。作为“妻妾”或“母亲”的丧事，档案中大多都没有提及年龄或出生日期，而道光朝之后，这一现象有所改变。如镶蓝旗宗室颢鸣之继妻病故，“今年五十四岁。宁佳氏，嘉庆二十三年十二月十六日迎娶，今咸丰元年正月三十日丑时病故”[③]。

（二）宗室觉罗婚丧恩赏银两的数量及变化[④]

恩赏档案中，详细记载了不同时期宗室和觉罗的婚丧恩赏银两数量及其变化情况。具体宗室婚丧恩赏见下表：

表1　不同时期宗室婚丧恩赏银两

朝年	宗室婚丧事例	恩赏银
雍正十二年	镶白旗宗室明勇娶妻	一百两
乾隆五十四年	正白旗四品宗室福禄太长女出聘	一百两

① 《正蓝旗满洲都统为正蓝旗闲散宗室巴哈之母病故请领恩赏银两事》，乾隆二十五年二月，宗人府档案，中国第一历史档案馆藏，档号：06-01-001-000001-0124。

② 《正白旗满洲都统为正白旗宗室伊勒图病故请领恩赏银两事》，嘉庆元年三月，宗人府档案，中国第一历史档案馆藏，档号：06-01-001-000036-0004。

③ 《镶蓝旗满洲都统为镶蓝旗宗室颢鸣之继妻宁佳氏病故请领恩赏银两事》，咸丰元年五月，宗人府档案，中国第一历史档案馆藏，档号：06-01-001-000194-0064。

④ 《清代宗室觉罗婚丧恩赏银两初探——以宗人府档案为例》，其正文第二部分“恩赏银两发放各阶段数量及特点”。

续表

朝年	宗室婚丧事例	恩赏银
嘉庆元年	正白旗四品宗室伊勒图病故	一百二十两
嘉庆十三年	镶蓝旗四品宗室岭宁娶续妻	一百两
道光元年	镶蓝旗四品宗室禄寿保之母病故	一百二十两
道光二十四年	镶白旗宗室常增嫡妻病故	一百二十两
咸丰元年	镶白旗四品宗室常祥娶嫡妻	一百两
咸丰元年	镶红旗四品宗室光明娶继妻	五十两
咸丰元年	正蓝旗四品宗室桂林嫁妹	一百两
咸丰元年	正红旗宗室麟春母故	一百二十两
咸丰元年	镶蓝旗四品宗室颙鸣继妻病故	百二十两
咸丰元年	镶蓝旗宗室和义之继妻赵佳氏病故	六十两
咸丰四年	镶黄旗四品宗室恒栋之母病故	六十两
咸丰四年	正蓝旗四品宗室嘉猷继妻陶佳氏病故	六十两
咸丰五年	镶白旗宗室常增之续妻阎佳氏病故	三十两
咸丰七年	镶蓝旗近支四品宗室绵睢病故	六十两
咸丰十一年	镶蓝旗满洲宗室安瑞之长女出聘	二十两
同治六年	正白旗宗室德平嫡妻病故	五十两
同治六年	镶蓝旗四品宗室载叙继妻病故	三十两
同治七年	镶红旗宗室文朴娶嫡妻	二十两
同治七年	镶红旗已故宗室元祥三继妻病故	三十两
光绪四年	镶红旗宗室普蒙娶继妻陶佳氏	十五两
光绪六年	正蓝旗宗室玉芳之妾李氏病故	三十两
宣统二年	镶蓝旗宗室惠泽三女出聘	三十两

觉罗婚丧恩赏见下表：

表2 不同时期觉罗婚丧恩赏银两

朝年	觉罗婚丧事例	恩赏银
乾隆五十四年	镶黄旗闲散觉罗萨灵阿之女出聘	二十两
嘉庆元年	正白旗闲散觉罗安庆娶妻	二十两
嘉庆二十二年	正红旗闲散觉罗达郎阿病故	三十两
道光二十一年	正白旗闲散觉罗庆升嫡妻病故	三十两
道光二十一年	正蓝旗觉罗达崇阿继妻病故	三十两
咸丰元年	镶红旗闲散觉罗松林之妹出聘	二十两
咸丰元年	镶黄旗闲散觉罗敦厚娶嫡妻	二十两
咸丰元年	镶蓝旗闲散觉罗永恰布娶继妻	十五两
咸丰元年	正黄旗员外郎觉罗来仪继妻病故	三十两
咸丰二年	镶红旗内阁中书觉罗灵山之继妻病故	二十五两
咸丰四年	正红旗族长觉罗广顺病故	十五两
咸丰五年	正蓝旗觉罗明智之继妻扎佳氏病故	十二两五钱
咸丰七年	正白旗闲散觉罗常庆嫡妻病故	十五两
咸丰七年	镶红旗已故觉罗庆启之继妻病故	十五两
同治六年	镶白旗闲散觉罗绶斌病故	十五两
同治七年	镶黄旗已故觉罗存喜之女出聘	十两
同治七年	正黄旗闲散觉罗文广娶继妻	六两
同治七年	正白旗觉罗玉禄续妻病故	十二两五钱
光绪三十一年	镶蓝旗觉罗定全娶嫡妻	八两
光绪三十一年	正黄旗觉罗隆山嫡妻病故	十五两

综上所述，档案中记载宗室觉罗婚丧恩赏银两的数量变化大体可分为三个阶段。

一是从雍正朝至道光朝。目前可见的档案记载中，这一阶段宗室婚丧恩赏银两的具体数量为婚嫁一百两、丧事一百二十两。雍正十二年（1734）镶白旗宗室明勇娶妻[1]，乾隆五十四年（1789）正白旗四品宗室福禄太长女出聘[2]，嘉庆十三年（1808）镶蓝旗四品宗室岭宁娶续妻[3]，恩赏银均为一百两；嘉庆元年正白旗四品宗室伊勒图病故[4]，道光元年（1821）镶蓝旗四品宗室禄寿保之母伊尔根觉罗氏病故[5]，恩赏银均为一百二十两。与此同时，觉罗婚丧恩赏银两数量为婚嫁二十两、丧事三十两。乾隆五十四年镶黄旗闲散觉罗萨灵阿之女出聘[6]，嘉庆元年正白旗闲散觉罗安庆娶妻[7]，恩赏银均为二十两；嘉庆二十二年正红旗闲散觉罗达郎阿病故[8]，道光二十一年正白旗闲散觉罗庆升嫡妻病故[9]、正蓝旗觉罗达崇阿继妻病故[10]，恩赏银均为三十两。

虽然现存的宗室觉罗婚丧恩赏档案最早时间为雍正朝，但在实际上，清代的婚丧恩赏银两发放始自康熙朝。据雍正朝《大清会典》载，康熙四十一年（1702），始定宗室婚丧恩赏为"婚礼六十两，丧礼八十两"。五十五年，"宗室婚丧二事各加给银四十两"[11]，即"宗室婚礼给银百两，丧礼给银一百二十

①《宗人府左司为镶白旗宗室明勇娶妻请恩赏银两事》，雍正十二年十一月二十五日，宗人府档案，中国第一历史档案馆藏，档号：06-02-007-000147-0001。

②《正白旗满洲都统为正白旗宗室福禄太嫁女请领恩赏银两事》，乾隆五十四年十月，宗人府档案，中国第一历史档案馆藏，档号：06-01-001-000023-0049。

③《镶蓝旗满洲都统为镶蓝旗宗室岭宁续娶妻塔塔拉氏请领恩赏银两事》，嘉庆十三年正月二十七日，宗人府档案，中国第一历史档案馆藏，档号：06-01-001-000057-0005。

④《正白旗满洲都统为正白旗宗室伊勒图病故请领恩赏银两事》，嘉庆元年三月，宗人府档案，中国第一历史档案馆藏，档号：06-01-001-000036-0004。

⑤《镶蓝旗满洲都统为镶蓝旗宗室禄寿保之母伊尔根觉罗氏病故请领恩赏银两事》，道光元年五月二十八日，宗人府档案，中国第一历史档案馆藏，档号：案06-01-001-000092-0021。

⑥《镶黄旗满洲都统为镶黄旗闲散觉罗萨灵阿之女出聘请领恩赏银两事》，乾隆五十四年九月，宗人府档案，中国第一历史档案馆藏，档号：06-01-001-000023-0004。

⑦《正白旗满洲都统为正白旗闲散觉罗安庆娶妻请领恩赐银两事》，嘉庆元年十二月十七日，宗人府档案，中国第一历史档案馆藏，档号：06-01-001-000036-0249。

⑧《正红旗满洲都统为正红旗闲散觉罗达郎阿病故请领恩赏银两事》，嘉庆二十二年九月十七日，宗人府档案，中国第一历史档案馆藏，档号：06-01-001-000082-0032。

⑨《正白旗满洲都统为正白旗闲散觉罗庆升之嫡妻西林觉罗氏病故请领恩赐银两事》，道光二十二年四月初一日，宗人府档案，中国第一历史档案馆藏，档号：06-01-001-000163-0014。

⑩《正蓝旗满洲都统为正蓝旗觉罗达崇阿之继妻病故请领恩赏银两事》，道光二十二年三月十一日，宗人府档案，中国第一历史档案馆藏，档号：06-01-001-000163-0018。

⑪（雍正朝）《大清会典》卷1《宗人府》。

两”[①]。乾隆元年（1736）议准，“觉罗婚礼给银二十两，丧事给银三十两”[②]，开始发放觉罗婚丧恩赏银两。因此确切地说，清代皇族婚丧恩赏之制，宗室早于觉罗；皇族婚丧恩赏银两的数量，宗室亦高于觉罗。想来应是由皇族的等级地位或者说是其与皇帝的血缘亲疏决定的。

二是道光朝至咸丰朝。这一阶段宗室觉罗婚丧恩赏银两数量出现了多次变化，据档案记载可知其变化的时间节点，道光朝和咸丰朝各有两次。

第一次应为道光十四年（1834）五月。咸丰四年（1854），在镶蓝旗宗室容翊之继妻西他拉氏病故请领恩赏银两之事中，提及了道光朝的两次变化，均与继娶妻室恩赏相关：“查道光三十年八月十五日奏准，宗室继娶各妻室，其红白事件照嫡妻例各减半给与。至道光十四年五月以后所娶各继妻室，不便准其补领，俟该氏等身故时，再行照所减之数给与。”[③]由此推断，“道光十四年五月以后所娶各继妻室”规定，应是当时宗人府奏准条例“近来宗室觉罗婚娶，无论继至数室，皆得给赏，未免毫无限制。请嗣后宗室觉罗三娶及休妻再娶者，不准给与”[④]的内容。从档案记载来看，对于“道光十四年五月以后所娶各继妻室”的规定，并未引起宗室觉罗婚丧恩赏银两数目的变化。

第二次是道光三十年八月十五日。咸丰元年，在镶红旗四品宗室光明娶继妻的相关档案中，有“遵照道光三十年八月十五日新例，请领恩赏银五十两”[⑤]；正蓝旗宗室庆毓娶继妻，“照例请领恩赏银五十两”[⑥]。同年，镶蓝旗闲散觉罗永恰布娶继妻赵佳氏，“查新定例载，觉罗等续娶妻，减银五两请领”[⑦]；正蓝旗觉罗全启娶继妻，“恩赏银十五两”[⑧]。宗室觉罗“娶继妻”或

---

①②（乾隆朝）《钦定大清会典则例》卷1《宗人府》。

③《宗人府右司为镶蓝旗宗室容翊之继妻西他拉氏病故请领恩赏银两查核相符付库给发并呈堂存案事》，咸丰四年四月初十日，宗人府档案，中国第一历史档案馆藏，档号：06-01-002-000292-0008。

④《清宣宗实录》卷252，道光十四年五月辛卯，全文检索数据库，中国第一历史档案馆藏。

⑤《镶红旗满洲固山为镶红旗旗宗室光明娶继妻孟佳氏请领恩赏银两事》，咸丰元年二月，宗人府档案，中国第一历史档案馆藏，档号：06-01-001-000192-0055。

⑥《正蓝旗满洲都统为正蓝旗宗室庆毓娶继妻请领恩赏银两事》，咸丰元年十月十四日，宗人府档案，中国第一历史档案馆藏，档号：06-01-001-000195-0074。

⑦《镶蓝旗满洲都统为镶蓝旗闲散觉罗永恰布续娶妻赵佳氏请领恩赏银两事》，咸丰元年四月，宗人府档案，中国第一历史档案馆藏，档号：06-01-001-000194-0022。

⑧《正蓝旗满洲都统为正蓝旗觉罗全启娶继妻请领恩赏银两事》，咸丰元年，宗人府档案，中国第一历史档案馆藏，档号：06-01-001-000196-0102。

称“续娶妻”的恩赏银两数量发生变化，按照新例规定，宗室娶继妻恩赏银为嫡妻数量的一半，即五十两；觉罗娶继妻则是照嫡妻例减银五两，即十五两。但在继妻丧事恩赏银的发放中，银两数量却存在新旧两种情形。咸丰元年（1851），镶蓝旗四品宗室颢鸣继妻宁佳氏病故，恩赏银一百二十两[①]；镶蓝旗宗室和义之继妻赵佳氏病故，恩赏银六十两[②]。咸丰元年，正黄旗员外郎觉罗来仪继妻佟佳氏病故，“照旧例应得恩赏银三十两”[③]；二年，镶红旗内阁中书觉罗灵山之继妻病故，恩赏银二十五两[④]。据档案内容可知，宗室觉罗继妻恩赏银的“减半”和“减五两”有红白之分，其婚事恩赏自道光三十年（1850）八月十五日始，但丧事恩赏应是将原婚嫁时间作为执行新例或旧例的依据。

继妻之外的宗室觉罗婚丧事件，恩赏银两数量并没有变化，和第一阶段相同。咸丰元年，正蓝旗四品宗室桂林嫁妹[⑤]，镶白旗四品宗室常祥娶嫡妻[⑥]，恩赏银一百两；正红旗宗室麟春母故，恩赏银一百二十两[⑦]。同年，镶红旗闲散觉罗松林之妹出聘[⑧]，镶黄旗闲散觉罗敦厚娶嫡妻，“照依觉罗分例，请领二十两恩赏银两”[⑨]。

第三次是咸丰三年九月初二日。咸丰四年，镶黄旗四品宗室恒栋之母病

---

①《镶蓝旗满洲都统为镶蓝旗宗室颢鸣之继妻宁佳氏病故请领恩赏银两事》，咸丰元年五月，宗人府档案，中国第一历史档案馆藏，档号：06-01-001-000194-0064。

②《宗人府右司为镶蓝旗宗室和义之继妻赵佳氏病故请领恩赏银两与例相符事》，咸丰元年闰八月二十六日，宗人府档案，中国第一历史档案馆藏，档号：06-01-002-000284-0049。

③《正黄旗满洲都统为正黄旗员外郎觉罗来仪之继妻佟佳氏病故请领恩赏银两事》，咸丰二年，宗人府档案，中国第一历史档案馆藏，档号：06-01-001-000198-0158。

④《镶红旗满洲固山为镶红旗内阁中书觉罗灵山之继妻病故请领恩赏银两事》，咸丰二年七月十一日，宗人府档案，中国第一历史档案馆藏，档号：06-01-001-000199-0110。

⑤《正蓝旗第六族族长荣棻等为正蓝旗宗室桂林嫁妹请领恩赏银两事》，咸丰元年三月，宗人府档案，中国第一历史档案馆藏，档号：06-01-001-000193-0002。

⑥《镶白旗族长恒忠为镶白旗宗室常祥娶嫡妻白雅拉氏请领恩赏银两事》，咸丰元年五月，宗人府档案，中国第一历史档案馆藏，档号：06-01-001-000194-0020。

⑦《正红旗五族族长伊克彰阿等为正红旗宗室麟春母故请领恩赏银两事》，咸丰元年，宗人府档案，中国第一历史档案馆藏，档号：06-01-001-000194-0057。

⑧《镶红旗满洲固山为镶红旗闲散觉罗松林之妹出聘请领恩赏银两事》，咸丰元年二月十七日，宗人府档案，中国第一历史档案馆藏，档号：06-01-001-000192-0146。

⑨《镶黄旗满洲都统为镶黄旗闲散觉罗敦厚娶嫡妻完彦氏请领恩赏银两事》，咸丰元年五月，宗人府档案，中国第一历史档案馆藏，档号：06-01-001-000194-0088。

故，恩赏银六十两[①]。咸丰五年（1855），镶白旗宗室常增继妻阎佳氏病故，“查咸丰三年九月初二日奏定章程，嗣后白事自奉旨之日为始，给银一半”，领恩赏银三十两[②]。在此时间节点之后的恩赏档案中，经常出现丧事“减半恩赏银”之名。咸丰七年，镶蓝旗近支四品宗室绵睢病故，其请领恩赏银“遵新例减半银六十两”[③]；咸丰四年正红旗族长觉罗广顺病故[④]，咸丰七年镶黄旗觉罗福常妻郑氏病故，“减半恩赏银十五两”[⑤]。减半后的恩赏银分为二成官票和八成现银。如咸丰七年，镶蓝旗满洲都统为镶蓝旗宗室奕湹病故，请领恩赏“二成官票银十二两”和“现银四十八两”[⑥]；正白旗闲散觉罗常庆嫡妻病故，恩赏“现银十二两、银票三两”[⑦]。也就是说，咸丰三年九月之后，宗室觉罗丧事恩赏银两的数量是在道光三十年（1850）规定的基础上再次减半。

第四次是咸丰九年十二月二十四日。咸丰十一年，镶蓝旗满洲宗室安瑞之长女出聘，“查咸丰九年十二月二十四日奏准，嗣后宗室嫁女酌给恩赏银二十两”[⑧]。在同时期档案内，除宗室嫁女恩赏外，目前未见到宗室娶妻恩赏以及觉罗婚事恩赏的内容。

三是同治至宣统朝。这一阶段，宗室觉罗婚丧恩赏银两数量较之前急剧减少，并且出现更加细致的差别。这种差别不仅体现在嫡妻和继妻的婚丧事件中，而且在婚嫁喜事中，嫁女和娶妻的恩赏银两数目也不再相同。根据档案所

---

①《镶黄旗满洲都统为镶黄旗宗室恒栋之母病故请领恩赏银两事》，咸丰四年三月初一日，宗人府档案，中国第一历史档案馆藏，档号：06-01-001-000203-0020。

②《宗人府左司为镶白旗宗室常增之继妻阎佳氏病故请领恩赏银两付库查核照例给予事》，咸丰五年十一月二十九日，宗人府档案，中国第一历史档案馆藏，档号：06-01-002-000248-0064。

③《右翼近支头族学长奕平等为呈报右翼镶蓝旗宗室绵睢病故请领恩赏银两事》，咸丰七年十二月二十一日，宗人府档案，中国第一历史档案馆藏，档号：06-01-001-000211-0033。

④《正红旗满洲都统为正红旗族长觉罗广顺病故请领恩赏银两事》，咸丰四年二月，宗人府档案，中国第一历史档案馆藏，档号：06-01-001-000203-0027。

⑤《镶黄旗满洲都统为镶黄旗护军觉罗福常之妻郑氏病故请领恩赏银两事》，咸丰七年十二月二十一日，宗人府档案，中国第一历史档案馆藏，档号：06-01-001-000211-0096。

⑥《镶蓝旗满洲都统为镶蓝旗宗室奕湹病故请领恩赏银两事》，咸丰七年十二月二十一日，宗人府档案，中国第一历史档案馆藏，档号：06-01-001-000211-0024。

⑦《正白旗满洲都统为正白旗闲散觉罗常庆之嫡妻乌苏氏病故请领恩赏银两事》，咸丰七年，宗人府档案，中国第一历史档案馆藏，档号：06-01-001-000211-0106。

⑧《宗人府右司为镶蓝旗满洲宗室安瑞之长女出聘准食恩赏银两事》，咸丰十一年九月初八日，宗人府档案，中国第一历史档案馆藏，档号：06-01-002-000309-0142。

载婚丧事例，可知此时宗室嫁女银三十两，娶嫡妻二十两，娶继妻十五两；宗室丧事银五十两，继妻与妾故三十两。如同治七年（1868），镶红旗宗室文朴娶嫡妻，"照新例请领恩赏银二十两"[①]；光绪四年（1878），镶红旗宗室普蒙娶继妻陶佳氏，恩赏银十五两[②]；宣统二年（1910），镶蓝旗宗室惠泽三女出聘[③]，恩赏银三十两。同治元年镶蓝旗宗室灏庄病故[④]，六年正白旗宗室德平嫡妻病故[⑤]，恩赏银五十两。同治六年镶蓝旗四品宗室载叙继妻病故[⑥]，七年镶红旗已故宗室元祥三继妻病故[⑦]，光绪六年正蓝旗宗室玉芳之妾李氏病故，"照例请领恩赏银三十两"[⑧]。觉罗嫁女银十两，娶嫡妻八两，娶继妻六两；觉罗丧事银十五两，继妻与妾故十二两五钱。同治七年，镶黄旗已故觉罗存喜之女出聘，"照例请领减半恩赏银十两"[⑨]。光绪三十一年，镶蓝旗觉罗定全娶嫡妻，恩赏银八两[⑩]。同治七年，正黄旗闲散觉罗文广娶继妻，照例恩赏银六两[⑪]。同治六年镶白旗闲散觉罗绶斌病故[⑫]，光绪三十一年正黄旗觉罗隆山嫡妻病故，恩

---

①《镶红旗满洲固山为镶红旗宗室文朴娶吴佳氏为嫡妻请领恩赏银两事》，同治七年，宗人府档案，中国第一历史档案馆藏，档号：06-01-001-000241-0066。

②《宗人府右司为镶红旗宗室普蒙娶继妻陶佳氏请领恩赏银两事》，光绪四年十一月初九日，宗人府档案，中国第一历史档案馆藏，档号：06-02-007-002215-0120。

③《镶蓝旗满洲都统为镶蓝旗宗室惠泽之女出聘请领恩赏银两事》，宣统二年十一月，宗人府档案，中国第一历史档案馆藏，档号：06-01-001-000327-0034。

④《镶蓝旗满洲都统为镶蓝旗宗室灏庄病故请领恩赏银两事》，同治元年二月十三日，宗人府档案，中国第一历史档案馆藏，档号：06 01 001 000224-0001。

⑤《管理正白旗满洲都统为正白旗已故宗室德平之嫡妻病故请领恩赏银两事》，同治七年，宗人府档案，中国第一历史档案馆藏，档号：06-01-001-000241-0005。

⑥《右翼近支二族学长载康等为呈报右翼镶蓝旗宗室载叙之二继妻病故请领恩赏银两事》，同治六年五月，宗人府档案，中国第一历史档案馆藏，档号：06-01-001-000237-0014。

⑦《镶红旗满洲固山为镶红旗宗室福翰之母已故宗室元祥之三继妻连佳氏病故请领恩赏银两事》，同治七年，宗人府档案，中国第一历史档案馆藏，档号：06-01-001-000241-0068。

⑧《正蓝旗满洲都统为正蓝旗已故宗室玉芳之妾李氏病故请领恩赏银两事》，光绪六年十二月，宗人府档案，中国第一历史档案馆藏，档号：06-01-001-000254-0033。

⑨《镶黄旗满洲都统为镶黄旗已故觉罗存喜之女出聘请领恩赏银两事》，同治七年，宗人府档案，中国第一历史档案馆藏，档号：06-01-001-000241-0136。

⑩《镶蓝旗满洲都统为镶蓝旗骑都尉觉罗定全娶嫡妻请领恩赏银两事》，光绪三十一年月，宗人府档案，中国第一历史档案馆藏，档号：06-01-001-000293-0010。

⑪《正黄旗满洲都统为正黄旗闲散觉罗文广娶继妻请领恩赏银两事》，同治七年，宗人府档案，中国第一历史档案馆藏，档号：06-01-001-000241-0051。

⑫《镶白旗满洲都统为镶白旗闲散觉罗绶斌病故请领恩赏银两事》，同治七年三月，宗人府档案，中国第一历史档案馆藏，档号：06-01-001-000241-0006。

赏银十五两[①]。同治七年觉罗玉禄继妻病故，“照宗人府新例，应得恩赐银十二两五钱”[②]。

关于此阶段恩赏银两数量的相应规定，档案中载有同治元年十月宗人府通行满洲八旗的内容：“嗣后宗室继妻病故，不论所娶年分，均应请领银三十两；觉罗继妻病故，不论所娶年分，均应请领银十二两五钱。”[③]至于继妻病故之外的其他恩赏“新例”，目前暂未在档案中见到。

（三）婚丧事件的报告及恩赏银两的发放与领取

宗室觉罗的婚丧恩赏银两，是由宗人府管理发放的。与此相对应的，宗室觉罗婚丧事件的呈报、恩赏银两的发放与领取等环节，在宗人府档案中都有记载。

首先，宗室觉罗婚丧事件同时上报八旗都统和宗人府。《大清会典》规定了觉罗婚丧事件上报的两条途径：一面呈报本旗都统，一面呈报宗人府。据档案所载可知，遇有宗室婚丧事件时，其情形与觉罗大致相同。

在八旗之内，一般是由宗族上报其所属佐领、参领处，再上报至该旗都统。宗室禄寿保之母伊尔根觉罗氏道光元年五月初六日病故之事，从镶蓝旗满洲都统的视角，为“本旗包衣五甲喇参领特通阿等案呈，本甲喇宗室佐领果良额等案呈，宗室总族长等处来文，本旗第二族长四品宗室平廉等呈称，本族内四品宗室禄寿保具呈”[④]。据此倒叙行文可知，该丧事首先由承办人禄寿保告知族长，即由“族长—总族长—佐领—参领”逐级呈报，最终至镶蓝旗满洲都统。与此呈报同时，并有“宗室总族长和硕礼亲王、辅国公禄义、族长四品宗室平廉、学长四品宗室连图等同保”和“宗室佐领果良额、领催保德等同保”

---

①《正黄旗满洲旗分为正黄旗已故侍卫觉罗隆山之嫡妻病故应领恩赏银两事》，光绪三十一年，宗人府档案，中国第一历史档案馆藏，档号：06-01-001-000293-0089。

②《正白旗满洲族长托克津布为正白旗已故库使觉罗玉禄之三续妻博尔济吉特氏病故请领恩赏银两事》，同治七年，宗人府档案，中国第一历史档案馆藏，档号：06-01-001-000241-0164。

③《宗人府为宗室觉罗继妻病故请领恩赏银两数目查照咸丰三年旧章再行申明通行八旗事》，同治元年十月十九日，宗人府档案，中国第一历史档案馆藏，档号：06-01-002-000335-0072。

④《镶蓝旗满洲都统为镶蓝旗宗室禄寿保之母伊尔根觉罗氏病故请领恩赏银两事》，道光元年五月二十八日，宗人府档案，中国第一历史档案馆藏，档号：案06-01-001-000092-0021。

等保结一并呈递[①]。镶黄旗闲散觉罗倭楞额病故，本旗满洲都统则是“据本旗头甲喇印务参领多隆武等呈称，据本甲喇佐领多隆武等呈称，据本佐领下族长亲军觉罗海顺呈称”，即由“族长—佐领—参领”呈报至都统，并“为此佐领多隆武、骁骑校伊勒图、领催麒麟保、族长亲军觉罗海顺等同保呈具前来”[②]。

当然，这种在本旗内呈报婚丧事件的环节在不同时期、不同事件中略有差异，但总体上大致相同。比如，乾隆二十三年（1758），镶红旗闲散宗室多明阿请领娶妻恩赏银两时，是由多明阿呈报其所属“包衣三甲喇参领等”，再报至其固山处（固山即都统）[③]。同年，镶蓝旗闲散宗室能德请领二姐出聘恩赏银两，由能德具呈，报“族长闲散宗室根忒等”至“宗室总管奉国将军翰章阿等”，再报“管理佐领事务护军校托云泰等”，报“本旗包衣参领田保等”，呈报至都统[④]。嘉庆元年（1796），正白旗二甲喇佐领下宗室伊勒图病故，也是由族长恒岳等人呈报佐领庆庄等，再报二甲喇参领富宁阿等呈报都统处[⑤]。

在上报本旗都统的同时，族长、佐领、参领等还需要将婚丧事件向宗人府呈报。如镶黄旗觉罗倭楞额病故，佐领多隆武等相应“出具阖族列名画押保结，呈报宗人府办理”，其后附有“子女首领户部员外郎觉罗常英、族长亲军觉罗海顺”等14人押结及“佐领多隆武、骁骑校伊勒图、领催麒麟保同保”[⑥]。

其后，八旗都统将婚丧事件行文宗人府。收到族长、佐领、参领的报告后，该旗都统要将婚丧事件的情况行文宗人府办理。在文书内，该旗都统除将宗室觉罗婚丧事件相应的身份信息，族内及佐领、参领等相关人员，呈报过程，各项保结甘结等内容详细描述外，有时还列举领取恩赏银两的相关定例。如咸丰元年（1851），已故护军觉罗庆泰续娶妻胡佳氏病故请领恩赏银两，镶

① 《镶蓝旗满洲都统为镶蓝旗宗室禄寿保之母伊尔根觉罗氏病故请领恩赏银两事》，道光元年五月二十八日，宗人府档案，中国第一历史档案馆藏，档号：案06-01-001-000092-0021。

② 《镶黄旗满洲都统为镶黄旗闲散觉罗倭楞额病故请领恩赏银两事》，嘉庆二十五年二月初五日，宗人府档案，中国第一历史档案馆藏，档号：06-01-001-000090-0002。

③ 《镶红旗满洲固山为镶红旗闲散宗室多明阿娶妻请领恩赏银两事》，乾隆二十三年八月，宗人府档案，中国第一历史档案馆藏，档号：06-01-001-000001-0093。

④ 《镶蓝旗满洲都统为镶蓝旗闲散宗室能德之姐出聘请领恩赏银两事》，乾隆二十三年，宗人府档案，中国第一历史档案馆藏，档号：06-01-001-000001-0095。

⑤ 《正白旗满洲都统为正白旗宗室伊勒图病故请领恩赏银两事》，嘉庆元年三月，宗人府档案，中国第一历史档案馆藏，档号：06-01-001-000036-0004。

⑥ 《镶黄旗满洲佐领多隆武等为呈报镶黄旗觉罗倭楞额病故应领恩赏银两事》，嘉庆二十五年二月，宗人府档案，中国第一历史档案馆藏，档号：06-01-001-000090-0011。

黄旗满洲都统咨呈内开，“查宗人府奏准定例，头品官员以至闲散觉罗红事给银二十两，白事给银三十两”。或注明相应住址信息，如禄寿保请领母伊尔根觉罗氏病故恩赏银两之事，于正文后有“查禄寿保现在西城永祥寺胡同居住”[①]。

除咨呈宗人府查核办理以外，该旗都统还出具印领一纸[②]，交付承办人或相关人等赴宗人府银库领取恩赏银两。

然后，宗人府核实办理婚丧恩赏事件。这个环节，实际上是一个宗人府内部办文办事的过程。宗人府接到族长等呈报及八旗都统咨呈后，由左右两司来分别处理左右翼恩赏银两的核实发放。其中，左司掌管镶黄旗、正白旗、镶白旗、正蓝旗[③]，右司掌管正黄旗、正红旗、镶红旗、镶篮旗[④]。左右两司将宗室觉罗婚丧事件及其请领恩赏银两的原文书移付黄档房核实相关人等的信息[⑤]。如咸丰十年（1860）五月初六日，镶蓝旗觉罗存兴之妻病故，黄档房查明存兴出生日期及其嫡妻姓氏[⑥]。收到黄档房核查无误的回复之后，左右司移付银库照例发放恩赏银两[⑦]。若黄档房发现信息不符，则需左司或右司传令该族重新进行核查呈报。如光绪二十八年（1902），镶蓝旗第五族宗室春呈娶嫡妻请领恩赏，右司移付黄档房，黄档房“查容露更名春呈，现黑名，不符”，右司接

---

①《镶蓝旗满洲都统为镶蓝旗宗室禄寿保之母伊尔根觉罗氏病故请领恩赏银两事》，道光元年五月二十八日，宗人府档案，中国第一历史档案馆藏，档号：06-01-001-000092-0021。

②《正蓝旗满洲都统为正蓝旗已故侍讲宗室功袭之妾病故请领恩赏银两事》，咸丰八年五月十一日，宗人府档案，中国第一历史档案馆藏，档号：06-01-001-000213-0184。

③《宗人府左司为嘉庆二十四年十二月下半月左翼四旗宗室觉罗领过恩赏婚丧事件及住址行提督衙门事》，嘉庆二十五年二月十一日，宗人府档案，中国第一历史档案馆藏，档号：06-01-002-000077-0012。

④《宗人府右司为将嘉庆元年七月二十二日至八月二十二日右翼四旗宗室觉罗嫁娶病故领过恩赏查明存案事》，嘉庆元年八月二十四日，宗人府档案，中国第一历史档案馆藏，档号：06-01-002-000078-0009。

⑤《宗人府左司为移送正蓝旗宗室绵善嫡妻及宗室德臣故均请领恩赏原文请查核事致黄档房》，咸丰九年二月二十五日，宗人府档案，中国第一历史档案馆藏，档号：06-01-001-000750-0063。

⑥《宗人府黄档房为核查常庆长子存兴出生日期并存兴嫡妻姓氏事致右司》，咸丰十年六月，宗人府档案，中国第一历史档案馆藏，档号：06-01-001-000219-0096。

⑦《宗人府左司为镶白旗宗室常增之续妻阎佳氏病故请领恩赏银两付库查核照例给予事》，咸丰五年十一月二十九日，宗人府档案，中国第一历史档案馆藏，档号：06-01-002-000248-0064。

到回复，当即传令该族核实，结果"查族内宗室容露，更名春呈，现在实系红名，取具族学长并近支人等联名甘结复报"。之后，右司行文黄档房更正相关信息[①]。

恩赏事件办理结束后，作为承办单位的宗人府左司右司除了将相关文书呈堂存案[②]，还要进行阶段性汇总[③]，并将事件及地址行文步军统领衙门转行地方官员备案[④]，以防冒领等情形。

最后，恩赏银两的发放与领取。宗人府允准银库发放恩赏银两后，族长等出具图片呈递宗人府，同时由承办人持印领赴库领取。道光二十一年（1841），正白旗觉罗庆升之妻病故，族长鸣赞等呈报，系庆升"本身持领赴府请领恩赐银两，本族加具图片一并呈递付库查验放给"[⑤]。除此以外，也可由族长、学长或佐领下其他人等代领。正蓝旗宗室庆楷母亲伊拉里氏病故，"族长亲身持领赴库"领取[⑥]；镶蓝旗近支宗室奕当病故，"学长亲身带领载谋赴府领回"恩赏银两[⑦]。

领取恩赏银后，族内还要再次呈报或出具保结，证明承领是实。咸丰元年（1851）五月，镶白旗族长恒忠呈报宗人府，四品宗室常祥本年三月娶嫡妻，

---

①《宗人府右司为娶嫡妻请领恩赏之镶蓝旗第五族宗室春呈黑名请更正为红名事致黄档房》，光绪二十八年十二月，宗人府档案，中国第一历史档案馆藏，档号：06-01-001-000743-0442。

②《宗人府左司为正白旗觉罗善庆娶嫡妻白佳氏请领恩赏银两查核相符付库给发并呈堂存案事》，同治十三年四月初七日，宗人府档案，中国第一历史档案馆藏，档号：06-01-002-000386-0021。

③《宗人府右司为将嘉庆元年七月二十二日至八月二十二日右翼四旗宗室觉罗嫁娶病故领过恩赏查明存案事》，嘉庆元年八月二十四日，宗人府档案，中国第一历史档案馆藏，档号：06-01-002-000078-0009。

④《宗人府左司为同治十三年十月份左翼四旗宗室觉罗领过恩赏婚丧事件及住址行步军统领衙门事》，同治十三年十一月二十七日，宗人府档案，中国第一历史档案馆藏，档号：06-01-002-000385-0062。

⑤《正白旗满洲觉罗恒峻佐领下族长鸣赞等为正白旗闲散觉罗庆升之嫡妻西林觉罗氏病故请领恩赐银两事》，道光二十一年十二月，宗人府档案，中国第一历史档案馆藏，档号：06-01-001-000163-0015。

⑥《正蓝旗族长敦玉等为查明正蓝旗已故宗室保顺之嫡妻伊拉里氏病故实有其事并领恩赏银两出具图片事》，道光二十二年正月，宗人府档案，中国第一历史档案馆藏，档号：06-01-001-000163-0024。

⑦《右翼近支头族学长奕彬等为镶蓝旗宗室载谋之父宗室奕当病故请领恩赏银两事》，道光二十三年，宗人府档案，中国第一历史档案馆藏，档号：06-01-001-000166-0200。

恩赏银一百两，“实系亲身赴库持领，并无冒替等情。为此具领是实”①。同年五月，镶红旗第一族族长伊勒通阿出具图记呈报，族内三等侍卫成年继妻病故恩赏银“系成年亲身赴库领银是实”②。

（四）宗室觉罗婚丧恩赏档案中的文书种类

婚丧恩赏档案中，文书种类既有清代文书的普遍类型，如八旗都统行文宗人府的咨文或咨呈、宗人府各子机构之间的移付等，又有带有八旗或皇族管理特色的文书种类，如说堂稿、呈报、图片等。

说堂稿是宗人府各子机构为处理相关事务过程中形成的呈报其堂官阅看签署的文稿③，与其他中央机构的呈堂稿相比，宗人府说堂稿特殊之处在于“说”，即满文“alarangge”，据此推测机构办文最初曾存在“说”的形式。呈报是由族长、学长、子女长首领及佐领等向宗人府报告所辖内婚丧恩赏事件等内容，或用以呈送相关的保结、甘结等文书。在此，呈报并不是一个严格的文书种类，而是照录档案开面或正文中的名称，根据其行文方向或者功能大概应归类于呈文的范畴。图片是族长、学长或佐领等在办理宗族或八旗事务过程中出具的带有图记的文书，以证明某些事宜或事项。婚丧恩赏类档案文书的特殊之处在于，档案中经常会出现“呈报”“图片”“保结”等多种内容集合于一份文书内的情形。如“为呈报事……出具阖族列名画押保结呈报宗人府”④，“为出具保结图片事……为此出具保结是实”⑤。这类档案文书没有固定的格式和严格的分野，开面或文首、文尾的名称也不一致，不限于某种单一的内容和功能。如开面为“呈”，正文“为出具图结呈领事……承领是实。为此出具图片

①《镶白旗族长恒忠为镶白旗宗室常祥娶嫡妻白雅拉氏请领恩赏银两事》，咸丰元年五月，宗人府档案，中国第一历史档案馆藏，档号：06-01-001-000194-0020。

②《镶红旗第一族族长伊勒通阿为镶红旗三等侍卫宗室成年之继妻巴林氏病故请领恩赏银两事》，咸丰元年五月初一日，宗人府档案，中国第一历史档案馆藏，档号：06-01-001-000194-0026。

③《宗人府银库为支领乾隆五十六年春季宗室觉罗恩赏银两行文户部事》，乾隆五十五年十二月十八日，宗人府档案，中国第一历史档案馆藏，档号：06-01-002-000051-0058。

④《镶黄旗满洲佐领多隆武等为呈报镶黄旗觉罗倭楞额病故应领恩赏银两事》，嘉庆二十五年二月，宗人府档案，中国第一历史档案馆藏，档号：06-01-001-000090-0011。

⑤《正黄旗满洲佐领觉罗元禄为正黄旗笔帖式觉罗耆龄娶诺敏氏为继妻请领恩赏银两事》，道光十七年十月，宗人府档案，中国第一历史档案馆藏，档号：06-01-001-000150-0042。

呈报宗人府”[①]，实际上杂糅了呈报、图片以及承领图结的功能。与其他文书相比，这些特殊类型的文书在档案整理著录以及研究过程中，更加难以命名或归属确切的文书种类。

三、宗室觉罗婚丧恩赏档案的史料价值

作为管理清代皇族事务的专门机构，宗人府保留下来的档案详细记载了皇族当时的生活及其管理等各方面的内容。其中，宗室觉罗婚丧恩赏档案，记录了自雍正朝以来，中央政权以婚丧嫁娶为名目对贫困皇族进行的济贫之法，涵盖了皇族的婚丧嫁娶、日常生计以及宗族管理的内容，对于进一步研究清代皇族的宗族制度、恩赏制度以及社会生活，乃至宗人府机构、八旗制度等方面都可以提供新的史料依据和支撑。

1. 宗室觉罗婚丧恩赏档案，为研究宗人府及其内部各机构的职能，尤其是在皇族管理中的作用方面，提供大量的原始资料。

宗人府的主要职能为“掌皇族之政令”。而通过档案中记载的皇族婚丧嫁娶的具体办理过程，更能够从中深入研究宗人府机构尤其是各子机构职能的具体内容。如银库，“掌出纳库藏。凡宗室养赡银，宗室觉罗恩赏银及其余恤银，皆由库关支，年终奏销”[②]。据档案可知，宗人府左司或右司根据宗室觉罗族长、佐领等呈报、保结以及该旗都统行文，核实婚丧事件后，内部行文银库照例给予恩赏银两，承领人需持八旗都统发放的引领以及族长图记等文书赴银库领取。又如黄档房，“掌书黄册红册。宗室黄册、觉罗红册，各据报文详核载入，即译汉付汉主事载入汉文册籍”[③]。然据档案内容，可以看到实际上其日常事务为核查订正名册以及玉牒内所载的宗室觉罗的相关记录，包括根据左司、右司的来文及婚丧事件请领恩赏银两原文查对玉牒[④]，核查婚丧相关人

---

①《镶红旗宗室族长佛尔丰额为镶红旗闲散宗室祝瑞病故请领恩赏银两事》，道光二十二年三月，宗人府档案，中国第一历史档案馆藏，档号：06-01-001-000163-0111。

②（嘉庆朝）《钦定大清会典事例》卷1《宗人府·银库》。

③（嘉庆朝）《钦定大清会典事例》卷1《宗人府·黄档房》。

④《宗人府左司为移送正白旗宗室托精阿嫁妹请领恩赏原文查对玉牒事致黄档房》，嘉庆二十年八月二十三日，宗人府档案，中国第一历史档案馆藏，档号：06-01-001-000747-0013。

等生卒年月排行[①]，订正舛错[②]，查核添入新内容[③]等。

通过这些档案记载的内容及其文书运转的流程，研究者可以更加深入地了解宗人府及其各机构的职能，同时还能够进一步研究其在皇族管理中的重要作用。

2. 宗室觉罗婚丧恩赏档案，为清代皇族史、清代恩赏制度乃至于清代经济与社会研究提供更加充足的第一手资料。

其一，档案中所记载的宗室觉罗身份以及婚嫁病故的相关信息，可以为清代皇族相关研究尤其是皇族婚嫁年龄、平均寿命等问题提供大量的统计数据来源和史料支撑。

在婚嫁事例中，档案均记载有当事人及承办人身份及出生日期；在请领丧事银两时，大多有宗室觉罗的生卒年月及年龄。其中上文提及的宗室觉罗病故女性的年龄问题，受档案内容记载所限，无法直接开展平均寿命的问题研究。但整体上，涉及婚姻及皇族平均寿命的内容，仍可为研究清代皇族的生活尤其是婚丧习俗方面提供翔实的数据和史料。

其二，通过婚丧恩赏银两发放及其数量变化，可以勘订原有文献记载，或者说是对比典制规定与具体执行的差异，尤其是其中具有内容唯一性的档案文书，可以补充宗室觉罗婚丧恩赏史料整体性的缺失和不足，进一步促进清代皇族史尤其是宗室觉罗恩赏制度方面的研究。

以道光婚丧恩赏银两数量变化的时间节点为例，据《宗人府则例》记载，道光三十年（1904）八月，管理银库事务大臣载铨等奏请，“将宗室继娶各妻室红白事件，照嫡妻例各减半给与；觉罗继娶各妻室红白事件，照嫡妻例各酌减银五两给与。宗室觉罗之妾例得请领恩赏者，均视继娶之数办理”[④]，八月

---

①《宗人府左司为正蓝旗觉罗万福嫁妹请领恩赏请查明承办事觉罗万祥并其妹生年行次事致黄档房》，嘉庆二十一年五月，宗人府档案，中国第一历史档案馆藏，档号：06-01-001-000747-0051。

②《宗人府右司为请将娶嫡妻请领恩赏之镶蓝旗第五族宗室春呈黑名更正为红名事致黄档房》，光绪二十八年十二月，宗人府档案，中国第一历史档案馆藏，档号：06-01-001-000743-0442。

③《宗人府右司为请将出聘请领恩赏之右翼镶蓝旗近支三族宗室溥常之长女查照入档事致黄档房》，光绪三十三年五月二十三日，宗人府档案，中国第一历史档案馆藏，档号：06-01-001-000745-0223。

④《钦定宗人府则例二种》（第二种）卷22《优恤・恩赏宗室婚丧事件银两》，载故宫博物院编《故宫珍本丛刊》第279册《清代则例》，第167页。

十五日奉旨允准[①]。此后，宗室觉罗婚丧恩赏银两数量应为：宗室娶继妻五十两，继妻身故六十两，其余嫁娶一百两，丧事一百二十两。觉罗娶继妻十五两，继妻身故二十五两，其余嫁娶二十两，丧事三十两[②]。然而据档案记载，宗室觉罗娶继妻恩赏确实分别减半和减五两，但在继妻丧事恩赏银的发放中，则出现了“新例”六十两与“旧例”一百二十两并行的情形。

至于咸丰三年（1853）九月初二日上谕规定的宗室觉罗红事赏恤银“暂行停止”，“白事赏恤银暂停一半”的内容[③]，以档案记载验之，内容有二：一是此时丧事恩赏银两“暂停一半”中关于继妻的内容也出现了两种情形。据档案记载，宗室继妻身故出现六十两和三十两两种情形。咸丰四年，正蓝旗四品宗室嘉猷继妻陶佳氏病故，恩赏银六十两[④]。咸丰五年，镶白旗宗室常增继妻阎佳氏病故，恩赏银三十两[⑤]。觉罗继妻身故则有十五两和十二两五钱两种。咸丰五年，正蓝旗觉罗明智之继妻扎佳氏病故，恩赏银十二两五钱[⑥]。咸丰七年，镶红旗已故觉罗庆启之继妻病故，恩赏银十五两[⑦]。二是此后虽有宗室觉罗婚嫁恩赏银两发放的事件[⑧]，但其婚嫁时间均在咸丰三年九月初二日之前[⑨]。咸丰三年九月初二日至咸丰九年十二月二十四日之间，档案所载均为丧事恩赏

---

①《为嗣后宗室觉罗等继娶妻室红白恩赏银两著即照载铨等酌拟减给之数给与事》，道光三十年八月十五第四条，军机处上谕档，中国第一历史档案馆藏。

②《钦定宗人府则例二种》（第二种）卷22《优恤·恩赏宗室婚丧事件银两》《优恤，恩赏觉罗婚丧事件银两》，载故宫博物院编《故宫珍本丛刊》第279册《清代则例》，第163、168页。

③《为著照所议闲散宗室觉罗红事赏恤银暂行停止并白事恤银暂停一半事》，咸丰三年九月初二日第五条，军机处上谕档，中国第一历史档案馆藏。

④《署理正蓝旗满洲都统为正蓝旗宗室嘉猷继妻陶佳氏病故请领恩赏银两事》，咸丰四年三月，宗人府档案，中国第一历史档案馆藏，档号：06-01-001-000203-0048。

⑤《宗人府左司为镶白旗宗室常增之继妻阎佳氏病故请领恩赏银两付库查核照例给予事》，咸丰五年十一月二十九日，宗人府档案，中国第一历史档案馆藏，档号：06-01-002-000248-0064。

⑥《正蓝旗满洲都统为正蓝旗觉罗明智之继妻扎佳氏病故请领恩赏银两事》，咸丰五年六月十一日，宗人府档案，中国第一历史档案馆藏，档号：06-01-001-000205-0195。

⑦《镶红旗满洲都统为镶红旗已故觉罗庆启之继妻病故请领恩赏银两事》，咸丰七年十二月十一日，宗人府档案，中国第一历史档案馆藏，档号：06-01-001-000210-0124。

⑧《正蓝旗满洲都统为正蓝旗宗室载当娶嫡妻请领恩赏银两事》，咸丰三年九月十一日，宗人府档案，中国第一历史档案馆藏，档号：06-01-001-000202-0003。

⑨ 据档案内容，载当娶妻时间为咸丰八年八月初四日。《正蓝旗满洲都统为正蓝旗宗室载当娶那拉氏为嫡妻请领恩赏银两事》，咸丰三年八月，宗人府档案，中国第一历史档案馆藏，档号：06-01-001-000202-0001。

（盛京婚嫁恩赏除外）；咸丰九年（1859）十二月二十四日之后，始有宗室嫁女恩赏银事例。

这里有几个需要特别强调的地方。其一，关于道光三十年（1850）八月十五日及咸丰三年九月初二日两个时间节点的记载，作为第一手资料的宗室觉罗婚丧恩赏档案，客观真实地记录节点之后的恩赏事件及其银两数量，为研究清代皇族恩赏制度提供典章制度文献所未曾涉及的不可或缺的内容。其二，同治、光绪至宣统朝这一阶段的宗室觉罗婚丧恩赏以及银两数目，《大清会典》及《宗人府则例》等文献中均未得见，只有现存的宗室觉罗婚丧恩赏档案中才有明确记载，这一点更是体现了婚丧恩赏档案在清代皇族史尤其是宗室觉罗恩赏制度研究方面的重要性和唯一性。其三，宗室觉罗婚丧恩赏银两的数量及其变化，尤其是道光朝之后整体情况比较复杂，一些具体的问题，如关于继妻恩赏"所娶年分"的时间节点以及"新例"和"旧例"的执行、咸丰三年暂停的红事银何时重新发放、同治朝之后除继妻病故恩赏以外的恩赏银两数量及规定等，还需要进一步根据档案记载进行统计归纳和研究。

3. 宗室觉罗婚丧恩赏档案，可以在一定程度上推动清代八旗制度尤其是旗人生计等方面的研究。

档案中记载的宗室觉罗婚丧事件数量庞大，其中牵涉从宗族到八旗，尤其是婚丧事件的上报，族长、佐领、参领、都统均参与其中，从中可以研究八旗之内不同层级的管理，包括宗族、佐领、参领的参与模式和实际作用。在深入研究八旗制度的同时，也可以进一步探讨宗族管理与八旗事务，甚至是与宗人府机构之间的关系。

另外，关于宗室觉罗婚丧事件的呈报，《大清会典》及《宗人府则例》中均有零星记载，但并不系统和完整。故可据现有的宗人府恩赏档案中的具体事件及记载，考证已有的《会典》及《则例》内容，如参考道光二十三年议定的"觉罗红白事件"条例，通过宗室婚丧具体事例，缕晰出宗室觉罗婚丧恩赏事件的呈报途径及领取恩赏银两的流程等，补充这些未曾见诸记载的恩赏制度等内容，从而整体推动旗人皇族群体生计研究的深入。

4. 宗室觉罗婚丧恩赏档案，为研究清代档案文书的种类及特点提供新的史料依据。

婚丧恩赏银两档案中，尤其是具有特殊性的某些文书，需要进行专门的总结和深入研究。例如图片，不仅形制复杂多样，而且就其使用范围也需要进一步探讨。《清代典章制度词典》中，将其定义为“清代八旗佐领为其管辖下旗人所出具的印结类文书，盖有图记，具有保证书或证明书的作用”[①]。然据档案记载，在宗室觉罗婚丧恩赏事件中，除八旗佐领外，族长、学长等也可以出具图片[②]。另外，还有前文提及图片形制的复杂性等问题，也需要进一步研究。总之，和同时期其他机构的公文相比，以恩赏档案为代表的宗人府档案所独有的形制、功能与特点，在推动清代皇族的宗族管理以及皇族文化生活等方面研究的同时，更为研究清代的文书种类提供新的史料依据。

四、结语

宗人府全宗内的清代宗室觉罗婚丧恩赏档案，直观记录了《大清会典》和《清实录》等历史文献中零星记载或无明文提及的清代各个时期宗室觉罗婚嫁丧事恩赏银两的数量及其相关内容，不仅涉及清代皇族人生中重要的婚丧大事，也是当时社会上层旗人生计问题的真实写照，更是王朝统治群体由承平盛世逐渐走向衰落以及皇族经济逐渐崩溃过程的一个投影，其整体上涵盖了清代皇族的宗族事务、八旗事务以及宗人府事务等多个层面的内容。从这一方面来说，宗人府宗室觉罗婚丧恩赏档案及其研究是清史研究一个不可或缺的重要组成部分，它必将对清代宗人府机构、皇族史、八旗制度及其文书档案等方面的研究起到珍贵的不可替代的重要作用。

① 朱金甫、张书才主编：《清代典章制度词典》，北京：中国人民大学出版社，2011年版。

②《正蓝旗族长宗室敦玉、正蓝旗学长宗室全祥等为查明正蓝旗已故宗室保顺之嫡妻伊拉里氏病故实有其事并领恩赏银两出具图片事》，道光二十二年正月，宗人府档案，中国第一历史档案馆藏，档号：06-01-001-000163-0024。

试论清代《太宗实录》的版本异同
——以崇德六年十月己巳条为例

王冕森

《清实录》是清代官方纂修的实录体史书，正式纂修成书的依次有太祖、太宗、世祖、圣祖、世宗、高宗、仁宗、宣宗、文宗、穆宗、德宗十一朝《实录》，加上记载入关前故事的《满洲实录》，以及虽按实录体例纂修却未正式成书的《宣统政纪》，共有13部，故亦称“十三朝实录”，是目前见存卷帙最庞大的实录体史书。一般认为，《清实录》“既保留浓厚的档案痕迹，也具有一定的史料属性，但更应视为史书”[①]，是研究清史的基本读物之一[②]。

自清末以来，学术界对《清实录》进行过颇多研究，其中的集大成者为谢贵安《清实录研究》。时至今日，《清实录》的个别议题依然受到学术界关注，特别是“前三朝实录”，即太祖、太宗、世祖三朝《实录》，在清代进行过重修，其版本差异亟待整理讨论。但是，“前三朝实录”的初修版本长期未被收藏单位开放利用，特别是太宗、世祖两朝实录的初修版本，学术界甚至怀疑已经亡佚，更遑论整理讨论。2019年，中国第一历史档案馆对馆藏满文小红绫本《实录》进行扫描，于馆内平台公开，提供利用，其中即包括“前三朝实录”的各种版本，使整理讨论成为可能。本文拟就《太宗实录》重修问题，结合目前可见的满文本及汉文本，以崇德六年（1641）十月己巳条为例，管窥版本之间的差异。

一、《太宗实录》修撰概况

清太宗崩逝于崇德八年八月，《太宗实录》的纂修则肇始于顺治六年

作者系首都师范大学历史学院硕士研究生。

① 谢贵安：《清实录研究》，上海：上海古籍出版社，2013年版，第128页。
② 冯尔康：《清史史料学》，沈阳：沈阳出版社，2004年版，第39页。

(1649)正月。官书记载:"纂修太宗文皇帝《实录》,命大学士范文程、刚林、祁充格、洪承畴、冯铨、宁完我、宋权充总裁官,学士王铎、查布海、苏纳海、王文奎、蒋赫德、刘清泰、胡统虞、刘肇国充副总裁官,赐之敕曰:兹者,恭修太宗文皇帝《实录》,择于顺治六年正月初八日开馆。朕惟帝王抚宇膺图,绥猷建极,凡一代之兴,必垂一代之史以觐扬于后世,诚要务也。我太宗文皇帝应天顺人,安内攘外,在位十有七年。仰惟文德之昭,武功之盛,以及号令赏罚,典谟训诰,皆国家之大经大法。尔等稽核记注,编纂修辑,尚其夙夜勤恪,考据精详。毋浮夸以失实,毋偏执以废公,毋疏忽以致阙遗,毋怠以淹岁月。敬成一代之令典,永作万年之成宪。各殚乃心,以副朕意。钦此。"[①]

当时正逢睿亲王多尔衮秉政时期,刚林、祁充格等人均是多尔衮党羽。顺治七年(1650)十二月多尔衮去世后,清廷追罪多尔衮,刚林、祁充格等人也遭到整肃。顺治八年闰二月,刚林因党附多尔衮被拟定八款大罪,祁充格等同罪。最终,刚林、祁充格被正法,宁完我革职解任,范文程革职折赎留任,由此等人主持纂修的《太宗实录》遂就此停滞。在刚林的八款大罪中,有一款:"又将盛京所录太宗史册在在改抹一案,讯之刚林。据供:纂修之时,遇应增者增、应减者减,删改是实。旧稿尚存。"[②] 一般认为,此处之"太宗史册"即是当时正在纂修的《太宗实录》[③],可见《太宗实录》纂修情况之一斑。

顺治八年十二月,大学士希福等奏称:"恭惟我太祖武皇帝开创丰功,太宗文皇帝嗣位,即命儒臣纂成《实录》,功德昭如日月,谟烈垂诸奕禩。臣等伏思,太宗文皇帝德业弘远,益扩丕基,必备载史册,永为法守,用昭我皇上孝思。且皇上躬亲大政以来,事事恪遵太宗心法,纂修《实录》大典,尤不可缓。谨请皇上敕行期于速竣,则太宗功德彰于永久,而皇上承先之志弥光矣,伏乞特颁敕谕行臣衙门。纂修应用官员人役,臣等另疏具奏。其公费钱粮,乞敕下该部察例奏请。"[④]作为回应,清廷遂于顺治九年继续纂修《太宗实录》,

---

①《世祖章皇帝实录》卷42,顺治六年正月丁卯条,载《清实录》第3册,北京:中华书局,1986年影印本,第336页。

②《世祖章皇帝实录》卷54,顺治八年闰二月乙亥条,载《清实录》第3册,第432页。

③ 陈捷先:《满文清实录研究》,载《满文档案丛考第一集》,台北:大化书局,1978年版,第102页。

④《世祖章皇帝实录》卷61,顺治八年十二月戊辰条,载《清实录》第3册,第483页。

官书记载为："命纂修太宗文皇帝《实录》，以大学士希福、范文程、额色黑、洪承畴、宁完我充总裁官，学士伊图、马尔都、苏纳海、蒋赫德、刘清泰、能图、叶成格、图海、白色纯、胡统虞、成克巩、张端充副总裁官。侍读学士麻禄、硕代、亢得时、毕立克、图杜说、索诺穆，侍读郑库讷、马西塔、叟陛、查穆素、王铎、周有德、弼礼克图、穆成格、苏禄、穆升稜，侍讲学士李呈祥，侍读岳映斗，侍讲傅以渐，编修王炳昆、黄志遴、法若真、夏敷九、王一骥、王紫绶、单若鲁为纂修官。赐希福等敕曰：朕惟帝王抚宇膺图，绥猷建极，凡一代之兴，必垂一代之史以覲扬于后世，诚要务也。我太宗文皇帝应天顺人，安内攘外，在位十有七年。仰惟文德之昭，武功之盛，以及号令赏罚，典谟训诰，皆国家之大经大法。尔等稽核记注，编纂修辑，尚其夙夜勤恪，考据精详。毋浮夸以失实，毋偏执以废公，毋疏忽以致阙遗，毋怠玩以淹岁月。敬成一代之令典，永作万年之成宪。各殚乃心，以副朕意。钦哉。"①

顺治十二年（1655）二月，内翰林国史院侍读黄机奏称："自古仁圣之君，必祖述前谟，以昭一代文明之治。年来纂修太祖、太宗《实录》告成，伏乞皇上特命诸臣详加校订，所载嘉言善政，做《贞观政要》《洪武宝训》诸书，缉成治典。恭候皇上钦定鸿名，颁行天下。尤望于万几之暇，朝夕省览，身体力行，绍美前休。"②可知顺治九年纂修的《太宗实录》在顺治十二年已经告成，是为"顺治初修本"。此书题名为《大清太宗应天兴国弘德彰武宽温仁圣睿孝文皇帝实录》，共40卷。

《太宗实录》初修本成书18年后，康熙十二年（1673）七月，清圣祖下令重修《太宗实录》，官书记载："以重修太宗文皇帝《实录》。命大学士图海为监修总裁官，大学士索额图、李霨、杜立德、冯溥为总裁官。学士郭四海、穆成额、岳甘、额库礼、纪振疆、王守才、史大成、李仙根、傅达礼、熊赐履为副总裁官。内阁侍读学士禅塔海、觉罗沙赖、喇巴克、毕力克图、王敷政，翰林院侍读学士胡密色、杨正中，侍讲学士何託、勒备、崔蔚林、王飏昌，内阁侍读杜冷额、索拜、丹布、伊喇喀、察库、斑迪、孟色立、陈嘉猷、席密图、占查，翰林院侍读格尔古德、书恕、项景襄、沉荃，侍讲傅腊塔、吴本植，编

①《世祖章皇帝实录》卷62，顺治九年正月辛丑条，载《清实录》第3册，第488页。
②《世祖章皇帝实录》卷89，顺治十二年二月丁卯条，载《清实录》第3册，第702、703页。

修苏宣化、董讷、李录予，检讨蒋弘道，典籍齐格，中书纳哈出赖、赛音察克等为纂修官。谕曰：卿等督率各官，敬慎纂修，速竣大典，表彰谟烈，以副朕继述显扬先德之意。”[①]同时期的奏本则显示，顺治初修本的《太宗实录》“有前后颠倒者，有原档所载于例应存而遗漏者，有琐屑事务例不应书而书者，有一事前后重复者，有不书干支止书年月日者，且满汉文对勘词义舛错者，有词义虽合而汉文近于俚俗且语气未顺者”[②]。亦是圣祖下令重修的主要理由。

康熙二十一年（1682）九月，《太宗实录》重修告成，官书记载：“太宗文皇帝《实录》告成。上御太和门，立视捧送实录进宫。升座。总裁官、副总裁官、纂修各官上表，行进实录礼。诸王、贝勒、贝子、公率文武群臣行庆贺礼。鸿胪寺官宣制曰：太宗文皇帝圣德神功，编辑成书，朕心忻悦，与卿等同。各赐茶。”[③]是为“康熙重修本”，此书题名为《大清太宗应天兴国弘德彰武宽温仁圣睿孝隆道显功文皇帝实录》，共67卷。

康熙朝重修《太宗实录》50余年后，雍正十二年（1734）十一月，大学士鄂尔泰奏称：“三朝《实录》内，人名、地名字句，与圣祖仁皇帝《实录》未曾画一。请派满汉大臣率同简选翰林官员重加校对，敬谨缮录，用垂万世。”[④]遂再次重修《太宗实录》。又据乾隆三年（1738）清高宗上谕中称：“雍正十二年十一月内，皇考以太祖、太宗、世祖三朝《实录》中人名、地名字画音句之属有与圣祖仁皇帝《实录》未曾画一者，特命大臣等敬谨查对，酌改缮写，以昭示万年。朕即位之初，诸臣正在办理。因将恭加列祖尊谥字样增入书中。”[⑤]可知清高宗即位时，《太宗实录》仍未重修完毕，直至乾隆四年十二月，重修工作告成[⑥]，是为“雍乾重修本”，此书题名为

---

①《圣祖仁皇帝实录》卷42，康熙十二年七月壬午条，载《清实录》第4册，第566、567页。

② 徐中舒：《内阁档案之由来及其整理》，载《明清史料》第1本，南京：国立中央研究院，1930年版，第10页。

③《圣祖仁皇帝实录》卷104，康熙二十一年九月丙寅条，载《清实录》第5册，第57页。

④《世宗宪皇帝实录》卷149，雍正十二年十一月庚子条，载《清实录》第8册，第853页。

⑤《高宗纯皇帝实录》卷78，乾隆三年十月癸未条，载《清实录》第10册，第226、227页。

⑥《太宗文皇帝实录》乾隆朝进实录表，载《清实录》第2册，第16页。

《大清太宗应天兴国弘德彰武宽温仁圣睿孝敬敏昭定隆道显功文皇帝实录》，共68卷。

综上信息，谨将《太宗实录》的纂修情况整理如下表：

表1 《太宗实录》纂修情况

时间	情况
顺治六年正月初八日	开馆纂修
顺治八年初	因多尔衮案中断
顺治八年十二月二十五日	大学士希福奏请继续纂修
顺治九年正月二十九日	开馆继续纂修
顺治十二年二月十二日	修成《大清太宗应天兴国弘德彰武宽温仁圣睿孝文皇帝实录》40卷 即顺治初修本
康熙十二年七月十五日	开馆重修
康熙二十一年九月二十二日	修成《大清太宗应天兴国弘德彰武宽温仁圣睿孝隆道显功文皇帝实录》67卷 即康熙重修本
雍正十二年十一月二十九日	开馆重修
乾隆四年十二月初十日	修成《大清太宗应天兴国弘德彰武宽温仁圣睿孝敬敏昭定隆道显功文皇帝实录》68卷 即雍乾重修本

二、《太宗实录》的版本与所藏

根据清代制度，除众多稿本、底本外，《实录》正式的版本共有5部，每部均各自缮写汉、满、蒙古三种文字。这5部是小黄绫本1部、小红绫本2部、大红绫本2部[①]。《实录》纂修完毕后，最先进呈给皇帝御览的是一种名为

① 所谓“大红绫本”，“大”指的是开本较大，“红绫”指的是原书封面为大红绫质地，其余“小红绫本”“小黄绫本”称呼模式皆同。

"恭阅本"的底本，根据"恭阅本"抄写而成的正本是小黄绫本，此本原藏内阁实录库，现藏中国第一历史档案馆。至于大红绫本和小红绫本，均是根据小黄绫本抄写而成。大红绫本2部，一部原藏皇史宬，现藏中国第一历史档案馆；一部原藏盛京（沈阳）崇谟阁，现藏辽宁省档案馆。小红绫本2部，一部原藏乾清宫，现藏故宫博物院图书馆；一部原藏内阁实录库，现藏第一历史档案馆。同时，5部之中也有不少册卷被运往台湾[①]。

具体到《太宗实录》，有顺治初修本、康熙重修本、雍乾重修本3个修撰版本，各自又有满、蒙古、汉3种文字版本，除蒙古文本信息较少外，以下分述汉文本和满文本的情况。

（一）汉文本

1986年，中华书局影印《清实录》时提及："我们现在见到的汉文写本只有雍乾本。"[②]可知大陆所存的汉文本《太宗实录》均为雍乾重修本。台北故宫博物院文献馆藏有汉文本《太宗实录》273册[③]，其中包含顺治初修本[④]。而在正式版本之外，日本国会图书馆藏有一部题名为《大清三朝纪事实录》的古籍，实际是康熙朝重修太祖、太宗、世祖三朝《实录》的民间抄本，一般认为是1763年由长崎输入日本[⑤]。

（二）满文本

据陈捷先研究，故宫博物院运往台湾的204箱文献内并无满文本《实录》。1970年，台湾"国史馆"将他们收藏的一些满文本《实录》赠与台北故宫博物院，有1000多卷，这些满文本《实录》原归台湾当局领导人办公室所有，均为大红绫抄本，其中《太宗实录》只有7册16卷，且均为雍乾重修本[⑥]。陈捷先据此指出："由于清太宗实录满文初修本现在无法看到（也许已

---

①《清实录研究》，第286—296页。

②《清实录》影印说明，载《清实录》第1册，第4页。

③《清实录研究》，第365页。

④ 庄吉发：《清太宗汉文实录初纂本与重新本的比较》，载《清代史料论述（一）》，台北：文史哲出版社，1979年版，第218页。

⑤《清实录研究》，第368—370页。

⑥《满文清实录研究》，载《满文档案丛考第一集》，第116页。

经根本不存在了），我们只能就汉文本的内容去推知其中情形了。”[①]至于大陆，满文本《实录》主要藏于中国第一历史档案馆。中国第一历史档案馆藏有满文本《实录》小黄绫本1部、小红绫本2部、大红绫本1部，其中小红绫本多达4085册（件），最为完整。但是囿于整理进度，这些满文本《实录》的版本信息一直未能明确。2019年9月，中国第一历史档案馆据馆藏满文小红绫本《实录》进行扫描，于馆内平台公开，提供利用，其《太宗实录》部分包含完整的顺治初修本、康熙重修本、雍乾重修本3个版本，为学界研究利用提供了便利。

三、崇德六年十月己巳条试析

限于篇幅，本文无法将《太宗实录》整体条勘，只选择崇德六年（1641）十月己巳（二十七日）条为例进行试析。当时，清廷的关雎宫宸妃在九月十八日去世，她既是清太宗的宠妃，也是“崇德建制”之后第一位去世的高级后宫成员。十月二十七日，清太宗率领重臣去宸妃墓前祭奠，追封她为“敏惠恭和元妃”，并宣读册文和祭文，《太宗实录》崇德六年十月己巳条就记载了这些过程。此条围绕着宸妃祭礼展开，因与政治无关，故而未为传统研究《实录》的学者所重视。但是，此条篇幅颇长，涉及宫廷人物、官方礼制、后宫制度、人物言行等方面，且初修本与重修本的改动较大，恰是反映《实录》版本差异的生动示例。

此处所使用的版本，顺治初修汉文本见藏于台北故宫博物院，难以查阅，故而暂缺。康熙重修汉文本为《清朝太祖太宗世祖朝实录蒙古史史料抄——乾隆本康熙本比较》所引日本内阁文库藏康雍时期抄本，雍乾重修汉文本为中华书局1986年影印中国第一历史档案馆藏大红绫本，顺治初修、康熙重修、雍乾重修3种满文本为中国第一历史档案馆藏小红绫本。

谨先录入《太宗实录》各版本内容，如表2至表4：

---

① 《满文清实录研究》，第104页。

表2 《太宗实录》崇德六年（1641）十月己巳条汉文本对比（顺治初修汉文本暂缺）

康熙重修本[①]	雍乾重修本[②]
己巳。追封宸妃为敏惠恭和元妃。上率诸王以下，牛录章京以上，固伦公主、和硕福金、和硕公主、多罗福金、格格等以下，梅勒章京命妇以上往祭。途遇宸妃母和硕贤妃来吊，上命内大臣、虾等亲掖肩舆送和硕贤妃至茔前，恸哭数次。和硕贤妃及卓礼克图亲王吴克善、巴图鲁郡王满朱习礼等以所携酒醴——跪奠，陈列祭仪。王、贝勒以下众官俱就列。宣读满、汉、蒙古等字追封册文。诸王、贝勒、群臣皆跪。册文云：奉天承运宽温仁圣皇帝制曰：惟尔关雎宫宸妃，侍朕以来，即加优眷。崇德元年七月初十日，已封尔为关雎宫宸妃。今仿古典，复加追封赠。俾尔淑懿，扬于后禩。故追封为敏惠恭和元妃。庶几有知，服我休命。祭文云：崇德六年十月癸卯朔越二十七日己巳，皇帝致祭于敏惠恭和元妃之灵曰：尔元妃生于己酉年，享寿三十有三，薨于辛巳年九月十八日。尔自克慰朕心，允期偕老，不幸中道永诀。朕念夙昔宠眷，虽没不忘。哀悼弗胜，故备物追荐以表思悃。又命喇嘛僧道讽诵经文，愿尔早升乐界。尚飨。读毕，上跪奠酒三次。诸王以下，牛录章京以上，俱跪叩三次。外藩诸工贝勒以下，朝鲜国王二子及内大臣以上，各奠酒一次。	己巳。追封宸妃为元妃，谥曰敏惠恭和。上率诸王以下，牛录章京以上，固伦公主、和硕福金、和硕公主、多罗福金、格格等以下，梅勒章京命妇以上往祭。值宸妃母科尔沁和硕贤妃来吊，上命内大臣、侍卫等扶掖肩舆至殡所，贤妃恸哭久之。卓礼克图亲王吴克善、巴图鲁郡王满朱习礼等赍酒跪奠，陈列祭仪。王、贝勒、群臣等，以次就列。宣读满、汉、蒙古等字册文。册文曰：奉天承运宽温仁圣皇帝制曰：惟尔关雎宫宸妃，秉德柔嘉，持躬淑慎。侍朕以来，壸仪攸著。崇德元年，敕封尔为关雎宫宸妃。今倣古典，复加追赠。崇称隆号，慰尔幽灵。懿德徽音，扬于后禩。追封为敏惠恭和元妃。庶几有知，承我休命。次读祭文曰：皇帝致祭于敏惠恭和元妃之灵：尔元妃，侍朕有年，克娴内则，敬助中宫。不意中道薨逝。朕心追悼，用备祭物，以荐馨香。又命喇嘛僧道，礼佛讽经。灵其有知，尚克祗承。读毕，上奠酒三。诸王以下，牛录章京以上，俱以次行礼。外藩诸王贝勒以下，朝鲜国王二子及内大臣以上，俱行祭奠礼。

表3 《太宗实录》崇德六年十月己巳条满文本对比[③]

顺治初修本[④]	康熙重修本[⑤]	雍乾重修本[⑥]
orin nadan de, hūwaliyasun doronggo booi hanciki amba fujin de	sohon meihe inenggi, hanciki amba fujin be, amcame mergen fulehun	sohon meihe inenggi, hanciki amba fei be, amcame amba fei fungnefi,

① 《太宗文皇帝实录》卷58，崇德六年十月己巳条，日本内阁文库藏康雍乾时期汉文抄本（照康熙重修本抄录）。转引自齐木德道尔吉、巴根那：《清朝太祖太宗世祖朝实录蒙古史史料抄——乾隆本康熙本比较》，呼和浩特：内蒙古大学出版社，2001年版，第583页。

② 《太宗文皇帝实录》卷58，崇德六年十月己巳条，《清实录》第2册，第787页。

③ 谨按，本文中满文转写均使用穆麟德夫式转写法。

④⑤⑥《太宗文皇帝实录》卷58，崇德六年十月己巳条，中国第一历史档案馆藏顺治初修满文小红绫本。

续表

顺治初修本	康熙重修本	雍乾重修本
waliyara de, enduringge han, wang se ci fusihūn, nirui janggin ci wesihun, gurun i gungju, hošoi fujin, hošoi gungju, doroi fujin, gegese ci fusihūn, meiren i janggin i sargata ci wesihun isafi waliyame genere de, dergi hūwaliyasun doronggo booi hanciki amba fujin i eme hošoi mergen fujin mama, jui giran de acanjime jidere be jugūn de acaha manggi, enduringge han, emhe hošoi mergen fujin mama be kiyoo de tebufi, dorgi ambasa, hiyasa be tukiyebume gamafi, yamun de dosifi, ududu jergi gosiholome songgofi, hošoi mergen fujin mama, joriktu cin wang, baturu giyūn wang se ceni gajiha arki be siran siran i niyakūrafi hisalaha manggi, waliyara doroi jaka be gemu faidafi, wang, beile ci fusihūn, geren hafasa gemu faidaha. tereci fujin be amcame gebu fungnere, manju, monggo, nikan bithe araha ts´e bithe hūlara de, wang, beile ci fusihūn geren hafasa gemu niyakūraha. tere fungnehe ts‘e bithei gisun: abkai hesei forgon be aliha gosin onco hūwaliyasun enduringge han i hese, hūwaliyasun doronggo boo	hūwaliyasun gungnecuke amba fujin fungneme waliyara de, han, wang seci fusihūn, nirui janggin ci wesihun, gurun i gungju. hošoi gungju, doroi fujin, gege se ci fusihūn, meiren i janggin i sargata ci wesihun isafi waliyame genere de, hanciki amba fujin i eme hošoi mergen fujin mama, giran de acanjime jidere be jugūn de acaha manggi, han, hošoi mergen fujin mama be kiyoo de tebufi, dorgi ambasa, hiyasa be tukiyebume gamafi, yamun de dosifi, ududu jergi gosiholome songgofi, hošoi mergen fujin mama, joriktu cin wang ukšan, baturu giyūn wang manjusiri se ceni gajiha arki be siran siran i niyakūrafi hisalaha manggi, waliyara doroi jaka be gemu faidafi, wang, beile ci fusihūn, geren hafasa gemu faidaha. tereci amcame gebu fungnere, manju, monggo, nikan bithe araha ce bithe hūlara de, wang, beile ci fusihūn geren hafasa gemu niyakūraha. ce bithei gisun: abkai hesei forgon be aliha gosin onco hūwaliyasun enduringge han i hese, hūwaliyasun doronggo gung i hanciki amba fujin , si minde	mergen fulehun hūwaliyasun gungnecuke gebu buhe, han, wang seci fusihūn, nirui janggin ci wesihun, gurun i gungju, hošoi fujin, hošoi gungju, doroi fujin, gege seci fusihūn, meiren i janggin i sargata ci wesihun isafi waliyame genere de, hanciki amba fei i eme korcin i hošoi mergen fujin mama, giran de acanjime jidere be jugūn de acaha manggi, han dorgi ambasa, hiyasa be kiyoo de aisilame tukiyebume gamafi, sindaha bade isinafi, mergen fujin kejine gosiholome songgofi, joriktu cin wang ukšan, baturu giyūn wang manjusiri se ceni gajiha arki be, niyakūrafi hisalaha manggi, waliyara doroi jaka be gemu faidafi, wang, beile geren hafasa ilihi aname faidaha. tereci manju, monggo, nikan bithe araha ce bithe hūlaha. ce bithei gisun: abkai hesei forgon be aliha gosin onco hūwaliyasun enduringge han i hese, hūwaliyasun doronggo gung i hanciki amba fei , si banin salgabuhangge nemeyen fujurungga, beyebe tuwakiyarangge nesuken ginggun, minde ucaraha ci,

续表

顺治初修本	康熙重修本	雍乾重修本
i hanciki amba fujin hairanju, si minde ucaraha ci, bi simbe ambula gosime. wesihun erdemunggei sucungga aniya nadan biyai juwan de, hūwaliyasun doronggo boo i hanciki amba fujin fungnehe bihe. geli amcame fungnere kooli bifi, julgei doro be dahame, geli sini wesihun sain be amagan jalan de algimbume, amcame tukiyeme mergen fulehun hūwaliyasun gungnecuke amba fujin fungnehe. waliyaha bithei gisun: wesihun erdemungge ningguci aniya juwan biyai ice de, sahahūn gūlmahūn orin nadan de sohon meihe inenggi. enduringge han i hese, mergen fulehun hūwaliyasun gungnecuke hanciki amba fujin, si sohon coko aniya banjiha bihe. gūsin ilan se de, šahūn meihe aniya uyun biyai juwan jakūn de jalgan i bederehe. si minde ucarafi, bi simbe dabali jiramin gosime, jing banjiki serede, kesi akū aldasi delhehe. bi simbe neneme gosiha ambula be dahame, bederecibe onggoro mujilen akū. akame nasame ofi amcame gosime, yaya hacin i jaka be yooni dagilafi gūnin	ucaraha ci, bi simbe ambula gosime. wesihun erdemunggei sucungga aniya nadan biyai juwan de, hūwaliyasun doronggo gung i hanciki amba fujin fungnehe bihe. geli amcame fungnere kooli bifi, julgei doro be dahame, geli wesihun sain be amagan jalan de algimbume, amcame tukiyeme, mergen fulehun hūwaliyasun gungnecuke amba fujin fungnehe. sara gese oci, mini hese be gingguleme ali. wecere bithei gisun: wesihun erdemungge ningguci aniya juwan biyai ice de, sahahūn gūlmahūn orin nadan de sohon meihe inenggi. han i hese, mergen fulehun hūwaliyasun gungnecuke amba fujin de wecerengge, si sohon coko aniya banjiha bihe. gūsin ilan se de šahūn meihe aniya uyun biyai juwan jakūn de jalgan i bederehe. si minde ucarafi, bi simbe dabali jiramin gosime, jing banjiki serede, kesi akū aldasi delhehe. bi simbe neneme gosiha ambula be dahame, bederecibe onggoro mujilen akū. akame nasame ofi amcame gosime, yaya hacin i jaka be yooni dagilafi gūnin	hehei doro be umesi akūmbume ofi, wesihun erdemunggei sucungga aniya, hūwaliyasun doronggo gung i hanciki amba fei fungnehe bihe. te julgei doro be dahame, geli amcame fungneme gebu colo be wesihuleme tukiyeme, sini sure fayangga be surumbuki, nesuken erdemu sain algin be, amagan jalan de algimbuki seme, amcame mergen fulehun hūwaliyasun gungnecuke amba fei fungnehe. sara gese oci, mini hese be gingguleme ali sehe. sirame hūlaha wecere bithei gisun: han i hese, mergen fulehun hūwaliyasun gungnecuke amba fei de wecerengge, amba fei si dolo dosifi utala aniya oho, dorgi tacihiyan be dursuleme mutefi, dulimbai gung de gingguleme aisilaha, kesi akū aldasi delhehe be, mini dolo akame nasame ofi, yaya hacin i jaka be yooni dagilafi wecembi. geli lama hūwašan doose be doocan arame ging hūlabumbi, fayangga sara gese oci, alime gaisu sehe. hūlame wajiha manggi, han ilan hūntahan arki hisalara de, wang seci fusihūn, nirui janggin ci

续表

顺治初修本	康熙重修本	雍乾重修本
isibumbi. geli lama hūwašan toose se be baifi, simbe sain bade banjinakini seme ging ni bithe hūlabume baimbi. hūlame wajiha manggi, enduringge han niyakūrafi ilan hūntahan arki hisalara de, wang se ci fusihūn, nirui janggin ci wesihun niyakūrafi ilan jergi hengkilehe. tulergi golo goloi wang, beilese ci fusihūn, coohiyan gurun i wang ni jui šidzi i ahūn, deo, dorgi ujulaha ambasa ci wesihun emte jergi hisalaha.	isibumbi. geli lama hūwašan dooši se be baifi, simbe sain bade banjinakini seme ging bithe hūlabume baimbi seme hūlame wajiha manggi, han niyakūrafi ilan hūntahan arki hisalara de, wang seci fusihūn, nirui janggin ci wesihun niyakūrafi ilan jergi hengkilehe. tulergi golo goloi wang, beile seci fusihūn, coohiyan gurun i wang ni juwe jui, dorgi ujulaha ambasa ci wesihūn emte jergi hisalaha.	wesihun gemu ilihi aname hengkilehe. tulergi golo goloi wang, beile seci fusihūn, coohiyan gurun i wang ni juwe jui, dorgi ujulaha ambasa ci wesihūn hisalame hengkilehe.

表4 《太宗实录》崇德六年（1641）十月己巳条满文本内容翻译对比[①]

顺治初修本	康熙重修本	雍乾重修本
二十七日，为将东方和谐有礼室（关雎宫）的近的大福晋（宸妃）祭祀，圣汗聚集王等以下，牛录章京以上，固伦公主、和硕福晋、和硕公主、多罗福金、格格等以下，各梅勒章京之妻以上，前往祭祀。路上遇到东方和谐有礼室（关雎宫）的近的大福晋（宸妃）的母亲和硕贤明福晋妈妈[②]（贤妃），前来祭奠孩子遗体。之	己巳日，为将近的大福晋（宸妃）追封为聪敏恩惠恭敬和谐近的大福晋（敏惠恭和元妃）（和）祭祀。汗聚集王等以下，牛录章京以上，固伦公主、和硕公主、多罗福金、格格等以下，各梅勒章京之妻以上，前往祭祀。路上遇到近的大福晋（宸妃）的母亲和硕贤明福晋妈妈（贤妃）前来祭奠亡人之后，汗让和硕贤明福晋妈妈	己巳日，将近的大妃（宸妃）追封为大妃（元妃）之后，给予聪敏恩惠恭敬和谐（敏惠恭和）名号。汗聚集王等以下，牛录章京以上，固伦公主、和硕福晋、和硕公主、多罗福金、格格等以下，各梅勒章京之妻以上，前往祭祀。路上遇到近的大妃（宸妃）的母亲科尔沁的和硕贤明福晋妈妈（贤妃）前来祭奠亡人之后，汗让

① 谨按，为更好地保持满语原义，均译为现代汉语。
② 谨按，满语“mama”为祖母、老妇之称呼。

续表

顺治初修本	康熙重修本	雍乾重修本
后，圣汗让岳母和硕贤明福晋妈妈（贤妃）坐在轿子上，让内大臣们、侍卫们抬着，进了墓园后，许多次悲伤的哭泣之后，和硕贤明福晋妈妈（贤妃）、卓礼克图亲王、巴图鲁郡王等，将他们带来的酒，陆续地跪着奠酒之后。将祭礼所用之物都排列，王、贝勒以下各位官员都排列了，就此将追封福晋名号，用满洲、蒙古、汉文字写成册文念读，王、贝勒以下各位官员都跪下了。那个封册的文说：承受天命之运的仁德宽大和谐神圣之汗（奉天承运宽温仁圣皇帝）的谕命：和谐有礼室（关雎宫）的近的大福晋（宸妃）海兰珠。从跟你相遇开始，朕（就）将你深深地宠爱。在崇德元年七月初十日，曾经将你封为和谐有礼室（关雎宫）的近的大福晋（宸妃）。（现在）又有追封的法制，按照古代的礼节，再次将你崇高良善之处传于后世知晓，追封你为聪敏恩惠恭敬和谐大福晋（敏惠恭和元妃）。祭文说：崇德六年十月始于癸卯日，在（本月）二十七日己巳日，神圣之汗的谕命：聪敏恩惠恭敬和谐近的大福晋（敏惠恭和元妃），你在己酉年出生，在三十三岁辛巳年九月十八日薨逝。你自从遇到朕之	（贤妃）坐在轿子上，让内大臣们、侍卫们抬着，进了墓园后，许多次悲伤地哭泣之后，和硕贤明福晋妈妈（贤妃）、卓礼克图亲王吴克善、巴图鲁郡王满朱习礼等，将他们带来的酒，陆续地跪着奠酒之后。将祭礼所用之物都排列，王、贝勒以下各位官员都排列了。将追封名号（这件事）用满洲、蒙古、汉文字写成册文，就此念读，王、贝勒以下各位官员都跪下了。封册的文说：承受天命之运的仁德宽大和谐神圣之汗（奉天承运宽温仁圣皇帝）的谕命：和谐有礼宫（关雎宫）的近的大福晋（宸妃）。从跟你相遇开始，朕（就）将你深深地宠爱。在崇德元年七月初十日，曾经将你封为和谐有礼宫（关雎宫）的近的大福晋（宸妃）。（现在）又有追封的法制，按照古代的礼节，再次将崇高良善之处传于后世知晓，追封你为聪敏恩惠恭敬和谐大福晋（敏惠恭和元妃）。你如果能知悉的话，就恭敬地接受朕的旨意吧。祭文说：崇德六年十月始于癸卯日，在（本月）二十七日己巳日，汗的谕命：祭祀聪敏恩惠恭敬和谐近的大福晋（敏惠恭和元妃），你在己酉年出生，在三十三岁辛巳年九月十八日薨逝。	内大臣们、侍卫们协助抬着轿子，进了安放之地。和硕贤明福晋妈妈（贤妃）悲伤地哭泣许久之后，卓礼克图亲王吴克善、巴图鲁郡王满朱习礼等，将他们带来的酒，跪着奠酒之后。将祭礼所用之物都排列，王、贝勒以下各位官员都排队站立了。将追封名号（这件事）用满洲、蒙古、汉文字写成册文，就此念读。封册的文说：承受天命之运的仁德宽大和谐神圣之汗（奉大承运宽温仁圣皇帝）的谕命：和谐有礼宫（关雎宫）的近的大妃（宸妃）。你本性温婉庄重，为人操守温良恭敬，与朕相遇之后，因为十分不违背妇人之道，在崇德元年，曾经将你封为和谐有礼宫（关雎宫）的近的大妃（宸妃）。现在按照古代的礼节，再次追封给你名号，宽慰你聪睿的灵魂，让温良才德的好名声传与后世，如此追封为聪敏恩惠恭敬和谐大妃（敏惠恭和元妃）。你如果能知悉的话，就恭敬地接受朕的旨意吧。接着读了祭文说：汗的谕命：祭祀聪敏恩惠恭敬和谐近的大妃（敏惠恭和元妃），大妃（元妃）你进入内廷已经有许多年，能够端正（执行）内廷的教导，恭敬地辅佐中宫，没有福气，中途分开

续表

顺治初修本	康熙重修本	雍乾重修本
后，朕（就）将你格外地深厚地宠爱。正想要一直这样生活，（却因为）没有造化，而中途分开。因为朕之前对你宠爱得很深，即使你已经薨逝，也不能（将你）忘记。由于悲伤悔恨，追念哀悼，将各样东西都预备齐全，来将思念传达。又找来喇嘛、和尚、道士，为了让你往生到善地而念经。念读结束之后，圣汗跪下，奠酒三杯，王等以下，牛录章京以上，均跪下后叩头三次。外藩各藩王、贝勒等以下，朝鲜国王的儿子、世子的哥哥和弟弟，内廷首领大臣以上，各自奠酒一次。	你自从遇到朕之后，朕（就）将你格外地深厚地宠爱。正想要一直这样生活，（却因为）没有造化，而中途分开。因为朕之前对你宠爱得很深，即使你已经薨逝，也不能（将你）忘记。由于悲伤悔恨，追念哀悼，将各样东西都预备齐全，来将思念传达。又找来喇嘛、和尚、道士，为了让你往生到善地而念经。如此念读结束之后，汗跪下，奠酒三杯，王等以下，牛录章京以上，均跪下后叩头三次。外藩各藩王、贝勒等以下，朝鲜国王的两个儿子、内廷首领大臣以上，各自奠酒一次。	了，朕的心里心痛叹息，因此将各样东西都预备齐全来祭祀，又让喇嘛、和尚、道士做道场念经，（你）灵魂如果能知悉的话，就接受吧。念读结束之后，汗奠酒三杯，王等以下，牛录章京以上，均陆续磕头。外藩各藩王、贝勒等以下，朝鲜国王的两个儿子、内廷首领大臣以上，磕头奠酒。

通过以上对比可知，同一修次的汉、满文本内容基本一致，差异主要存在于不同修次之间。从宏观的视角来看，《太宗实录》重修所产生的差异，表现出以下五个特点。

（一）翻译规整化

满语属于阿尔泰语系满-通古斯语族，满文则创制于万历二十七年（1599）。一般认为，作为黏着语，满语在动词和名词表达上较为丰富，而由于女真-满洲民族自金朝以来长期未建立统一政权，缺乏对译环境，导致清初满汉对译存在问题。《太宗实录》顺治初修本中，将“册文”的“册”字音译为“ts‘e”，康熙重修本中，则音译为“ce”，即体现了清代官方对汉语语音认知的变化。又如，顺治初修本、康熙重修本中，均将满文“hiya”一词音译为“虾”，雍乾重修本中则改用意译，译为“侍卫”，使对译更加“雅驯”，体现了清代满汉翻译规整化的过程。

（二）制度成熟化

自“崇德建制”之后，清廷参考中原王朝建立起各项制度。在建立初期，由于制度草创，具有不少矛盾、缺陷，故而不断进行调整，直至雍乾时期才固定下来。以宸妃的位号为例，其原本的位号“宸妃”，在顺治初修和康熙重修的满文本中记为“近的大福晋（hanciki amba fujin）”，被追封的位号“敏惠恭和元妃”，记为“聪敏恩惠恭敬和谐大福晋（mergen fulehun hūwaliyasun gungnecuke amba fujin）”，可见汉文本中的“妃”“元妃”，在满文本中均为“大福晋”，并不统一，是清初制度在满汉文本上具有矛盾的实例。而至雍乾重修本中，清代后宫位号制度已经成熟，对雍乾时代的纂修者而言，“大福晋（amba fujin）”称呼已经变得陌生，故而满文本的“福晋（fujin）”均被改为“妃（fei）”，“近的大福晋（hanciki amba fujin）”“聪敏恩惠恭敬和谐大福晋（mergen fulehun hūwaliyasun gungnecuke amba fujin）”等位号遂被修改为“近的大妃（hanciki amba fei）”“聪敏恩惠恭敬和谐大妃（mergen fulehun hūwaliyasun gungnecuke amba fei）”，与汉文本相一致。从顺康年间制度草创时满汉文本的矛盾，到雍乾年间制度成熟后满汉文本的统一，文本的变化亦体现了清代制度的成熟过程。

（三）尊卑明确化

清初时，清廷仍有一定的贵族政治色彩，其表征之一就是对内外藩王颇为尊重，书面上只称封号，而不提及名讳。如顺治初修本记录宸妃的兄弟卓礼克图亲王吴克善和巴图鲁郡王满朱习礼时，只称为“卓礼克图亲王（joriktu cin wang）”“巴图鲁郡王（baturu giyūn wang）”。而康熙朝时，这种贵族政治色彩逐渐减弱，康熙重修本中遂不再对他们只称封号，而是添入了名讳，称为“卓礼克图亲王吴克善（joriktu cin wang ukšan）”“巴图鲁郡王满朱习礼（baturu giyūn wang manjusiri）”。另一方面，如顺治初修本和康熙重修本中，记载清太宗给宸妃奠酒的细节为“跪奠酒三次（niyakūrafi ilan hūntahan arki hisalara）”，雍乾重修本则改为“奠酒三（ilan hūntahan arki hisalara）”，删除了太宗“跪（niyakūrafi）”的动作细节。推测其删改原因，应是认为清太宗以皇帝之尊，竟然跪祭后妃，有失体统，故而删去“跪”的动作，以明确尊卑。

（四）客观理性化

清初时，清廷对于宫廷的姻亲较为重视，如“姨”“舅”等外亲称呼，即数见于档案之内。顺治初修本中，称呼宸妃的母亲和硕贤妃为“岳母和硕贤明福晋妈妈（emhe hošoi mergen fujin mama）”，康熙重修本删去了表达亲属称谓的“岳母（emhe）”这个词，淡化了亲属关系，使《实录》的称谓更加客观化。除此之外，在顺治初修本和康熙重修本中，太宗给宸妃的祭文追忆了二人相遇后的亲密关系，册文则提及了宸妃的生年等信息，而且在祭文、册文中，有“侍朕以来，即加优眷”等饱含情感的词句。至雍乾重修本中，则对祭文和册文进行修改。如祭文，将“侍朕以来，即加优眷”改为“秉德柔嘉，持躬淑慎。侍朕以来，壸仪攸著”。这种修改在满文本中体现得更为明显；前者满文本记为“si minde ucaraha ci，bi simbe ambula gosime”，直译为“从跟你相遇开始，朕（就）将你深深地宠爱”；后者满文本记为“si banin salgabuhangge nemeyen fujurungga，beyebe tuwakiyarangge nesuken ginggun，minde ucaraha ci，hehei doro be umesi akūmbume”，直译为“你本性温婉庄重，为人操守温良恭敬，与朕相遇之后，十分不违背妇人之道”。通过文本修改，替换为中原王朝诰敕中程式的、理性的内容，压抑顺治初修本和康熙重修本中的情感表达。

（五）华夏思维化

清代统治者坚持满洲本位政策，一再强调“国语骑射”的重要性，但是清代满洲群体，或者说清代旗人群体逐渐浸染华夏的思维，则是不争的事实，这点在《太宗实录》的重修过程中亦有体现。首先，顺治初修本均以数字计日，记为“二十七日（orin nadan）”，康熙重修本则改以干支计日，记为“己巳日（sohon meihe inenggi）”。以干支计日是明代《实录》的体例，从以数字计日到以干支计日的转变，显示出清廷对明代《实录》体例的参考和延续。其次，顺治初修本中记录了宸妃的闺名“海兰珠（hairanju）”，康熙重修本中则删去了宸妃的闺名，只用封号、谥号进行称呼。这种隐晦女性闺名的举措，也是浸染华夏思维的表征。又及，在顺治初修本中，清太宗写给宸妃的册文和祭文均是直抒胸臆，少有纹饰。康熙重修本中，对册文和祭文添入了如“庶几有知，服我休命"等套语，使其更加符合中原汉地的祭文格式。至雍乾重修本，更是删改册文和祭文的内容，加入了"持躬淑慎"等描述，"持躬淑慎"在满文本中写为"hehei doro be umesi akūmbume"，意为"颇不违妇人之道"，显然受到儒家礼教影响。可以说，《太宗实录》重修的过程与清代统治者思维华夏化的过程是趋同的。

余　论

实录体史书以"实录"为名，标榜"据实而录"的理想状态，一直被认为是研究断代史的基础史料之一，但"实录不实"却是难以忽视的问题。将《太宗实录》不同版本进行对比可以发现，康熙重修本对顺治初修本的修改属于体例、译语、格式方面，大多为细节修改，并未对顺治初修本的文意进行变更。康熙年间奏本称康熙朝重修《太宗实录》是因为"（顺治初修本）有前后颠倒者，有原档所载于例应存而遗漏者，有琐屑事务例不应书而书者，有一事前后重复者，有不书干支止书年月日者，且满汉文对勘词义舛错者，有词义虽合而汉文近于俚俗且语气未顺者"[①]。以此观之，康熙朝的重修成果与官方口径基本吻合。反观雍乾重修本，官方口径称重修原因是"人名、地名字句与圣祖仁皇帝《实录》未曾画一"[②]，但实际上，雍乾重修本已经不局限于修改体例、译语、格式、表达，而是删改内容，变更文意，《实录》之"实"，恐怕难符其名。

当然，如上文所述，本文只通过崇德六年（1641）十月己巳条进行分析，其内容属于宫廷事务，主要涉及宫廷人物、官方礼制、后宫制度等方面，所反映的《太宗实录》版本差异只是一个侧面。同样，若通过传统研究较为关注的政治事件进行分析，抑或通过新兴研究较为关注的边疆、民族事件进行分析，又可反映出别的侧面。这些侧面的具象有所不同，却又不乏共性，均是清代《实录》"书法"变化趋势的缩影。而这种史料书写过程的丰富细节，正是清代庞大的史料量级带来的优势。

近年来，一些学者指出，清代史料有满文本与汉文本信息不对称的情况，

---

①《内阁档案之由来及其整理》，第10页。

②《世宗宪皇帝实录》卷149，雍正十二年十一月庚子条，载《清实录》第8册，第853页。

进而认为满文本史料价值高于汉文本，抑或反之[①]。以笔者管见，对清代满汉文史料价值的讨论，应该建立在同一文本的基础之上。清代档案很多均为单一文本，其中涉及宫廷事务或满洲、蒙古等地方的档案经常只有满文本，反之，涉及法律或中原事务的档案经常只有汉文本。那么，假设有关边疆的一件奏折只有满文本而未有汉文本，是否即可断言“信息不对称”？又如，从奏折等原始档案到正式编纂的官书，必然要经过一个“再创作”的过程。假设一件满文档案被编入汉文官书时进行了缩略或修改，是否也可称其“信息不对称”？本文以《太宗实录》崇德六年（1641）十月己巳条的个案研究，反映出史料的差异主要体现在不同修次的版本之中，而在同一修次内，汉、满文本的内容基本一致，未见有明显的不对等。清史史料的价值更多取决于史源和版本，而不仅仅取决于文种。针对具体问题，进行满汉文本的比对利用，是深入相关研究的重要方法。

---

① 对于满文史料的讨论，国内自20世纪80—90年代即已出现，如富丽：《满文文献整理纵横谈》，《中央民族学院学报》1984年第3期；任丽洁：《中国第一历史档案馆藏满文档案及其价值》，《松辽学刊》（社会科学版）1991年第3期等。21世纪初，美国“新清史”学派被介绍至国内，该学派着重强调满文史料的运用，［美］欧立德：《满文档案与“新清史”》一文（载刘凤云、刘文鹏编：《清朝的国家认同：“新清史”研究与争鸣》，北京：中国人民大学出版社，2010年版）尤其受到关注，并引发学界讨论。其讨论文章主要有雷家琼：《满文文献在清史研究中具有独特价值》，《中国社会科学报》2013年7月17日第A2版；乌云毕力格：《满文文献和清史研究》，《中华读书报》2013年8月7日第13版；杨珍：《鳌拜罪案史料辩证——兼论清史研究中满汉史料的运用》，《故宫博物院院刊》2015年第6期；杨珍：《满文史料在清史研究中的局限》，《光明日报》2016年6月1日第14版；杨珍：《再谈满文史料在清史研究中的价值与局限》，《中国社会科学报》2018年4月10日第4版。

清宫中正殿念经处员役选任考述

赵郁楠

中正殿位于紫禁城内西北隅建福宫花园之南，系清宫藏传佛教活动中心。中正殿念经处，“隶属内务府掌仪司”，“是清帝首次在宫廷中设立的专管藏传佛教事务的官方机构”[①]。该机构各级职缺的设置与选任，是清代内务府官制中不可或缺的一个重要组成部分，极具清宫皇家之特色。本文依据中国第一历史档案馆所藏满汉文档案等，拟就中正殿念经处员役选任这一具体问题进行系统梳理和考述。

一、清宫管理中正殿事务王大臣等的特简

中正殿喇嘛念经事务，初由札萨克达喇嘛管理，据《钦定大清会典事例》记，康熙三十六年（1697）降旨：“中正殿供奉佛像，著喇嘛念经，交与札萨克达喇嘛管理。”[②]札萨克达喇嘛是驻京的最高喇嘛，掌管在京宗教事务，隶属于理藩院喇嘛印务处。至康熙六十一年中正殿喇嘛念经事务始派王公总管，具体为“特派王、贝子各一人，管理喇嘛念经及办造佛像事务”[③]。此后，中正殿念经事务由王公管理遂成定制。

（一）管理中正殿事务王大臣对中正殿念经处印信印钥的掌管

康雍时期中正殿念经事务具体办事机构的名称并未固定，有称“中正殿喇

作者系中国第一历史档案馆满文处馆员。

① 王家鹏：《中正殿与清宫藏传佛教》，《故宫博物院院刊》1991年第3期。

② （嘉庆朝）《钦定大清会典事例》卷886《内务府二十》，中国第一历史档案馆档案信息化管理平台。

③ （嘉庆朝）《钦定大清会典事例》卷886《内务府二十一》。

嘛处”“中正殿造佛处”“总管中正殿事务处”“中正殿办事处”的，抑或就简称“中正殿”的，不一而足。直至乾隆十三年（1748）正月，中正殿念经处这一机构名称才最终得以确立。但在档案行文中旧称仍时有延用。中正殿念经事务机构在更名“中正殿念经处”前，还曾铸有“中正殿喇嘛处”图记，《钦定大清会典事例》所记雍正“七年奏准，铸给图记”①，是为“中正殿喇嘛处”图记。机构名称更定后开始筹划铸造新图记印信。新铸图记为正方形，纵5.5厘米、横5.5厘米，新图记的使用时间，从档案实物上来看，是从乾隆十三年五月开始钤用的。图记用满汉文形式合璧镌刻，其满文部分起初并非篆书，至乾隆十八年三月改刻篆书。盛贮印信的朱匣并锁钥亦于乾隆十八年启用，至道光三年（1823）十月，因印匣使用日久，多有糟烂之处，有碍观瞻，故中正殿念经处进行了印匣的首次更换②。而此次重新将印信移于新印匣内存贮，是择于道光三年十月十九日吉日在管理中正殿事务庆郡王绵慜目视下进行的，其过程皆被记录在案，十分正规，足见清宫对藏传佛教事务管理的重视。

中正殿念经处已铸有印信，但其行文光禄寺领取厨役工价银仍须借用内务府印信。直至嘉庆二十四年（1819）七月方呈请改用本处印信。档案中详细记载了此次改印的原因，“中正殿月例唪经喇嘛饭食需用厨役工价咨行光禄寺文移，向系赴内务府呈稿借印。但本殿凡遇奉旨办道场并例载文移行内务府及各部院衙门，俱系用本殿奉旨所设印信咨行。惟厨役工价微末一项，赴他处借印，不能画一，且借用印信日期不准，易至逾限，实于公事无益”③，故呈请嗣后每月行文领取厨役工价，用中正殿印信咨行光禄寺，毋庸借印。此外，中正殿念经印信也并不仅限于本殿使用，雍和宫就曾借用过此图记行文④，嘉庆十七年，军机大臣面奉谕旨：“雍和宫行文办事，向无印信，嗣后着用中正殿印信。”⑤雍和宫是清朝内地最大的藏传佛教格鲁派寺庙和宗教活动与管理中

---

①（嘉庆朝）《钦定大清会典事例》卷886《内务府二十一》。

②《内务府·呈稿》，道光三年十月二十日，档号：05-08-030-000340-0086，中国第一历史档案馆藏。

③《内务府·呈稿》，嘉庆二十四年七月二十二日，档号：05-08-030-000196-0044，中国第一历史档案馆藏。

④《钦定总管内务府现行则例二种·雍和宫》，海口：海南出版社，2000年版，第5册，第43页。

⑤（嘉庆朝）《钦定大清会典事例》卷886《内务府三十三》。

心[①]，尚须借用中正殿念经处图记行文。改印和借印事件均反映出中正殿念经处在清宫藏传佛教事务行政管理上重要地位日益凸显。

中正殿念经处印钥，日常由管理中正殿事务王大臣等佩戴。中正殿念经处具奏行文用印皆需请示掌印管理中正殿王大臣等，中国第一历史档案馆就藏有大臣等因蒙恩佩戴印钥而上奏的谢恩折。若王大臣等有其他公务不能掌印还需请旨派员署理。如光绪二年（1876）二月二十六日中正殿办事处给军机处呈文内载，"查管理中正殿事务贝子衔奉恩镇国公奕谟现在隆福寺住班，贝子衔科尔沁公棍楚克林沁现在请假回籍，总管内务府大臣魁龄于本月二十七日恭请圣训前往惠陵住工，中正殿印钥无人佩戴，相应呈报军机处请旨派员署理"[②]。当日由内阁抄出奉上谕："中正殿印钥著师曾暂行署理。"[③]

（二）清宫管理中正殿事务王大臣等简选范围和任职任期概况

清宫管理中正殿事务王大臣等，均由皇帝特简。史书对此记载不详。如《钦定大清会典》记："中正殿管理王大臣特简，无定员。"[④]《钦定总管内务府现行则例》记："管理中正殿事务大臣系特旨简派。"[⑤]《钦定八旗通志》仅记："中正殿管理事务大臣二人。"[⑥]目前笔者通过粗略考察中国第一历史档案馆所存中正殿念经处满文呈稿办文单签押人员情况看出，管理中正殿事务王大臣等，主要由宗室王公、蒙古札萨克王公、内务府大臣及理藩院尚书等担任，额数在1~6人之间。

管理中正殿事务宗室王公，主要包括果亲王允礼、庄亲王允禄、质郡王永瑢、仪亲王永璇、多罗惇郡王绵恺、庆郡王绵慜及惠郡王绵愉等。蒙古札萨克王公，主要包括科尔沁和硕亲王固伦额驸色布腾巴勒珠尔、喀尔喀札萨克和硕亲王固伦额驸拉旺多尔济、土默特札萨克贝子固伦额驸玛尼巴达喇、土默特札

---

① 赵令志、郭美兰等编译：《雍和宫满文档案译编》上卷，译者前言，北京：北京出版集团公司北京出版社，2016年版，第1页。

②《军机处录副奏折》，光绪二年二月二十六日，档号：03-5663-064，中国第一历史档案馆藏。

③《内务府·来文》，光绪二年二月二十六日，档号：05-13-002-000836-0150，中国第一历史档案馆藏。

④（光绪朝）《钦定大清会典》卷98。

⑤《钦定总管内务府现行则例二种·中正殿设立管理念经处员役》第4册，第249页。

⑥ 李洵等校点：《钦定八旗通志》，长春：吉林文史出版社，2002年版，第2册，第839页。

萨克固山贝子德勒克色楞、奈曼札萨克多罗达尔汗郡王固伦额驸德木楚克扎布、喀尔喀札萨克和硕亲王达尔玛、贝子衔科尔沁公棍楚克林沁、科尔沁多罗贝勒那尔苏、喀尔喀札萨克和硕亲王那彦图等。此外，乾隆初期满洲异姓功臣果毅公讷亲也曾管理过中正殿事务。再仔细阅读呈稿档案就会发现，管理中正殿事务的宗室王公多系第一签押责任人，蒙古札萨克王公多为第二签押责任人。总体看，宗室和蒙古王公等任期均很长，如和硕仪亲王永璇任职近28年，土默特札萨克贝子玛尼巴达喇任职16年有余，且清前期任职者普遍比清后期任职者任期要长。乾嘉时期甚至出现了蒙古王公比宗室王公任期还要长久的特例，比如喀尔喀札萨克和硕亲王拉旺多尔济。

清宫管理中正殿事务的满蒙王公等，伴驾御前，进出宫闱，拈香礼佛，殊于常务，能任职长久者，务须深得皇帝宠信方可。如上述任期最久的拉旺多尔济，系乾隆帝第七女固伦和静公主之额驸，喀尔喀蒙古赛因诺颜部超勇亲王策凌之孙、札萨克和硕亲王成衮扎布之子，自乾隆三十七年（1772）直至嘉庆二十一年（1816）病故，其管理中正殿事务近44年。乾隆二十一年清军西征准噶尔蒙古时，发生喀尔喀和托辉特部首领青衮杂卜之乱，成衮扎布受命平叛，乾隆帝为稳定喀尔喀蒙古的动荡局势，笼络札萨克和硕亲王成衮扎布，将其第七女指嫁成衮扎布第七子拉旺多尔济，并封拉旺多尔济为世子。拉旺多尔济幼育内廷，于订婚14年后的乾隆三十五年与固伦和静公主正式成婚，被封为固伦额驸，与公主长久住京，不久任御前行走，次年袭其父札萨克和硕亲王爵位，于乾隆三十七年命管中正殿事务。乾隆帝对其较为信重，曾委以军事重任，同时也相当护佑这位七额驸，中国第一历史档案馆所藏满文寄信档中就曾记载，“乾隆四十六年四月初五日奉上谕：著寄谕阿桂、和珅。额驸拉旺多尔济乃蒙古亲王，凡领兵打仗，亦不可如内地提督、领队大臣一样差遣，令其冲锋陷阵。阿桂、和珅理应留意”，“时值暑热，拉旺多尔济断难忍受，著其暂停来京，由彼即赴游牧避暑，乘便亦得祭扫其父之墓”。[①]拉旺多尔济所娶和静公主与嘉庆皇帝系同母姐弟，皆系令贵妃魏佳氏所生。乾隆晚期和珅专权时，七额驸耿介自持，不与之交。且武功出众，尽心宫卫职守，对嘉庆帝还有护驾之功。《清史稿》对此记为：“嘉庆八年闰二月，仁宗乘舆入顺贞门，有陈德者伏门侧突出，侍卫丹巴多尔济御之，被三创，拉旺多尔济挼其腕乃获而诛之，赐

① 《乾隆朝满文寄信档译编》第15册，第556页。

御用补褂。”[①]拉旺多尔济因此在清代王公大臣等中口碑甚好，有人甚至将其比作“西汉宫中辅政的大将军霍光和匈奴王子金日磾”[②]，他也是清宫唯一一位历经乾嘉两朝，先后协助永瑢、永璇两位宗室亲王职掌中正殿念经事务任期长达44年之久的蒙古亲王。

管理中正殿事务内务府大臣或理藩院尚书等，则多系呈稿第三或第四签押责任人，其任期普遍不长，更换亦较为频繁，少则数月，多则两三年不等。起初管理中正殿事务王公等遇有离京外派或缺勤之情况，皆需奏请皇帝降旨遣派大臣等临时署理中正殿事务，随设随撤。如嘉庆七年（1802）五月初二日至七月初八日拉旺多尔济请假期间，皇帝依照所请特派尚书琳宁署理中正殿事务。嘉庆时期，大臣等亦逐渐由署理变为管理中正殿事务，如据满文档案记载，嘉庆十二年四月十七日，管理中正殿事务永璇奏请称：“与其一同管理中正殿事务之和硕喀尔喀亲王拉旺多尔济已去避暑。查得，此数年间，奏请代替拉旺多尔济署理中正殿事务时，每次均派理藩院尚书博兴。臣永璇愚以为，每年夏季奏请代署拉旺多尔济，似稍显繁杂，若圣主再增派一位大臣，同臣永璇、拉旺多尔济一齐管理中正殿事务，则可毋庸每年为署理具奏。合适与否之处，仰祈额真指教后遵行。”此折奉旨：“著派尚书博兴管理。”此外，通过考察中正殿念经处呈稿办文单签押责任人数量还可以看出，存在同时有多达5位内务府大臣协助王公共同管理中正殿念经事务的情况[③]。

二、清宫中正殿念经处有品级官员的拣选

清代内务府官员选任的最主要方式是公缺和题缺[④]。公缺，满文拉丁转写为siden oron，是指在内务府所有机构中将符合资格者选拔升用；题缺，满文拉丁转写为tesu bai oron，仅限在本机构中选拔，由该机构最高长官“自行题补”，并咨送内务府核实备案。中正殿念经处员外郎等有品级官缺的设置与拣

---

①《清史稿》卷297《列传八十三·策棱》，第10383页。

②〔清〕昭梿：《啸亭杂录续录》卷二《超勇亲王》，北京：中华书局，1980年版，第407页。

③《内务府·呈稿》，嘉庆元年正月二十日，档号：05-08-015-000002-0001，中国第一历史档案馆藏。

④ 杜家骥：《清代八旗官制与行政》，北京：中国社会科学出版社，2015年版，第216页。

选是异常复杂的内务府官制的一个缩影。

（一）中正殿念经处员外郎的拣选

中正殿念经处专设从五品员外郎2员。康熙三十六年奉旨："派内府司官二人，与察罕喇嘛呼图克图办造佛像事务。"雍正五年（1727）奏准："办造佛像之内务府司员二人，著兼办喇嘛念经处事务。"雍正十三年又奏准："办造佛像兼办中正殿念经事务之内务府司官二人，令其专司本处事务，其本缺另行铨补。"[①]通过考察中国第一历史档案馆所藏中正殿念经处满文呈稿档案不难发现，"内务府司官（员）"具体即指员外郎，其2员之定额，虽乾隆初期偶有增设，但自始至终变动不大。

员外郎2缺最初由管理中正殿事务王大臣等"自行题补"，均为题缺。但到乾隆五十一年（1786）和珅任总管内务府大臣时，奏准将其全部改为公缺。"中正殿员外郎二缺，向系题缺，今俱改为公缺。"[②]嘉庆四年（1799）又奏准改为公缺、题缺各1个。员外郎2缺为何会有题缺、公缺的变化呢？据满文档案记载可知，乾隆五十一年和珅具奏后，上驷院、武备院、奉宸苑等处额缺均定为一半公缺、一半题缺，唯有中正殿员外郎2缺俱定为公缺。但因各寺院念经、行围祭祀等差，均由中正殿官员承办，任务繁重，将员外郎定为题缺更为方便。若照和珅所奏均定为公缺，则中正殿应升人员均无晋升之路，而调补之人又不熟悉念经事务。故此，嘉庆四年二月，管理中正殿事务仪亲王永璇同固伦额驸拉旺多尔济合议后，奏准将员外郎2缺，亦照上驷院等衙门，定为公缺、题缺各1个[③]。至嘉庆八年十二月二十三日中正殿念经处查奏："中正殿各项道场以及随围祭山等项差务较繁，而由公缺升用人员，既非本处出身之人，于本处差务实多未谙，且臣本处题缺既少，而平素奋勉当差人员无从鼓励，臣等公同酌议请将公缺员外郎一缺，仍遵旧例改为本处题缺，如此办理，既于旧例相符，而本处人员驾轻就熟，实于公务有裨。"[④]该折奉旨依

---

①（光绪朝）《钦定大清会典事例》卷1173《内务府官制》。

②（嘉庆朝）《钦定大清会典事例》卷887《内务府十一》。

③《内务府·呈稿》，嘉庆四年二月，档号：05-08-030-000176-0017，中国第一历史档案馆藏。

④《内务府·呈稿》，嘉庆八年十二月二十五日，档号：05-08-030-000180-0103，中国第一历史档案馆藏。

议后，员外郎2缺又皆改回题缺2个。据中正殿例载：遇员外郎二员缺出，应由副内管领拣选，挨次递升；其员外郎二员，卓异俸深，应咨内务府以郎中拣选升用[①]。

（二）中正殿念经处副内管领的拣选

中正殿念经处专设正六品副内管领2员，亦专司本处事务，不承办内务府其他杂差。如嘉庆二十四年（1819）紫禁城东西华门外大连房安设汲桶[②]，内务府堂派披甲人、苏拉、骁骑校、副内管领等值宿并稽查操演，中正殿念经处副内管领吉瑞、德瑞虽是内务府人员，但属中正殿奏准“占用专司人员”，不能出差[③]，故经中正殿念经处呈报内务府堂后，照例免除二人承此杂差。

副内管领2员之定额，几经增减，至嘉庆二年（1797）后方成为定制。其初设时仅有1人，目前从档案记载来看，自乾隆三十四年（1769）十一月二十三日起，呈稿办文单首页始由员外郎永泰、德泰2人和副内管领德格1人签押，而此前则均由员外郎和笔帖式等签押，并无副内管领签押之处。副内管领仅有1人签押的状况，一直延续至乾隆四十年三月十四日前，自该日始呈稿办文单首页由员外郎永泰、德泰和副内管领老格、成明4人签押，说明此时已设有副内管领2人。然至乾隆四十二年七月十一日，呈稿办文单首页又变由员外郎陈政、老格2人和副内管领石图、三福、金柱3人签押，可知此时副内管领又增至3人。直至嘉庆二年三月，签押副内管领之人数方又转为2人，此后一直沿用2员之定额，呈稿办文单首页始终由员外郎2人、副内管领2人共同签押。

副内管领2缺均系题缺，主要由本处笔帖式充任，但亦有笔帖式因未等到副内管领缺出而告降之例。如据档案记载，嘉庆十三年中正殿念经处笔帖式吉全被挑在奏事处行走，3年期满后经奏事处带领引见，奉旨以中正殿念经处主事补用。然经总管内务府查明，中正殿念经处“向无额设主事，仅有题缺副内

---

① 《内务府·呈稿》，光绪十一年二月初九日，档号：05-08-030-000570-0045，中国第一历史档案馆藏。

② 汲桶：又作激桶，是一种使用人力操作的喷水灭火设备。

③ 《内务府·来文》，嘉庆二十四年十二月初一日，档号：05-13-002-000578-0141，中国第一历史档案馆藏。

管领，系属文职六品，与主事职俸相等”[①]，又奏准以该处副内管领补用。但吉全自钦奉恩旨后，即行开缺候补，直到嘉庆二十四年已将近8年，也一直没有等到副内管领缺出，故伊不得不呈请中正殿念经处咨行内务府，情愿“照依候缺委署主事告降补笔帖式之例，以内务府笔帖式补用”[②]。副内管领当差勤勉者，除可升补中正殿员外郎之缺外，还可升补内务府内管领之缺，如据中正殿例载：“副内管领二员，卓异俸深，以内务府内管领拣选升用。”[③]

（三）中正殿念经处八品笔帖式的拣选

中正殿念经处共设八品笔帖式4员，内2员赏给六品虚衔，均系题缺。

考八品笔帖式定额4员定制，系于乾隆三十九年（1774）厘定。据《钦定大清会典事例》记载，康熙五十九年奏准中正殿“增设外旗蒙古助教一人、护军一名，为铺排头目。内务府铺排内委放头目一名”。雍正帝又进一步规范“铺排头目”等职名，雍正元年（1723）降旨：“中正殿念经处外旗蒙古铺排头目二名，内府铺排头目一名，俱授为八品笔帖式。”是时中正殿念经处共设八品笔帖式3名，其中选自上三旗蒙古2人、选自内务府三旗1人。乾隆三十九年中正殿念经处奏准：“内务府苏拉笔帖式内，增设八品笔帖式一人。再于上三旗蒙古并内务府八品笔帖式内各拣选一人，给与六品虚衔，仍食原俸。”[④]此后中正殿念经处共设八品笔帖式4名，其中选自上三旗蒙古2人，选自内务府三旗2人，且各有一人给六品虚衔。

选自内务府的六品虚衔八品笔帖式和八品笔帖式各1缺，自本处行走无品级内务府苏拉笔帖式内选补，其任职5年期满后，既可“咨送内务府补用”[⑤]，亦可补取中正殿念经处副内管领之缺。如据档案记载，同治六年（1867）九月，中正殿副内管领常瑛升补本殿革职清弼所遗员外郎一缺后，常瑛所遗副内管领一缺，则由中正殿六品衔八品笔帖式克兴额补取；克兴额所遗

---

①②《内务府·来文》，嘉庆二十四年十一月三十日，档号：05-13-002-000578-0139，中国第一历史档案馆藏。

③《内务府·呈稿》，光绪十一年二月初九日，档号：05-08-030-000570-0045，中国第一历史档案馆藏。

④（嘉庆朝）《钦定大清会典事例》卷886《内务府二十》《内务府二十一》。

⑤（嘉庆朝）《钦定大清会典事例》卷32《吏部二十三》。

之缺，则由八品笔帖式德钟补取；德钟所遗之缺，则由苏拉笔帖式荣科补取[①]。

而选自上三旗蒙古的六品虚衔八品笔帖式和八品笔帖式各1缺，均自本处行走无品级蒙古苏拉笔帖式内选补，5年期满后可咨送理藩院升用。据《钦定大清会典事例》载："乾隆五十九年（1794）定，五年期满，移咨吏部，专以理藩院蒙古主事，不论双单月，无论保题、升选，五缺之后升用。"[②]后又有所变化，如嘉庆六年（1801）[③]议准后定为，5年期满，如果勤慎奋勉，仍食原俸，毋庸移咨吏部，直接由中正殿念经处保奏，"照依喇嘛印务处年满笔帖式咨送理藩院学习主事上行走之例咨送理藩院本班候补"[④]。

（四）中正殿念经处职官的京察与奖惩

管理中正殿事务王大臣等对中正殿念经处中级官员的考核非常严格，每3年须照例进行一次京察考核。中正殿要提前拟出本殿官员等次报行内务府堂，由内务府上报皇帝后各员按等级再行升补录用。如道光二年（1822）二月中正殿抄出内务府堂交："京察准为一等官员、笔帖式、达他等，例应指定应升班次，以备入名拣选，今列一等人员业经带领引见，着交所属各等处，查照定例，将应保升人员、应升缺分，回明大人等位，即行报堂。"管理中正殿事务和硕惇亲王、正红旗蒙古都统上默特札萨克贝子固伦额驸玛尼巴达喇、总管内务府大臣常福，随即遵奉堂交将员外郎存德咨文保送内务府，文内称："本殿行走员外郎存德，自乾隆五十二年升授八品笔帖式至今，食俸共二十五年，竟员外郎任上二十年，理合咨送内务府归入俸深班，遇有郎中缺出，入名拣选。"[⑤]但因内务府司员保奖过多，每有缺出，将内务府保奖司员尽先补用，中正殿卓异俸深各员，则"开列在后，以致补缺无期，年复一年，习为故事"。

---

①《内务府·来文》，同治六年九月十二日，档号：05-13-002-000801-0083，中国第一历史档案馆藏。

②（嘉庆朝）《钦定大清会典事例》卷32《吏部二十三》。

③ 有关此时间，（嘉庆朝）《钦定大清会典事例》卷32记为"嘉庆十一年议准"，应属错误。

④ 中国第一历史档案馆藏《内务府·呈稿》，档号：05-08-030-000183-0018、05-08-030-000337-0041等档案中也有"嘉庆六年议准"的记载。另嘉庆朝《钦定大清会典事例》卷888内务府10下也记为"嘉庆六年奏准，上三旗蒙古六品虚衔八品笔帖式如五年期满，奏请移送理藩院，候升主事"。

⑤《内务府·来文》，道光二年二月二十九日，档号：05-13-002-000589-0068，中国第一历史档案馆藏。

据档案记载，“自道光年间保列一等之员外郎存槿升补掌仪司郎中，同治年间保列一等之副内管领福濬升补内管领，此外别无升转之员”[①]。足见京察中正殿一等官员升转之艰难。管理中正殿事务科尔沁多罗贝勒那尔苏等又查得，道光、同治年间保列一等“该员等皆由考取苏拉笔帖式出身，食饷银一两，当差二十余年，始能食俸，异常清苦。近因光绪八年春间经王大臣等会议严申门禁章程，经奴才等派委该司员等逐日进署严察该员等，尚能认真稽查，不避劳怨，且同系内府世仆，一体当差，而升转一途，苦乐不均，未免向隅”，故将光绪十一年（1885）京察中正殿一等员外郎常瑛，于二月初八日带领引见奉朱批圈出后，中正殿堂台又经过再四思维，再次奏请皇帝，饬交内务府，将其所保一等员外郎常瑛“参酌旧例，仿照计缺轮补章程，遇有内务府郎中缺出，无论何项班次，统计三缺，截补一缺，其副内管领，遇有内管领缺出，亦照此办理。此缺即作为中正殿司员轮补专缺，以励人材而符定例”[②]，此折于光绪十一年二月初九日具奏奉旨依议后，“老成练达、心地明白”[③]之员外郎常瑛，方得以照章“截升内务府郎中。在案”[④]。此后，京察中正殿一等官员之升补方才得到些许保障。

据相关满文档案记载可得，中正殿念经处当差各员，常有派出随围承办念经事务等外差，皆可照例领取赏银。如中正殿念经处行走蒙古八品笔帖式富僧，于乾隆三十六年（1771）一年之内被派出随驾皇上木兰行围共计81天，分别是七月初十日启程，七月十三日返回，七月十九日又启程，直至十月初八日回京。乾隆三十六年在京已领50日路费，在外领取20日路费，乾隆三十七年又补领11日路费，此项路费银两皆由中正殿念经处知会笔帖式富僧所在旗行文户部咨领。乾隆三十八年承德避暑山庄新赐建戒台、罗汉堂二寺，中正殿念经处派出内府八品笔帖式50，运送二寺喇嘛念经所用无量寿佛经等经书114部，中正殿念经处则呈请内务府照例支给其“当铺滋生银”等。倘有职官违

① 《内务府·来文》，光绪十一年二月初九日，档号：05-13-002-000882-0059，中国第一历史档案馆藏。

② 《内务府·来文》，光绪十一年二月初九日，档号：05-13-002-000882-0059，中国第一历史档案馆藏。

③ 《内务府·来文》，光绪十一年二月十一日，档号：05-13-002-000882-0068，中国第一历史档案馆藏。

④ 《内务府·来文》，光绪二十年二月二十四日，档号：05-13-002-000925-0116，中国第一历史档案馆藏。

纪，相关衙门则对其严惩不贷，绝无姑息。如乾隆三十九年提督衙门会同都察院议复，旗人不许入园听戏，又经通行出示晓谕在案。但乾隆四十一年（1776）十月二十八日，提督衙门派番役在正阳门各处戏园查访，发现广和楼戏园内有中正殿员外郎德泰，副内管领成明，笔帖式佛尔青额、五保4人在戏园听戏。档案内具体记为："据德泰供，系镶黄旗包衣四十七管领下中正殿员外郎，本月二十八日，因本管大臣拉旺多尔济在正阳门外西月墙考验射箭，我同副管领成明，笔帖式佛尔青额、五保回事后，我们四人在永和馆饭铺吃了饭，因佛尔青额、五保买东西去，我与成明在奶茶铺等候总不见来，遂叫家人找寻，说他们在广和楼听戏，我们二人原找到广和楼叫他们一同进城，才进戏园坐下即被官人拿了。"[1]后经参奏，此4人皆被革职、罚俸，交刑部照例治罪。

三、清宫中正殿念经处无品级职缺的选用

据《总管内务府现行则例》统计，中正殿念经处共设无品级苏拉笔帖式34缺，另从档案记载中看，该处还设有效力行走苏拉笔帖式[2]、唐古忒学生、拜唐阿领催等20余缺，具体从事缮写满汉稿案和奏折、外派随围当差、开闭清宫中正殿一区各殿殿门、缮写四体佛号及监看喇嘛念经等大量基础性工作。伊等均无品级，食原来钱粮，分别由管理中正殿事务王大臣等从内务府三旗、上三旗蒙古及唐古忒官学等内自行考选后奏准补用。

（一）内务府苏拉笔帖式的选补

中正殿念经处最初设铺排苏拉28名，均选自内务府三旗各管领下的包衣披甲人。据《钦定大清会典事例》载："康熙三十六年（1697）议准，于内务府三旗各管领下，挑取披甲人二十八名，充当铺排苏拉。五十九年奏准，内务

① 《内务府·呈稿》，乾隆四十一年十一月初三日，档号：05-08-030-000016-0014，中国第一历史档案馆藏。

② 效力行走苏拉笔帖式：亦作效力行走，满文拉丁转写为aisilame yabure sula bithesi或aisilame yabure，目前从清宫满文档案记载看，其选补和承担差务同苏拉笔帖式基本一致，数量较多，可备补苏拉笔帖式实缺。

府铺排内裁汰四名，额定二十四名。”[①]雍正帝进一步规范铺排苏拉职名，雍正元年降旨：“中正殿念经处铺排等，俱更名为苏拉笔帖式。”[②]其额数后来裁减至22名，如据《钦定总管内务府现行则例》所记，中正殿念经处额设内务府三旗苏拉笔帖式22员[③]。此内务府苏拉笔帖式出缺后，或从本处内务府效力行走苏拉笔帖式挑补，或由中正殿念经处向内务府三旗各佐领、管领下咨取披甲人、闲散幼丁呈堂考取[④]。闲散幼丁因本身并无所食钱粮，其补取苏拉笔帖式后，每月暂行添给1两钱粮，并由中正殿念经处咨行内务府交都虞司，遇有各自佐领、管领下披甲出缺即可扣补。

苏拉笔帖式当差勤勉者，除可补取本处所悬八品笔帖式之缺外还可升转。其升转主要分为保升和不保升两种情形[⑤]。保升者：如其是佐领下人，均被保送骁骑校入单拣选升用；如其是管领下人，则被保送副内管领入班拣选升用。不保升者：多被拨回原佐管领下披甲。如中正殿念经处苏拉笔帖式钟瑞，自乾隆四十三年（1778）在写佛号处效力当差20余年，无过，因嘉庆五年以来家道更较寒难，实不能承应中正殿之差，故呈请拨回原管领下披甲[⑥]。

而当差怠惰者亦会相应受罚。如据满文档案记载宝华殿开门打扫、念经结束后闭门、同太监交接等事务，原派苏拉笔帖式9人，编作3班轮班行走，每日接班者均于天未明时即开殿门，以备打扫、摆供。乾隆三十四年正月二十九日皇上进宫，当班委署首领苏拉笔帖式戴玉日出时仍未前来，所管官员等派人叫后，方前来开殿门，对其稍加教训，不仅称没有误事，且还出言不逊，推诿称直接告我，在哪不吃口饭，不知体统。结果苏拉笔帖式正黄旗六十五管领下披甲戴玉，终因怠惰被革去所食钱粮米石，以儆效尤。

（二）上三旗蒙古苏拉笔帖式的选补

上三旗蒙古苏拉笔帖式，因晚于内务府“铺排苏拉”等而设，初名“补

---

①②（嘉庆朝）《钦定大清会典事例》卷886《内务府二十》《内务府二十一》。

③《钦定总管内务府现行则例二种·中正殿设立管理念经处员役》第4册，第249页。

④《内务府·呈稿》，同治九年七月十三日，档号：05-08-030-000460-0034，中国第一历史档案馆藏。

⑤《内务府·呈稿》，光绪三十二年四月二十日，档号：05-08-030-000586-0075，中国第一历史档案馆藏。

⑥《内务府·呈稿》，嘉庆五年十一月十二日，档号：05-08-030-000177-0095，中国第一历史档案馆藏。

排”，康熙五十九年（1720）仅设有5缺，雍正元年（1723）又增设7缺并均更名为苏拉笔帖式，合计12缺。如据《钦定总管内务府现行则例》记，中正殿念经处额设上三旗蒙古苏拉笔帖式12员[①]。

中正殿念经处蒙古苏拉笔帖式出缺后，主要从上三旗蒙古前锋、护军、领催等内选补。如乾隆三十八年（1773）三月，苏拉笔帖式镶黄旗蒙古纳尔善佐领下领催喀明阿病故，遗缺选由镶黄旗蒙古索诺木策巴佐领下护军博瑞考补。初蒙古苏拉笔帖式每出一缺，上三旗蒙古每旗均要自护军、领催等内，选送通满、汉、蒙古文翻译且年壮优良，或既懂蒙古语又能缮写满文折2名人选，交由管理中正殿事务王大臣等考补。此外也有直接从本处效力行走蒙古苏拉笔帖式中选补者，如乾隆四十二年十二月十六日，管理中正殿事务多罗质郡王等，将苏拉笔帖式上效力行走正黄旗七十七佐领下蒙古护军佛尔卿额调补实缺苏拉笔帖式，而佛尔卿额所遗效力苏拉笔帖式一缺，则由正黄旗法保佐领下蒙古前锋三福挑补[②]。

上三旗蒙古护军等挑补中正殿念经处蒙古苏拉笔帖式后，本身仍照常食原来钱粮，但诸凡紫禁城内其他杂差均不用承担，如有应升之处还可照常升任。其当差勤勉者，既可升任中正殿念经处八品笔帖式文职，也可保送侍卫蓝翎、护军校、骁骑校等武职，升途较挑补前更宽。如乾隆十三年八月中正殿行走苏拉笔帖式正黄旗武弥泰佐领下蒙古护军富昌，可勘补取侍卫蓝翎，中正殿念经处便呈请行文该护军统领转行领侍卫内大臣处办理相关事宜。但是乾隆二十七年（1762）六月档案中又记富昌升为察哈尔旗都统笔帖式，其所出苏拉笔帖式之缺则由镶黄旗明全佐领下蒙古护军关柱补取，可见此蒙古苏拉笔帖式实际上升迁并不快。

（三）唐古忒学生和画匠的选用

管理中正殿事务王大臣等亦奏请皇帝批准选取一些承担特殊差务之人，如缮写佛号的唐古忒学生。唐古忒学生，亦作西番学生，满文拉丁转写为tang-gvt tacikvi juse，皆选自清政府为培养藏语文翻译人员专设的隶属理藩院管辖的唐古忒官学，多由八旗蒙古人充任。

---

①《钦定总管内务府现行则例二种·中正殿设立管理念经处员役》第4册，第250页。

②《内务府·来文》，乾隆四十三年闰六月初四日，档号：05-13-002-000444-0078，中国第一历史档案馆藏。

据档案记载，乾隆二十四年（1759）中正殿念经处内部始设写佛号处，其全称为缮写满、汉、蒙古、藏四体字佛号处，满文罗马转写为duin hacin hergen i fucihi colo be arara ba。写佛号处行走当差人员的职名在各时期略有不同，额数大体保持在10人左右，分别是首领1至3员不等，多由笔帖式和骁骑校兼任，其下设苏拉笔帖式4员，唐古忒学生4员[①]。

写佛号处唐古忒学生之缺并非最初即设，初为经咒馆候缺笔帖式。据档案记载，乾隆二十四年四月十七日太监胡世杰传旨："著交和硕庄亲王选取中正殿笔帖式，同经咒馆缮写满、蒙古字之人一起，跟随阿嘉呼图克图缮写四体佛号。"和硕庄亲王遵旨选取的是中正殿苏拉笔帖式3名，经咒馆候缺笔帖式4名。此继出候缺笔帖式之缺，最初均行文经咒馆选人带领补取。乾隆三十七年正月二十九日奉旨："经咒馆着归并清字经馆。"[②]继而清字经馆接收了原经咒馆官员人等129名，此时写佛号处悬有候缺笔帖式2缺，因清字经馆没有能缮写蒙古字折之候缺笔帖式，他项人内虽有能写蒙古字之人，但各自均有交办事务，暂时找不到人补缺。后中正殿念经处查得，唐古忒学生等内有能缮写唐古忒文、满文、蒙古文者，故奏请皇帝准自唐古忒学生等内选取优良者2名进行充补，且不出其唐古忒学生之缺，仍占原额，其应支钱粮银米等项亦照常支给，两名唐古忒学生在写佛号处如若诚心行走，优良者可于唐古忒学生等应升之处前列补用，所余候缺笔帖式2缺若出，亦照此自唐古忒学生内选取优良者进行充补。据档案记载，写佛号处行走唐古忒学生勤勉效力5年期满以后，除可保送补取唐古忒官学、理藩院笔帖式之缺，补取唐古忒官学苏拉教习、助教

---

①《内务府·呈稿》，档案原件为满文考勤单，乾隆四十八年六月，档号：05-08-030-000023-0035，第一历史档案馆藏。文中内容系经笔者翻译转述，全原文满文拉丁转写如下：fucihi colo be arara bai，funde boxokv sungning，emu biya yamulaha，araha da yungtsun，emu biya yamulaha，sartu，emu biya yamulaha，sula bithesi baxii，orin juwe inenggi yamulaha，nadan inenggi nimehe，fuhi，emu biya yamulaha，tanggvt tacikvi juse ulhingge，emu biya yamulaha，fuceng，emu biya yamulaha，fuming，orin inenggi yamulaha，uyun inenggi xolo baiha，lingtai，emu biya yamulaha，sula bithesi yungxui，emu biya yamulaha，aisilame yabure xuiking，emu biya yamulaha，boociowan，tofohon inenggi yamulaha，juwan duin inenggi xolo baiha，xuwangju，emu biya yamulaha，dexui，emu biya yamulaha。ninggun biya。本文所引满文拉丁转写均按DA/T 30—2019《满文档案著录名词与术语汉译规则》附录B《满文字母与拉丁字母对照表》（《档案工作标准汇编》，北京：中国标准出版社，2019年版，第34页）规定的转写法进行转写。

②《内务府·来文》，乾隆三十七年七月十三日，档号：05-13-002-000426-0101，中国第一历史档案馆藏。

之缺外[①]，还可外放，如赴喜峰口驿站、四川总督衙门等处任笔帖式等职。

此外，在写佛号处当差之人，除唐古忒学生之外，尚有选自内务府三旗的画匠1至2名。如据档案记载，乾隆三十九年（1774），正白旗李文昭佐领下画匠寿儿病故，其所出之缺由镶黄旗朱尔杭阿佐领下画匠三达子补取；而正黄旗刘淳佐领下画匠福保，因当差怠惰被驳回后，其所出之缺则由镶黄旗保山管领下画匠住儿补取[②]。

（四）拜唐阿领催和厨役的选雇

拜唐阿，系满语“baitangga”之音译，意为差人、有事者、执事人。据档案记载，每月清宫中正殿等处念经、做巴苓喇嘛等共有1500余人[③]，中正殿念经处除照例行文内务府交掌仪司给喇嘛等领取应得口分钱粮外，掌仪司还曾设立催总1人、领催5人，专门负责每日给喇嘛等做饭、伺茶之事。乾隆三十三年内务府奏准议定后，给喇嘛等领月例银和做饭、伺茶等事均毋庸交掌仪司，而改由中正殿念经处直接办理，并裁去催总1缺、领催3缺，视现有之人出缺即行裁减，此后仅保留拜唐阿领催2缺，拜唐阿领催所出之缺亦改由中正殿官员等选补。既简化了流程，又裁撤了冗员。

苏拉人员任职拜唐阿领催，系属被正式委以职务，且每月食有二两固定钱粮之员，本身也具有一种选官资格，如《清史稿·选举志》所记：“满人入

---

①《内务府·呈稿》，道光五年三月二十四日，档号：05-08-030-000343-0025，第一历史档案馆藏。全原文满文拉丁转写如下：jung jeng diyan i baita be icihiyara hafasai aliburengge。akdulame benere jalin。baicaci，musei baci da wesimbuhe bade，ereci julesi fucihi colo arara ursei oron tucici，gemu tanggvt tacikv ci tanggvt tacikv juse i dorgi tanggvt manju monggo hergen ararangge sain ningge be sonjome gaifi，duin hacin i hergen i fucihi colo be arabuki。sunja aniya jalufi ese unenggi kiceme faxxarangge bici harangga tacikv de bithe yabubufi tacikvi juse i wesici acara bade juleri faidafi baitalabuki seme wesimbufi yabubuha be dangsede ejehebi。te fucihi colo arara tanggvt tacikvi juse tosobu saicungga fengsen i orin duici aniya duin biyaci harangga tacikv ci benjifi yabubuha ci ebsi te sunja aniya yabuhabi。tuwaci，tanggvt tacikvi juse tosobu fucihi colo arara de kiceme faxxara be dahame，bahaci，tosobu be harangga tacikv de bithe yabubufi，ceni tacikv i tacikvi jusei wesici acara bade juleri faidafi，meni bai da wesimbuhe songkoi icihiyabuki sembi。erei jalin alibuha。doro eldengge i sunjaci aniya。

②《内务府·来文》，乾隆三十九年三月，档号：05-13-002-000432-0054，中国第一历史档案馆藏。

③《内务府·呈稿》，嘉庆元年正月二十日，档号：05-08-015-000002-0001，中国第一历史档案馆藏。

官，以门阀进者，多自侍卫、拜唐阿始。”[①]但目前从档案记载来看，中正殿喇嘛饭房行走的拜唐阿领催，鲜有继续升用者，多在此效力终身。如掌仪司拜唐阿领催礼珠，正黄旗良保管领下人，于乾隆三十七年（1772）正月初四日病故，中正殿念经处在收到该管领出具的礼珠病故保结后，便行文内务府交会计司等处办理裁去伊每月所食二两钱粮，其后又选取镶黄旗管领下苏拉额勒达色补其所出之缺。中正殿喇嘛饭房行走拜唐阿领催吉祥，正黄旗博文管领下人，乾隆四十九年十月十六日病故，其所遗之缺选由镶黄旗玛达色管领下苏拉福广补取。此外，拜唐阿领催也有因革职出缺补取的情况，如嘉庆十三年（1808）十二月，拜唐阿领催常青，即因旷班，数次严催亦不前来，经办理中正殿事务官员等呈明管理王大臣等后被革职，其所出之缺后选由镶黄旗吉喇敏管领下苏拉常诚补取。

厨役，满文拉丁转写为mucesi，具体承办给清宫念经喇嘛做饭之差，数量并不固定，平均每月用工60余名。如据嘉庆元年正月中正殿念经处呈稿档案记载：“中正殿念经正月小二十九日用厨役五十八工，恩佑寺每月初一、十五日摆供用厨役四工，恩慕寺每月初一、十五日摆供用厨役四工，以上共用厨役六十六工。”[②]据档案记载，自乾隆二十三年五月起，中正殿喇嘛饭房拜唐阿领催和厨役开始承担宫内看守火炭值宿之差。禁城之内当差理宜安静，不应任意聚谈。乾隆四十八年九月初五日，喇嘛饭房厨役林二与裱匠刘五在内值宿，即因相坐闲谈一时声高，被当班护军抓去审问，后被重责30板方行送回[③]。雇用厨役所需银两，档案中称为“工价银”或“工值银”，系计工给价、计工给值之意，初由掌仪司按月行文光禄寺领办，如《钦定大清会典事例》记：“中正殿等处喇嘛诵经，造办饭食，应用厨役工值，据掌仪司来文数目覈给。”[④]但从满文档案记载来看，此项领取厨役工值之事，内务府于乾隆三十三年议定，毋

---

①《清史稿》志九十二《选举五》，中国第一历史档案馆档案信息化管理平台，书同文古籍数据库。

②《内务府·呈稿》，嘉庆元年正月二十日，档号：05-08-015-000002-0001。

③《内务府·呈稿》，乾隆四十八年九月初八日，档号：05-08-030-000023-0064。

④（光绪朝）《钦定大清会典事例》卷1089。

庸交付掌仪司，改由中正殿念经处直接行文光禄寺办理[①]。另据满文档案记载，嘉庆七年（1802）九月二十八日、三十日，管理中正殿事务和硕仪亲王永璇会同七额驸拉旺多尔济给属下发布札付，“令办理中正殿念经喇嘛等饭食诸凡事务，由副内管领萨丙阿、六禄二人，会同员外郎清泰、存德二人一体办理”，既体现了清宫对藏传佛教事务管理的重视，又反映出中正殿念经处在清

---

①《内务府·呈稿》，嘉庆元年正月二十日，档号：05-08-015-000002-0001。文中内容系经笔者翻译转述，全原文满文拉丁转写如下：jung jeng diyan i baita be icihiyara hafasai aliburengge。inenggidari biyadari nomun hvlara lamasa de buda weilere mucesi i hvsun turigen be yabubure jalin。abkai wehiyehe i gvsin ilaci aniya duin biyai orin ilan de tanggin ci sarkiyaha bade ere aniya aniya biyai orin duin de meni yamun ci wesimbuhengge，dorgi geren bade baitalara buyarame jekui jergi jaka be ereci julesi emu aniya baitalara de isingga be bodome baime udafi baitalara de belhebureci tulgiyen，tulergi geren bai gaici acara buyarame jekui jergi hacin be hvda salibufi menggun buki。biyadari emu mudan meni meni harangga kadalara hafasa ci gaijara bithe tucibufi，teisu teisu ambula asarara fiyenten ci gaifi baitalabuki sembi semme wesimbuhede hese saha sehebe gingguleme dahafi，sirame icihiyara hafan mingxan sei alibuha bade，jung jeng diyan i jergi bade nomun hvlara lamasa de bahabuci acara jyma nimenggi jergi hacin de salibuha menggun be ere aniya juwe biyai ice ci deribume ambula asarara fiyenten ci gaifi baitalabuci acambi seme alibuha be dangsede ejehebi。baicaci，geren bade nomun hvlara lamasai jetere buda neneme jung jeng diyan ci dorgi baita be uheri kadalara yamun de yabubufi ulame dorolon be kadalara fiyenten de afabufi icihiyafi bahabuhabi。te booha i jergi hacin emgeri wesimbufi hvda salibufi menggun bumbi。meni meni harangga kadalara hafasa ci gaijara bithe tucibufi biyadari emu mudan ambula asarara fiyeten ci gaifi baitalabuki sembi。seme wesimbuhede be dahame，bahaci，ereci julesi jung jeng diyan i jergi bade nomun hvlara lamasai jetere jergi jaka de salibuha menggun be dorolon be kadalara fiyenten de afabufi icihiyara be baiburakv。yaya nomun hvlara lamasai jetere jergi jaka de salibuha menggun be gemu jung jeng diyan de afabufi,da wesimbuhe songkoi tesu bai hafasa icihiyafi bahabukini seme sarkiyahabe meni baci jung jeng diyan de inenggidari nomun hvlara lamasai jetere buda eiten bahabuci acara jaka hacin fe kooli de adarame icihiyara babe meni bade umai baicara temgetu akv ofi，dorolon be kadalara fiyenten de baicaname yabubuha bihe。te harangga fiyenten ci benjihe bithei dorgide，biyadari inenggidari nomun hvlara lamasa、baling weilere balingci lama、nomun iktan i baita be icihiyara lama、fucihi colo be arara bithesi sei，emu biyade uheri emu minggan sunja tanggv jakvnju emu，jai buda weilere mucesi biya amban oci emu tanggv susai ninggun be baitalambi seme getukeleme arafi amasi benjihebe meni baci toktobume icihiyafi biyadari buda weilere mucesi i ton be alibufi yabubuha be dangsede ejehebi。ere aniya aniya biyade jung jeng diyan de inenggidari nomun hvlara lamasa de buda weilerede baibure mucesi susai jakun，jai en io sy、en mu sy ere juwe bade biyadari ice tofohon de dobon faidara de baibure mucesi jakvn，uheri baitalaci acara mucesi ninju ninggun be amala nikan hergen i afaha de arafi，sarin be dagilara yamun de yabubufi，kooli songkoi icihiyabufi hvsun turigen be bahabubuki sembi。erei jalin alibuha。saicungga fengxen i sucungga aniya。

宫藏传佛教事务行政管理上发挥的作用日益突出。

四、清宫中正殿等处太监喇嘛的选补拨派

太监喇嘛系“唪藏传佛教经卷的内监僧”[①]，均无品级，专司唪经、宫值、香烛、洒扫等事，总计30余名（详见表1），清宫中正殿、慈宁宫、永安寺、大西天、圆明园等多处皇家藏传佛教殿堂寺庙内均有专门设置。目前从档案记载来看，顺康雍时期清宫各处太监喇嘛设置情况不详，但自乾隆朝以来，其选补和拨派主要由中正殿念经处具体负责，且太监喇嘛的安设地点也逐渐由分散走向集中，最终皆统归于中正殿一处，故而中正殿本殿太监喇嘛的额数不减反增，基本维持在20名以内，其晋补之制亦更较完备。

表1　清宫中正殿等处太监喇嘛设置定额简表[②]

	中正殿	慈宁宫	永安寺	大西天	圆明园清净地	宝相寺	总计
乾隆十九年	8	6	10				24
乾隆三十三年	8	7	9	7		3	34
乾隆四十三年	12		8	10		1	31
嘉庆十九年	17				8	1	26
道光十六年	15				6	1	22
咸丰十一年	11				6		17
同治元年三月	17						17
光绪四年	4						4

① 罗文华：《乾隆时期宫中内监僧制度考》，故宫博物院八十华诞暨国际清史学术研讨会论文集，北京：紫禁城出版社，2006年版。

② 本表根据中国第一历史档案馆所存《内务府·呈稿》等满汉文档案统计。

（一）乾隆时期中正殿等处太监喇嘛的选补

据档案记载，乾隆十九年（1754）皇帝钦定清宫中正殿等处太监喇嘛名数。是时中正殿念经处负责管理拨派的太监喇嘛共有27名，分别设于中正殿、慈宁宫和永安寺三处，具体为：中正殿首领太监喇嘛2名，太监喇嘛6名，额外太监喇嘛3名；慈宁宫佛房首领太监喇嘛2名，太监喇嘛4名；永安寺首领太监喇嘛2名，太监喇嘛8名。且酌情遇有养心殿、清净地、九州清晏佛堂念经及圆明园住班等差，中正殿、慈宁宫、永安寺三处太监喇嘛等，平均派出，当差行走。此等念经派差事务，均由中正殿念经处负责办理轮值。此后伴随皇家寺庙的增建，太监喇嘛等额数亦有增设，如根据乾隆三十三年档案统计，总额已增至34名，具体为：中正殿8名、慈宁宫7名、宝相寺3名、永安寺9名、大西天7名[①]。

中正殿等处太监喇嘛出缺后，主要自学经太监内选补。乾隆八年设有学经太监6名，安设地点均在北海永安寺。乾隆时期太监学经地点亦不仅永安寺一处，此外还有中正殿、大西天番经厂等[②]。学经太监出缺后，首先由管理中正殿事务王大臣等照例奏请内务府拨给，然后由内务府交敬事房总管太监，从能读满文、蒙古文文书的太监中挑补。正如乾隆四十一年内务府奏折档案内所载："中正殿现有首领太监喇嘛一名，副首领太监喇嘛一名，太监喇嘛六名，以供本处焚修打扫并承应养心殿、九州清宴（档案原文如此）、碧云寺等处念经差使。此外尚有学经太监六名，现在永安寺学经，遇有中正殿、慈宁宫、永安寺太监喇嘛缺出，照例由学经太监内拣选习学经文好者，奏明穿黄，充当喇嘛，所出太监之缺，交敬事房挑补学习，以备陆续补用。"[③]学经太监虽多系来自京畿河间府、宛平县等地，年龄一般在11岁至20岁之间的民人，但皆被摊派到内务府三旗各管领下[④]，学经太监日常学习的佛教经典，多为

① 《内务府・呈稿》，乾隆三十三年四月二十八日，档号05-08-030-000013-0048，中国第一历史档案馆藏。

② 《内务府・来文》，档号05-13-002-000460-0004，中国第一历史档案馆藏。

③ 《内务府奏案》，乾隆四十一年十一月初八日，档号05-0329-020，中国第一历史档案馆藏。

④ 《内务府・呈稿》，原件为满文咨文，乾隆五十年十二月二十一日，会计司为咨复新进永安寺学经太监赵二喜等所分旗分管领名目事致办理中正殿事务官员等文，档号05-08-030-000025-0112，中国第一历史档案馆藏。

藏传佛教基础常用篇目，如《无量寿经》《药师经》《吉祥天母经》《护法经》等。其经卷熟悉后，须由管理中正殿事务王大臣等奏准，交章嘉呼图克图、噶勒丹锡勒图呼图克图等活佛受戒披黄[①]，之后再奏准方可补取清宫各处太监喇嘛之缺。

但是遇有大西天太监喇嘛缺出，则是照旧例由礼部招募，再交由内务府、中正殿念经处办理选补。如乾隆三十六年（1771）五月十九日大西天太监喇嘛镶黄旗德克登额管领下曹兴病故[②]，中正殿念经处将其呈报内务府后，遗缺即由内务府行文礼部招募。礼部仪制司随即挑选年幼太监4名，开列年岁、籍贯付送掌仪司以便拣选。掌仪司查送到太监4名内，奉堂拣选得太监一名刘玉，年19岁，宛平县人，随将礼部送到新招募太监刘玉移送内务府总管等验看，

---

①《内务府·呈稿》，嘉庆十年十一月初七日，档号：05-08-030-000182-0095，中国第一历史档案馆藏。文中内容系经笔者翻译转述，全原文满文拉丁转写如下：jung jeng diyan i baita be icihiyara hafasai aliburengge，sakini seme yabubure jalin。musei baci wesimbuhengge，donjibume wesimbure jalin。ne jung jeng diyan i jergi bade taigiyan lamai oron ilan ekiyekebi。kooli de gemu nomun tacire taigiyan i dorgici wesimbufi debubuhe bihe。te nomun tacire taigiyan cen jin hi i jergi ilan niyalma gemu juwan udu debtelin nomun hvlame bahanaha。bahaci esebe cgaldan siretu kvtuktu de afabufi，sakil gaibufi lamai etuku etubufi，jung jeng diyan i jergi bade dendeme debubuki sembi。erei jalin gingguleme wesimbuhe。geli baicaci，jung jeng diyan i jergi bade nomun tacire ajige taigiyan ilan oron tucikebi。fe kooli de gemu uheri da taigiyan sade afabufi manju monggo bithe hvlara taigiyansa dorgici sonjome debubumbi。te tucike nomun tacire ajige taigiyan sai oronde bahaci kemuni fe kooli be dahame manju monggo bithe hvlara ajige taigiyansa dorgici gaiki sembi。erei jalin gingguleme wesimbuhe seme saicungga fengxen i juwanci aniya omxon biyai ice nadan de wesimbuhede hese saha sehebe gingguleme dahafi，uttu ofi nomun tacire kubuhe suwayan i yendebu hontohoi taigiyan cen jin hi，kubuhe suwayan i xuiioi hontohoi taigiyan cgu cang ju，kubuhe suwayan i xuiioi hontohoi taigiyan feng jin de sebe wesimbufi debubuhe be dahame，bahaci taigiyan cen jin hi sei ilan niyalma be cgaldan siretu kvtuktu de afabufi sakil gaibure babe lamai doron i bade yabubufi sakil gaibufi，lamai etuku etubureci tulgiyen。esei biyadari da jetere caliyan bele be an i bahabubufi，taigiyan lamai bahabuci acara sujei jergi hacin，jai biyadari jetere siden i baibungga amba durun i jiha be gemu harangga bade afabufi，kooli songkoi bahabubuki。cen jin hi sei ilan niyalma i nomun tacire bade biyadari jetere siden i baibungga jiha aniyadari bahabuci acara boso kubun i jergi hacin be kooli songkoi faitabuki，erebe dorgi baita be uheri kadalara yamun de yabubufi，harangga bade afabufi emu adali dahame icihiyabuki。jai ajige taigiyan ilan niyalma gaire jalin gurung deyen i baita be uheri kadalara dalaha hafasa de inu sakini seme bithe yabubufi da wesimbuhe songkoi icihiyabuki sembi。erei jalin alibuha。saicungga fengxen i juwanci aniya。

②《内务府·呈稿》，乾隆三十六年五月二十四日，档号：05-08-030-000015-0099，中国第一历史档案馆藏。

相应也将刘玉移送中正殿念经处查办[①]。乾隆四十一年（1776）十一月，清宫太监喇嘛等出缺由内务府、礼部两处招募选取，“事未画一”，且“伊等差事多在内廷，关系甚要，理宜慎重”[②]，故经总管内务府奏准后，首先将大西天太监喇嘛、万善殿太监和尚行文礼部招募之处永行停止。其次将大西天太监喇嘛出缺之处，亦定为自永安寺学经太监内选补。最后，万善殿太监和尚向无学经太监之设，至此亦照永安寺学经太监之例，赏万善殿学经太监4名作为定额，以备充补。这里还需要说明的是，尽管大西天太监喇嘛至乾隆四十一年才停由礼部招募归交内务府自宫内太监中选取，但其每月应得钱粮、衣物等项，早在乾隆十九年已规定皆由中正殿念经处办理，且大西天太监喇嘛还可由中正殿念经处办理挑补静宜园弘光寺太监喇嘛之缺。

乾隆四十三年慈宁宫太监喇嘛俱被裁撤归入中正殿后，根据档案记载统计，清宫中正殿等处太监喇嘛共有31名，分别是：中正殿首领太监喇嘛1名、副首领太监喇嘛2名、太监喇嘛9名；宝相寺太监喇嘛1名，永安寺首领太监喇嘛1名、太监喇嘛7名，大西天首领太监喇嘛1名、太监喇嘛9名[③]。

（二）嘉庆至咸丰时期中正殿等处太监喇嘛的拨派

为使中正殿等处太监喇嘛毋庸前往圆明园住班应差，嘉庆十八年（1813）将永安寺、大西天所设太监喇嘛均行裁撤，除将永安寺5名学经小太监交内务府当差，将5名太监喇嘛拨进中正殿应差外，又自9名大西天太监喇嘛内拨派

① 《内务府·呈稿》，乾隆三十六年十二月二十五日，档号：05-08-030-000015-0007，中国第一历史档案馆藏。

② 《内务府奏案》，乾隆四十一年十一月初八日，档号：05-0329-020，中国第一历史档案馆藏。

③ 《内务府·呈稿》，乾隆四十三年十二月初五日，档号：05-08-030-000018-0055，中国第一历史档案馆藏。

8名给圆明园清净地常川应差[①]。此后，圆明园应念经之处无须自中正殿等处派差，即令此8名拨自大西天之常住太监喇嘛照例念经。中正殿念经处负责管理的太监喇嘛，进而主要集中于中正殿、圆明园清净地和宝相寺三处。根据嘉庆十九年（1814）档案统计，三处太监喇嘛总额共计26名，分别是中正殿17名、圆明园清净地8名、宝相寺1名[②]。尽管中正殿本殿太监喇嘛额数不减反增，但清宫各处太监喇嘛总数较之前已呈现出递减的趋势。此后从清宫档案记载看，学经太监安设地点主要是在中正殿和圆明园清净地两处，如嘉庆二十三年两处各有学经太监2名[③]。

清前期宫中宗教思想文化比较多元，各庙既有太监喇嘛，又有太监和尚、太监老道等。道光皇帝谕令僧道太监中之青年者还俗，拨各处当差，不再传僧道徒弟，"惟中正殿之太监喇嘛仍旧"[④]。道光元年（1821），总管内务府大臣英和面奉谕旨："中正殿太监喇嘛，著定为十二名。"道光十二年又奉旨："清净地太监喇嘛，著定额六名。"此数量均少于嘉庆中后期两处太监喇嘛数量。道光时还规定，中正殿太监喇嘛缺出，不必向圆明园要，圆明园太监喇嘛缺出，亦不必向中正殿要，如中正殿太监喇嘛不敷用，"仍著在宫内挑选太监学经，著为例"[⑤]。学经太监的常设地点，据学者总结，于道光元年始，"统归中

---

①《内务府·呈稿》，嘉庆十八年十一月十四日，档号：05-08-030-000190-0080，中国第一历史档案馆藏。档案原文如下：中正殿具奏，为请旨事。恭查，永安寺首领太监喇嘛一名、太监喇嘛七名，大西天首领太监喇嘛一名、太监喇嘛八名，伊等虽是喇嘛究系太监。臣等伏思，将此二处太监喇嘛内，拨派在清净地首领太监喇嘛一名、太监喇嘛七名，常川在彼当差，其余太监喇嘛等俱交中正殿当差。嗣后，中正殿首领太监喇嘛，即可毋庸前往圆明园住班应差。其永安寺、大西天二处殿座交奉宸苑外，至应讽经之处拟交喇嘛印务处照例讽经。再，现有学经小太监五名交进当差。是否有当，伏候训示遵行。谨奏。请旨。等因。于嘉庆十八年十一月初十日具奏。奉旨：依议。钦此。钦遵。本月初十日总管常永贵等传出，将大西天太监喇嘛九人内，白玉喜令伊为民，其余八人拨在清净地，常川在彼应差。永安寺太监喇嘛八人内，马进喜、张当、董进忠令伊三人脱去僧衣，拨进当差，其余五人交中正殿应差。

②《内务府·呈稿》，嘉庆十九年正月十九日，档号：05-08-030-000191-0004，中国第一历史档案馆藏。

③《内务府·呈稿》，嘉庆二十三年三月初一日，档号：05-08-002-000066-0018，中国第一历史档案馆藏。

④ 信修明：《太监谈往录·宫廷琐记》，北京：紫禁城出版社，2000年版，第41、105页。

⑤《钦定总管内务府现行则例二种·中正殿·首领太监喇嘛名数》第4册，第278—279页。

正殿一处”[①]。道光元年十二月将中正殿4名学经太监调补太监喇嘛后[②]，中正殿学经太监一直维持在2至4人之间，伴随清朝国运的日益衰败，至光绪、宣统时期，已几无学经太监可选。从清宫档案记载看，道光十七年（1837）宝相寺太监喇嘛裁撤后，道咸时期清宫太监喇嘛，主要集中在中正殿和圆明园清净地两处，总计有20余名。

（三）同治以后中正殿太监喇嘛的晋补

同治元年（1862）二月，因圆明园已无唪经处所，亦无应预备之差，遂将清净地太监喇嘛6名尽拨中正殿当差[③]。此后直至溥仪小朝廷时期，清宫太监喇嘛亦统归于中正殿一处，随着清朝国运的衰落及太监喇嘛外逃、病故等，其额数逐渐减少，并最终走向衰落。

按清制，清宫各处首领、副首领太监喇嘛照例月领银三两、米三斛[④]、公费大制钱七百文[⑤]；太监喇嘛月领银二两、米一斛半、公费大制钱六百文，皆由中正殿念经处行文内务府照例办理。此外，内务府还会照例赏给官房、吃食分例和四季衣物等，其经济待遇也是较优于普通太监和太监和尚的[⑥]。而其晋补之制亦较为完备有序，中正殿首领太监喇嘛出缺，从副首领太监喇嘛内挑补；副首领太监喇嘛出缺，从太监喇嘛内挑补，俱由中正殿念经处奏请皇帝循例准行晋补。

清宫档案中就真实记录了清末中正殿太监喇嘛曹瑞清服役晋补的全部过

---

① 郎丰霞：《清宫太监喇嘛考——兼谈内廷藏传佛教仪式与信仰》，《贵州民族研究》2019年第4期。

②《内务府·呈稿》道光元年十二月初五日，档号：05-08-030-000337-0113，中国第一历史档案馆藏。

③《内务府·呈稿》，同治元年二月十三日，档号：05-08-030-000455-0013，中国第一历史档案馆藏。档案原文如下：中正殿具奏，为请旨事。恭查，嘉庆十八年经臣衙门奏准，将大西天首领太监喇嘛等拨往圆明园清净地，常川在彼当差。等因。奉旨：依议。钦此。钦遵。在案。今该处首领太监喇嘛一名、太监喇嘛五名，在彼并无唪经处所，亦无预备之差。臣等共同商酌，请将该首领太监喇嘛等拨在中正殿，随同本殿首领太监喇嘛等，轮流在内廷等处唪经当差。臣等未敢擅便。谨奏。请旨。等因。于同治元年二月初七日具奏。奉旨：依议。钦此。

④〔清〕鄂尔泰等编纂：《国朝宫史》卷21，官制2，北京：北京古籍出版社，1994年版，第464页。

⑤《钦定总管内务府现行则例二种·中正殿·首领太监喇嘛名数》第4册，第278页。

⑥ 罗文华：《乾隆时期宫中内监僧制度考》，故宫博物院八十华诞暨国际清史学术研讨会论文集，北京：紫禁城出版社，2006年版。

程。曹瑞清，光绪四年（1878）二月二十九日新进宫当差，月领银二两，加领赏银五钱，官房一间。光绪五年十月二十日，学经太监曹瑞清经卷熟悉，经管理中正殿事务奕谟等循例奏准，交洞阔尔呼图克图受戒、披黄，充补太监喇嘛一缺。7年后，光绪十二年九月初四日，续出副首领太监喇嘛一缺，经管理中正殿事务科尔沁多罗贝勒那尔苏等查得，仅有太监喇嘛曹瑞清一名经卷熟悉，便共同商酌并奏准以其充补该缺①。5年后，光绪十七年二月二十六日，续出首领太监喇嘛一缺，管理中正殿事务奕谟等查得，仅有副首领太监喇嘛曹瑞清一名经卷熟悉，又奏准以其充补首领太监喇嘛之缺。曹瑞清担任中正殿首领太监喇嘛一缺20余年，在宫内当差服役近33年，直至宣统三年（1911）八月初六日病故，方被革职裁退其所食钱粮、公费，并撤回所住官房。宫深似海，终其一生都在中正殿当差，为皇家服役。

（四）清宫中正殿等处太监喇嘛受惩等概况

太监喇嘛，虽是喇嘛，究系太监，均须受总管内务府的严格管理，《钦定宫中现行则例》中亦有关于太监喇嘛等犯事如何惩处的规定，故而清宫学经太监、太监喇嘛等因学经愚笨受到惩处、患病裁退、出宫外逃，或被直接剥黄还俗等情况，各朝皆屡有发生。

乾隆十四年（1749），中正殿太监喇嘛张国瑞，因学不会经，又不忍首领太监喇嘛责打而逃出，被抓回后发往瓮山铡草②。乾隆十七年对宫内太监外逃制定定例：初次逃走六个月内自行投回者，鞭八十；六个月以外者，枷号一个月，鞭八十，俱发往热河当差，食一两钱粮米石③。未自行逃回者，系初次逃走发往吴甸铡草一年，期满交总管太监等分拨外围当差，二次逃走者则发往黑龙江给索伦为奴等。

乾隆五十年六月，永安寺首领太监喇嘛马进忠“身患痰症、遍身麻木”，虽经赏假调治，然“延医服药，反倒动履艰难”，以致“卧床不起”，永安寺为

---

①《宫中朱批奏折》，光绪十二年九月初四日，档号：04-01-13-0358-017，中国第一历史档案馆藏。

②《内务府奏案》，乾隆十四年六月二十五日，档号：05-0100-069，中国第一历史档案馆藏。

③《内务府奏案》，乾隆十七年二月十八日，档号：05-0119-077，中国第一历史档案馆藏。

园庭重地，若无头目弹压，恐致误事，故而马进忠呈报中正殿念经处转启王爷，将其每月所食钱粮米石全行裁退，准令为民[①]。乾隆五十八年（1793）十一月三十日，中正殿首领太监喇嘛正黄旗恒贵管领下高进玉，同副首领太监喇嘛正白旗果勒敏管领下张进良、镶黄旗全柱管领下李进忠三人，因在养心殿念经甚为急速，遵旨各被罚去一月钱粮。

嘉庆六年（1801）中正殿太监喇嘛王七十，因学识一般被剥黄，并照例裁去每月所食钱粮、公费及官房等项，送交宫内打扫处当差[②]。嘉庆十年，大西天园户[③]套儿偷窃大西天库房收贮官物，大西天太监喇嘛王兴业，系带领苏拉园户值宿之人，因失于查察，交总管太监重责四十板，减食一两钱粮，四年后仍给二两钱粮。大西天首领太监喇嘛白玉喜，有专管一切官物之责，疏于防范以致屡次被窃，亦难辞咎，被革去首领作为太监喇嘛，仍罚月银一年[④]。嘉庆十九年闰二月二十一日，圆明园清净地太监喇嘛正黄旗德经管领下陈进福无故逃走[⑤]。

同治八年（1869）五月初七日，中正殿首领太监喇嘛刘得喜，带领民役徐方盛之妻徐氏擅入神武门，神武门值班失察官兵等均由景运门值班该管大臣自行惩办，各该人等均记过、鞭责[⑥]。同治九年，太监喇嘛李进得，时常向同伴太监讹索，经该管首领等屡次责惩未改，其先在清净地当差，后经奏准派在中正殿当差，又呈诉欲往大西天当差，其情状系属不安本分，无端生事，杖六十、徒一年，后改罚吴甸铡草一年，期满释回，勒令还俗，交顺天府为民[⑦]。

---

①《内务府·呈稿》，乾隆五十年六月，档号：05-08-030-000025-0037，中国第一历史档案馆藏。

②《内务府·呈稿》，嘉庆六年十二月十五日，档号：05-08-030-000178-0088，中国第一历史档案馆藏。

③ 据《清代典章制度辞典》（中国人民大学出版社，2011年版，第317页）对园户的解释为："夫役名。亦称'苑户'，于奉宸苑所属各处及各园囿、行宫设之，专司洒扫园庭及坐更值宿等事。"

④《内务府·呈稿》，嘉庆十年七月初十日，档号：05-08-030-000182-0048，中国第一历史档案馆藏。

⑤《内务府·呈稿》，嘉庆十九年闰二月二十二日，档号：05-08-030-000191-0020，中国第一历史档案馆藏。

⑥《内务府·来文》，同治八年五月二十九日，档号：05-13-002-000807-0090，中国第一历史档案馆藏。

⑦《内务府奏案》，同治九年十一月初三日，档号：05-0856-028，中国第一历史档案馆藏。

凡此既是清宫内廷执役人员生存现状的一个真实记录，亦是一段家国记忆。

五、清宫中正殿念经处职官员役选任特点

清宫中正殿念经处的设立，体现了清朝皇帝对藏传佛教事务管理的高度重视。概括来说，该机构员役选任定制开端于康熙时期，规范于雍正时期，至乾嘉时形成定制（参见表2），道光朝略有改进后，咸丰朝以后各朝均相沿施行，持续至溥仪小朝廷结束。总体来看，中正殿念经处各级职官员役的选任主要呈现出内外互任、文武互转、职掌有序等特点。

表2 嘉庆十八年十二月中正殿念经处员役设置总表[①]

<table>
<tr><th colspan="2">职名</th><th>额缺</th></tr>
<tr><td colspan="2">管理中正殿事务王大臣等</td><td>3</td></tr>
<tr><td colspan="2">员外郎</td><td>2</td></tr>
<tr><td colspan="2">副内管领</td><td>2</td></tr>
<tr><td colspan="2">六品虚衔八品笔帖式</td><td>2</td></tr>
<tr><td colspan="2">八品笔帖式</td><td>2</td></tr>
<tr><td rowspan="6">苏拉笔帖式等</td><td>档案房行走苏拉笔帖式、效力行走等</td><td>17</td></tr>
<tr><td>库班委署首领及苏拉笔帖式等</td><td>5</td></tr>
<tr><td>殿头班委署首领、苏拉笔帖式、效力行走等</td><td>4</td></tr>
<tr><td>殿二班苏拉笔帖式、效力行走等</td><td>4</td></tr>
<tr><td>殿三班苏拉笔帖式、效力行走等</td><td>4</td></tr>
<tr><td>写佛号处行走委署首领、苏拉笔帖式及唐古忒学生等</td><td>8</td></tr>
</table>

① 本表根据中国第一历史档案馆所藏《内务府·呈稿》等满汉文档案统计。包括《内务府·呈稿》，嘉庆十八年十二月初五日，档号：05-08-030-000019-0037；《内务府·呈稿》，嘉庆十八年十一月二十四日，档号：05-08-015-000004-0018等。此外需要说明的是，表中所列中正殿念经处员役额缺数量各时期不尽相同，这里仅以嘉庆十八年十二月为例进行统计，且159名总额内并不包括该月念经喇嘛和画匠等。

续表

职名		额缺
苏拉笔帖式等	圆明园清净地、慈宁宫行走苏拉笔帖式等（后期裁撤）	6
	随班委署首领及苏拉笔帖式等	6
喇嘛饭房领催、厨役		68
中正殿太监喇嘛		17
圆明园太监喇嘛		8
宝相寺太监喇嘛		1
中正殿念经处自王以下各级员役		159

（一）内外互任　旗民分治

中正殿念经处虽系内务府所属，但其最高长官管理王大臣等，主要由皇帝从深得信任的满蒙王公大臣内特简，其中满洲王公皆为清太祖本支宗室王公，蒙古王公则多系来自与皇家联姻后长久住京的内外札萨克蒙古王公额驸家族，而管理大臣主要从内务府大臣和理藩院尚书内选派，且大臣是由兼职逐渐转为专职的，从管理王大臣的身份地位及隶属机构看，无疑是一种内外互任。而具体办事的中低级职官，亦由内外朝旗员共同充任。各自所占数额分别是：员外郎、副内管领、八品笔帖式8员内，选自内务府三旗者6人，选自上三旗蒙古者2人；无品级苏拉笔帖式34名内，选自内务府三旗者22人，上三旗蒙古苏拉笔帖式12人；写佛号处行走的唐古忒学生4名，均选自外八旗蒙古；无品级效力行走苏拉笔帖式等近30名，亦分别选自内务府三旗和上三旗蒙古。此外，当差太监喇嘛、做饭厨役等，多系选自京畿的民人，其中20余名太监喇嘛均被摊派到内务府各管领下，受内务府严格管理和监督；而60余名厨役本身并非旗人，仅属受雇进宫、领取工价而给念经喇嘛等做饭伺茶的民役。需要指出的是，进宫念经画佛的喇嘛等，本身系职业僧人，其职级晋补均由理藩院管理，中正殿念经处主要负责后勤保障，这亦是清代旗民分治的一个体现。

（二）文武互转　升途较宽

中正殿念经处员外郎、副内管领、八品笔帖式等，均须遵循内务府公题缺选官之制，是清代异常复杂的内务府官制的一个缩影。乾嘉时期改进完善后，上述各有品级员缺最终均改为题缺，由管理中正殿事务王大臣等自行考选后奏补。实际上中正殿念经处内笔帖式品级划分有三类，分别为有品级兼加虚衔、有品级不加虚衔和无品级，尤以无品级充任者数量最多，而无品级充任者又有委署首领、候缺笔帖式、苏拉笔帖式、效力行走苏拉笔帖式等多种名目之分，种类繁多，升途较宽，可文武互转。如以苏拉笔帖式为例，总体看可选自内外各旗武职护军、披甲等，其当差年久且勤勉者，既可升任本殿八品笔帖式、副内管领及内务府员外郎、郎中等文职，亦可保送补取侍卫蓝翎、护军校、骁骑校等武职；既可挑在宫内奏事处等非内务府机构行走，亦可备补外朝理藩院蒙古主事、唐古忒官学助教等文职，甚至还能远赴外地喜峰口驿站、察哈尔都统衙门、四川总督衙门等处任职。正如《听雨丛谈》所言："我朝效法三代，八旗仕进之阶，不泥一辙。大臣故不判其文武，下至食饷弯弓之士，亦有文职之径。如骁骑校、护军、马甲选赞礼郎，若柏唐阿、亲军、马甲升笔帖式……均存因材器使之意。"①需要说明的是，中正殿念经处员外郎等职官升任途径虽宽，但真正任为三四品大员者却并不多见，总体看各级员役升迁速度均十分缓慢，普遍都在职任上效力终生。

（三）职掌有序 各有专司

清宫管理中正殿事务王大臣掌管中正殿念经处印信印钥及本处当差员役的考选奏补等。康熙时期初派中正殿之内务府司员，主要负责中正殿造佛事务，雍正初年始兼办念经事务，雍正末年由兼办转为专司办理念经事务。中正殿念经处既承办内廷念经礼佛等事，还常有随围祭祀等外差，专业性强。这就要求该处职官不仅要兼通满、汉、蒙古、藏等语言文字，且得熟悉藏传佛教经卷和皇家礼仪等。该处所设员外郎、副内管领、八品笔帖式等，均属中正殿奏准占用之专司人员，只负责缮写稿案、备案考勤、监看进宫喇嘛僧众念经及外派办道场等中正殿念经处本处所管事务，不承担紫禁城内值宿、操演汲桶等其他杂差，《清会典》对上述司官笔帖式等职掌也做了专门记载：员外郎、副内管领

①〔清〕福格：《听雨丛谈》卷一，北京：中华书局，1997年版。

等“掌喇嘛唪经之事，具其僧众，备其供献，庀其物用，凡塑像则供其事”，八品笔帖式“掌给使令”等[①]。无品级苏拉笔帖式、唐古忒学生等，则分别承担值库班殿班、领办念经物料、缮写四体佛号及外派随围等具体差务，任务繁重，如乾隆五十五年热河普宁寺办道场所派苏拉笔帖式常宁即因腿上生疮不能骑马坐车后补派文保[②]。苏拉笔帖式等皆食各自原来钱粮，亦毋庸承担内务府其他杂差。中正殿等处所设太监喇嘛等，则专司唪经、宫值、香烛、洒扫等事，其补派晋补之制也较为规范；而诸如宫内值宿看守火炭等杂差，皆由喇嘛饭房所雇做饭厨役等来承担，各司其责。

综上所考，清宫中正殿念经处的机构设立和员役选任，真实反映了皇权在清宫藏传佛教事务运行中的主导作用，尽管其本身具有封建王朝的历史局限性，但客观上对增强民族凝聚力、加强蒙古族、藏族对中央王朝向心力均产生过积极作用。

① 光绪朝《钦定大清会典》卷98。
②《内务府·呈稿》，乾隆五十五年六月十四日，档号：05-08-030-000019-0037，中国第一历史档案馆藏。

旗人文学著作《尘世奇谈》作者本名及其身世考

陈江明

《尘世奇谈》是清末民初官员岳乐山（1871—1943）晚年退居青岛时成稿的一部长篇自传体章回小说，全书共800回（实有803回），360余万字，堪称鸿篇巨制。1943年秋，在青岛大学任教的老舍先生曾阅读该著大部分手稿，盛夸“此书乃必传之作”“堪称民国第一奇书”，并答应帮助出版，后因时局变迁未果[①]。该著书稿在1963年秋由作者之子岳廉识送交中共青岛市委宣传部，请求研读、出版，由是为世所知[②]。1983年9月29日《文学报》刊文介绍该著，认为是一部有一定史料价值和文学价值的特大长篇[③]，该著因此受到出版界、读书界较大关注。后经错综复杂的出版权纠纷[④]，最终，山东文艺出版社、北方文艺出版社历时两年编校整理，该小说于2004年1月出版面世。出版前后，有多篇文章介绍此书渊源及内容，并与当时新发现的小说《型世言》《姑妄言》一道合称“中国小说史研究的三大发现”[⑤]。但如此“奇书”及重大“发现”，出版之后并未引起学界重视，不但迄今未见从文学角度研究该小说的成果问世，而且对于作者生平之了解也未取得任何进展。究其原因，一则在于

作者系杭州文史研究会理事。

① 石业华：《民国奇书〈尘世奇谈〉历难记》，《春秋》1994年第2期。

② 王宜彬：《〈尘世奇谈〉书稿、作者及其他》，载山东省文化厅史志办公室、青岛市文化局史志办公室编《山东省文化艺术志资料汇编·第十辑·青岛市〈文化志〉资料专辑》，内部出版物，1986年版，第47—51页。此文系最早详细介绍《尘世奇谈》作者、书稿存留情况之文。

③ 晴文：《〈尘世奇谈〉书稿由作者后代献给国家》，《文学报》1983年9月29日第1版。此文当为公开出版的第一篇披露《尘世奇谈》有关情况的文章。

④ 石业华：《民国奇书〈尘世奇谈〉历难记》。今书稿仍分存于山东人民出版社（存4、5、6、7、14、15卷，共6卷）、黑龙江人民出版社（存1、2、3、8、9、10、11、12、13、16卷，共10卷）两处。

⑤ 祝晓风：《一个出版文化事件——山东文艺出版社社长路英勇就〈尘世奇谈〉答本报记者》，《中华读书报》2003年12月10日第5版。

该小说卷帙浩繁，仅通读一遍就须花费许多时间，足令研究者望而却步；二则在于该小说作者署名“岳乐山”并非其本名，若循此以求作者生平，无异于南辕北辙，断乎无所进展。笔者非文学研究者，无力且无意从文学角度研究该著，只因数年前在做一项历史研究课题时触及该著，并获得有关该著作者的关键史料，故不避谫陋，对《尘世奇谈》作者岳乐山其人及其出身做一番初探，求方家指正。

一、岳乐山本名岳福

迄今最早介绍《尘世奇谈》（以下简称《尘》）作者岳乐山生平概况的当推王宜彬《〈尘世奇谈〉书稿、作者及其他》（以下简称王文）。王文刊行于1986年12月，定然写于此前；可能在1983年9月29日《文学报》披露《尘》稿捐献国家消息之后，王宜彬注意此事并以工作之便探悉相关情况，故而作文。王文介绍《尘》稿作者岳乐山说：

> 《尘世奇谈》作者岳乐山（1871—1943），原籍浙江杭县，祖辈经商在北京落户。其父曾任北京崇文门监督（即税务官），取（娶）满族女子为继室，因税案被黜。后因其继室与那拉氏有远亲关系，遂被光绪皇帝重用，赐姓忠，号芝亭，授任新疆，为当时新疆四大将军之一的塔城将军。岳乐山幼时因病求道，拜四川乐山道士为师，故取名乐山。岳乐山年轻时在京习医术，攻政法，后因婚姻事打伤一王府子弟，被迫赴新疆投父求职，在新疆数年，曾任塔城中俄交涉员，也曾领兵打过几次胜仗而受到上峰赞赏。回京后因功折罪，又出任法部主事。后又任阿尔泰将军锡远斋的帮办，但在赴任途中与锡远斋不睦，即跟随其父返回北京，继在法部供职两年。嗣后，被授任松江候补知府。苏州藩台瑞幸儒是新疆科布多将军瑞幸肃之弟。瑞幸儒因疑其兄被黜案与岳乐山有关，故不予重任，只委以江苏营务处提调，后瑞幸儒调离，新任藩台程学楼非常重才，起用岳乐山为苏州六门厘捐局总办，苏州八旗会馆总办。在此期间因审理太湖于梦庭案结识朱钧石（朱后任孙中山先生的咨议），结为金兰之友，秦晋之好（朱将其女许给岳乐山之独子岳廉识）。1911年初（宣统三年）岳乐山正式接任松

> 江知府，但不到半年，辛亥革命宣告成功，岳乐山即携其家眷返回北京。辛亥革命后，岳乐山又担任过北方地方检察厅检察官，京兆公署执法长官，河南睢县知事，广东禁烟公所文牍主任，山东督军田中玉的幕宾，山东公报处处长，唐（山）大（沽）公安局秘书长等职。
>
> 岳乐山晚年退居青岛，由其独子岳廉识奉养，曾在青岛注册行医治病，并含辛茹苦，披阅十余载，写成了特大长篇章回小说《尘世奇谈》。

是为对《尘》作者岳乐山最为详细之揭示，迄今无出其右，后来有关文章以及《尘》出版说明中关于作者生平之介绍，皆源自此文[①]。但若细究，上引王文，无论对岳乐山之父还是对其本人的有关叙述，都是真实与谬误交织，不可全信[②]。而如果以此为线索，参以其他证据，则能大致厘清岳乐山之生平概况，故王文不失为本论题研究史上的重要文献。

王文所述岳乐山生平的来源大致有二：一是岳乐山之子岳廉识的叙述，二是《尘》中的有关叙述。岳廉识（1900—1984），系岳乐山独子，曾供职于胶济铁路公司，最后在青岛市第九中学当图书馆管理员[③]。岳廉识对其家族渊源应该有所了解，对其祖、父的情况更为知悉，除岳廉识之外，再无第二人可以提供有关岳乐山生平的详细情况，故王文所述来自岳廉识当无疑义，只是来源的途径有直接或间接两种可能。然则，王文所述为何舛误甚多？又有二因：一则人之记忆容易出错，二则故意隐瞒。就本论题而言，后者或为主要原因。下文将证明，岳乐山系旗人出身，辛亥革命后，旗人隐瞒原来身份是极普遍的行为，而一旦隐瞒了极为关键的出处大节，经过隐饰的其他生平关节自然漏洞百出。至于《尘》主人公邱山的生平经历，背后大多有本事可依，若善加利用，

---

① 个别细节则有所不同，如石业华《民国奇书〈尘世奇谈〉历难记》有“岳乐山，原籍浙江余杭县，祖辈经营丝绸生意常住北京”之说，不知何所据。而在王文之前刊载于1983年9月29日《文学报》的有关《尘》书稿捐献国家的报道中，对于作者生平只有“是清末官员，曾任松江知府、中俄边界谈判交涉员”之介绍。

② 违背史实之处甚多，姑举两例：1. 清制，候补官员只是分发至省候补，绝无所谓“松江候补知府”之说。2. 程雪楼（即程德全）未曾担任江苏藩台（布政使），而于宣统二年三月十七日至三年九月十五日（1910年4月26日至1911年11月5日）间任江苏巡抚，此前程氏任奉天巡抚。

③ 闵元：《尘世奇谈民国第一奇书》，《侨报》2012年9月15日D03版。

不失为考证作者岳乐山生平履历的间接证据，但一则主人公邱山系据作者之父、友以及本人亲身经历捏合塑造，二则小说家言尽有夸饰虚构之处，故无非常功夫，断然难以从小说文本中萃成作者生平实况。

《尘》出版者之一山东文艺出版社为弄清作者岳乐山到底是何许之人花了一些功夫，却无甚进展。根据岳乐山曾当过“松江知府”的线索，专门致函上海方面，结果是查无此人。2003年，社长路英勇带领两位编辑到青岛调查，也只在青岛市档案馆从一份收有青岛市中医药目录的敌伪档案中找到200字左右介绍岳乐山以中医行医的情况记载。故而有论者断言：“随着岳乐山仅有的儿子岳廉识的去世，其父亲的情况从此永远尘封于世，成为无人能解的谜团。世人要了解岳乐山其人也只有通过他留下的300多万字了。”①此言在一定时间里是不错的，但是正如未来之事不可逆料一样，过往之事的显现也未可预料，地下遗迹遗物会因自然的或人为的干涉而自我暴露，沉没于故纸堆中的人物事迹也会因研究者有意无意的触碰而显形。《尘》作者之本相就是这样经由笔者的无意触碰而得到一定程度的揭示。

数年前，笔者在《申报》上查寻有关苏州辛亥光复的记载，在宣统三年（1911）九月十九日《申报》上一则报道中读到这样一段文字：

> 苏城六门厘局向在珠明寺前，自民军起义后，局牌业已摘除，总办岳福不知去向，门墙捐税各种告示尽行揭去无存，厘金秕政一旦划除，商界闻之大快。②

笔者联想起上引王文中“新任藩台程学楼非常重才，起用岳乐山为苏州六门厘捐局总办”之语，顿时觉得报道中说到的苏州六门厘局总办岳福其人即是《尘》之作者岳乐山。或曰孤证难立，且再看笔者循岳福之名查到的另一条证据。民国四年（1915）五月十七日发布的一条大总统令《分别奖惩河南各知事令》提到：

> ……已撤睢县知事岳福，派捐过重，罔恤民艰。……③

---

①《尘世奇谈民国第一奇书》。

②《苏城光复记（三）》，《申报》宣统三年九月十九日（1911年11月9日）第5张。

③《命令》，《申报》民国四年五月十九日（1915年5月19日）第2张。

上引王文说岳乐山入民国后曾任“河南睢县知事”，由此，岳福即《尘》作者岳乐山，已成铁案。

二、岳乐山（岳福）生平钩稽

岳乐山本名岳福之发现，是解开《尘》作者身世之谜的金钥匙。此前循岳乐山之名探究其生平事迹，即使不是南辕北辙，也完全可以说是走上了一条注定找不到目标的歧路。而如今金钥匙在手，以上引王文所述岳乐山之生平概况为参照，证之以其他史料，岳乐山（岳福）生平事迹的一些细节便可勾勒而出。

（一）旗人身份

上引王文说，岳乐山原籍浙江杭县，祖辈经商在北京落户。其父曾任北京崇文门监督，娶满族女子为继室，因税案被黜。此无非说明岳乐山先世是从浙江迁往京师落籍的汉人。不过在笔者看来，这倒证明岳乐山家族其实并非汉人，而是旗人。且不说杭县系进入民国后方始设立，其父任崇文门监督[①]，娶满族（满洲）女子为继室[②]，殆非当时汉人出身者所能行之。《尘》第一回说：“是书主人是河北兵家子弟，名唤邱山，外号猴子。”所谓兵家子弟，其实是旗人子弟；清制，旗人子弟以披甲食粮为唯一职业门径。《尘》第三回写邱山从军后在山西大同见到汉人女子“拄杖袅娜而行”，不知何故，告以小脚，邱山摇头说道：“这是何苦!”可见邱山并不太知晓汉人女子自小裹脚之风俗，此亦可旁证邱山出身旗人。

清代八旗主要有满洲、蒙古、汉军之分，那么岳乐山（岳福）家族属于哪一部分？若从先世汉人的基点出发，则其家族可能是汉军，但这只是逻辑上的可能性，没有证据，姑妄言之。倒有证据显示，其家族很可能属蒙古正蓝旗。

---

① 崇文门监督掌京城崇文门税关，征收入京师商税及田、房契税与其他商税。官分正、副，另有左、右翼，由内务府大臣及尚书、侍郎兼充。此系公认之肥缺，监督之职只有亲贵大臣方能担任。

② 清制，汉人不得娶旗女。直至光绪二十七年十二月（1902年初）清廷谕令废除婚禁，才准许满汉通婚。

《尘》写邱山最后任职正蓝旗蒙古都统，这是一个间接的证据。下文另有他证。

（二）生平履历

1. 晚清时期的履历

《尘》主人公邱山在新疆的事迹本事可能多为岳福之父的经历，而岳福只是跟随在其父左右，参与了一些事而已。目前确知，在清末岳福有过5个身份：一是刑部主事，二是刑部员外郎，三是补用（候补）知府，四是巡防营务处提调，五是禁烟公所禁制科科长，六是苏州六门厘捐局总办，七是苏州八旗会馆负责人。以下依次说明。

光绪二十九年十一月十二日（1904年1月11日）有上谕说："刑部主事著岳福补授。"[①]刑部主事这个职务，当如王文所述因岳福在新疆的功劳而获，由《尘》第18、20回写主人公邱山被保举七品京官之事可证。

光绪三十年七月初三日（1904年8月13日）《申报》登载的一件奏折称："其现升员外郎岳福……等三员均已次第到口，应即随同奴才前往。"[②]由此可见：其一，其时岳福已升任刑部员外郎。其二，岳福此次赴新疆系为副都统衔科布多办事大臣锡恒奏调前往。但到次年十一月，岳福即被"咨回原衙门当差"[③]。可见，岳福此次在新疆任职不过一年。王文说"任阿尔泰将军锡远斋的帮办，但在赴任途中与锡远斋不睦，即跟随其父返回北京"，即指此事，但究竟为何"咨回原衙门当差"，果如王文所说，还是其他原因，不得而知。

光绪三十三年五月二十八日（1907年7月8日），清廷发布《立宪应如何预备施行准各条以闻谕》。令下，朝野积极响应，纷纷上书陈言。其中有一位"保送分省补用知府"岳福于九月间呈上《条陈起草宪法等十事并请立过渡法以调新旧》，呈文认为，变法立宪，是"为全国人民谋幸福，进求长治久安之道"，"立一上下相循之宪典，各担责任，各尽义务，聚此四万万人之智力，合一团体而求公益，则富强之效，可操券以待。"呈文提出："大抵治一事，必先思其弊，虑其难，然后统筹办法，逐渐作去，方能有条不紊，推行尽利。愚以

---

①《谕旨恭录》，《申报》光绪二十九年十一月十二日（1904年1月11日）第1张。

②《科布多办事大臣锡奏为调员前往阿尔泰山恳请给驿以利遄行》，《申报》光绪三十年八月初十日（1904年9月19日）第11张。

③《科布多办事大臣锡奏为续调差遣人员恳恩敕部立案折》，《申报》光绪三十一年十月十九日（1905年12月5日）第19张。

为奠定此立宪大策，乃国家强弱攸关，外人观瞻所系，既为实行之预备，宜定总理之一人，拟请简放通达宪法之大臣，负担起立草案之重任，审查国体民情有与宪法背驰者，先立过渡法，以调停新旧之津梁，置立宪法之阶梯。”呈文继而提出10条具体建议，如“起立宪法草案”、推举面试选官、仿日本君主立宪、将宪法大纲译成白话晓谕人民等①。岳福此条陈，可注意者有二：一是其时岳福的身份是“保送分省补用知府”，即其知府之衔系保送（非捐纳）而获。二是岳福至迟在光绪三十三年（1907）九月已以知府衔分发江苏候补。另外，由此呈文可见，岳福对西洋各国立宪尤其是日本的君主立宪制度较为了解，对中国立宪应行之事有所研究，条陈各事并非“摭拾陈言”，故而能够上达。王文说岳乐山年轻时“攻法政”，此条陈可做一旁证。

岳福分发到江苏后，以候补知府身份获委过的差事，目前可知的有巡防营务处提调、禁烟公所禁制科科长和苏州六门厘金局总办三项。光绪三十四年七月，获委巡防营务处提调②。宣统二年（1910）六月，江苏巡抚程德全札饬营务处提调岳福与禁烟公所禁制科科长钟某对调③。不知岳福何时就任六门厘金局总办，上引《申报》报道已明白无误地证明，在辛亥苏州光复之时，岳福任苏州六门厘金局总办，并在光复之时趁乱逃走，厘金局的牌子也被摘除。按，苏州六门厘金局设于咸丰四年（1854）之后，下辖阊门、葑门、齐门、盘门、胥门、虎邱计六卡及4个分卡、3处巡卡，负责来往货物的稽查征税④。晚清为适应国家治理、社会管制、经济管理等需要，地方上设置了许多名称“局”的临时机构，大量候补官员即在各种局中谋差，一局之长称总办。一般来说，只有与当地大员有特殊关系或以贿赂手段谋差者，才能谋得总办一职。厘金局又是一个很有“油水”的机构，总办更是一个肥差，故岳福以候补知府职衔当上苏州六门厘金局总办，定然是地方大员关照的结果。王文说，江苏“藩台”程雪楼（德全）识岳乐山（岳福）之才，予以重用，虽不知程氏如何识得岳氏之

---

① 故宫博物院明清档案部编：《清末筹备立宪档案史料》，北京：中华书局，1979年版，第291—295页。

②《委办营务处提调》，《申报》光绪三十四年七月二十八日（1908年8月24日）第11张。

③《更委巡防营务处原因》，《申报》宣统二年六月二十日（1910年7月26日）第11张。

④ 苏州市地方志编纂委员会编：《苏州市志》第三十二卷《财政税务》，南京：江苏人民出版社，1995年版，第944页。

才，但由此说可知，岳福之所以当上厘金局总办，的确出自巡抚程德全的关照。只是好景不长，辛亥民军起义，总办大人只好逃之夭夭。由其时岳福任厘金局总办的事实，基本上可以证明王文“1911年初岳乐山正式接任松江知府”之说为非。即使“松江知府”为“苏州知府”之误，王文此说亦是不对。

再述王文说“新任藩台程雪楼”起用岳乐山为“苏州八旗会馆总办”之事。此说大致属实，但在具体情节上有误。苏州八旗会馆系八旗奉直籍宦苏者创设的同乡会性质的社团，而非官办组织，其负责管理之人毋由该省巡抚委任，且会馆负责人之名例称值年或首事，而非如晚清官局长官那样称之为总办，故说程德全起用岳乐山为苏州八旗会馆总办，就情节而言定然不确。但说岳乐山曾经负责管理过苏州八旗会馆，则可能是事实。理由如下：其一，岳乐山（岳福）系八旗中人，是八旗会馆成员，以其候补知府之职衔以及厘金局总办之差，由会馆成员众推为八旗会馆负责人（值年），是可能的。其二，程德全虽为四川云阳人，但自踏上仕途起即在东北任职，且以汉人身份署本来只能由旗人出任的黑龙江将军，足见其与八旗有较深的渊源，故综合来看，来自东北的巡抚程德全委派岳乐山为八旗会馆做点事情（或充当会馆值年）似亦有可能。其三，《尘》第334回、374回写主人公邱山以钦差身份入住苏州娄门八旗会馆，此钦差身份高贵，华丽威严，是个小王爷，“头戴宝石顶三眼花翎，团龙黄马褂，枣红袍子，三道绿皮脸乌缎靴，骑伊犁飘带大马，紫缰，双红踢胸，金什件”，其虽为钦差，却整日闲逛，到处留情。此般情节具体所据不详，但可知影射的当是清室亲贵的做派，似与宣统元年（1909）七八月间摄政王载沣之弟、筹办海军事务大臣、年方二十余的贝勒载洵南下考察沿江沿海武备之行有关。然则，《尘》所述皇家钦差以八旗会馆为行台逗留苏沪，应为岳乐山（岳福）负责管理会馆之时所亲历亲见之事。

2. 民国时期的履历

岳福在辛亥苏州民军起义之时出逃，逃往何处？王文说“辛亥革命宣告成功，岳乐山即携其家眷返回北京”，此说大致是事实。王文又说：“辛亥革命后，岳乐山又担任过北方地方检察厅检察官，京兆公署执法长官，河南睢县知事，广东禁烟公所文牍主任，山东督军田中玉的幕宾，山东公报处处长，唐（山）大（沽）公安局秘书长等职。”若这些职务皆属实，则此为岳乐山（岳福）在民国时期的完整履历。但迄今笔者可确证的只有河南睢县知事一职以及在广东做事与赴山东任职的经历。

民国三年（1914）4月11日《申报》上有一则报道说：

第一届知事试验，取甲乙等各员，已由内务部开列公布，……各员闻于八日发给分发凭照矣。兹为分别录后：……签分者：……（一）热河　（甲等）张家驹　四川，岳福　京旗……[1]

又，当年9月20日《申报》载：

又令河南巡按使田文烈呈请将审查暨试验及格分发河南之知事：……岳福试署睢县知事……[2]

由上可知，1914年4月，岳福以京旗旗员身份参加民国政府第一届县知事考试，被取为“甲等”，并签分“热河”。此其一。其二，岳福并未赴热河任职，而是改分至河南，并于1914年9月起“试署睢县知事”。

但是岳福在睢县知事任上的时间并不长久。民国四年5月17日北京政府国务卿徐世昌发布了一则大总统令，其中说：

据河南巡按使田文烈呈考核属吏分别举劾请予奖惩等语……已撤睢县知事岳福派捐过重罔恤民艰……均交文官高等惩戒委员会议处，交内务部查照。此令。[3]

可知，在民国四年5月17日之前，岳福已被河南巡按使田文烈撤销睢县知事职务。当年6月10日，文官高等惩戒委员会议对岳福等3个河南属县知事撤职事做出判决，判词节略如下：

主文

岳福　褫职并夺其官　私罪　非满六年不得开复

---

①《第一届知事分省之披露》，《申报》民国三年四月十一日（1914年4月11日）第6张。

②《命令》，《申报》民国三年九月二十日（1914年9月20日）第2张。

③《大总统申令》，《政府公报》第1087号，民国四年五月十八日（1915年5月18日）。

事实

民国四年五月十八日准政事堂函开　大总统发下河南巡按使田文烈呈举劾属吏一案，奉申令……已撤睢县知事岳福派捐过重罔恤民艰……均交文官高等惩戒委员长会议处等因并抄录原呈函交到会，合将认定事实摘录于左：

岳福，使酒任性，办事颟顸。经收三年公债余洋三百七十余元并不退还，乃以抵付钱店垫解之息。办理诸事多不合。且团警薪饷派捐过重，而抢案仍时有所闻，于捕务毫无实际。审理词讼耽延拖累，罔恤民艰，实难为之曲讳。

理由

……已撤河南睢县知事岳福所犯虽与本条例无恰合专条，而于发还之公债余款，虽未侵吞入己，而钱店垫解之息金非民人所应担负，辄私自挪抵，无异违法勒捐。且团警薪饷派捐过重，审理词讼耽延拖累，尤为罔恤民艰，……应受褫职处分。……特为议决如右。[①]

与同时议决撤职的另两个河南省知事的犯错情节相比，岳福的情节最轻，且所犯在惩戒条例中找不到对应的条款。更令人奇怪的是，当年1月25日，岳福还得到北京政府的嘉奖。国务卿徐世昌签发的大总统令说：

财政部呈，檄奖豫省验契征收得力人员，请照章给予奖励，等语。豫省……（睢）县知事岳福……均征解款项在一万元以上。办理实著成效，应均给予五等金质单鹤章，以昭激劝。余如所拟办理。此令。[②]

一边因征解款项“实著成效”而得奖章，一边以“派捐过重”“罔恤民艰”而革职，此中是否有人事关系方面的纠葛不得而知，反正岳福因此被撤河南睢县知事职务，且“非满六年不得开复”。

---

①《文官高等惩戒委员会议决书》（民国四年第117号），《政府公报》第1160号，民国四年七月三十一日（1915年7月31日）。

②《予王铭勋等奖章令》（民国四年一月二十五日），载骆宝善、刘路生主编：《袁世凯全集》第30卷，郑州：河南大学出版社，2013年版，第248页。

岳福之名再次出现在政府公文上是在褫职5年之后的民国九年（1920）。当年7月出版的《内务公报》有文说：

为咨行事。案据开复褫职处分县知事岳福呈称：窃知事前蒙两广巡阅使振武全军总司令龙以知事投效本军著有异常劳绩请予开复原官，仍以县知事分发山东任用，经部转由国务院呈奉。大总统指令呈悉，岳福准予撤销处分，余如所拟办理，此令等因。由部函达两广巡阅使转饬自行来部呈请分发领照到省在案。知事遵示呈请分发任用等情到部。查该员岳福前在河南睢县任内褫职处分既经呈准撤销，自应仍以县知事分发任用，现经本部分发山东。除批示该员领照到省外，相应咨行贵省长查照。此咨。①

此件公文的标示日期是6月1日。由上引文可知，其一，岳福在被褫河南睢县知事之后，投到广东督军龙济光麾下效力，其在广东所从事的可能正是王文所谓“广东禁烟公所文牍主任”（相当于秘书科科长）。其二，约在民国九年上半年，龙济光咨请北京政府内务部开复岳福县知事原官。经由国务院呈奉大总统指令，准予岳福撤销处分，分发山东任用。其三，岳福在得知撤销原处分后回到北京，向内务部领照。王文说岳乐山曾任“山东督军田中玉的幕宾”及“山东公报处处长”，这应该是岳福开复原官分发山东之后所从事之事。

不知岳福何时赴山东任职。民国十年6月有大总统令提到：

令内务总长齐耀珊：呈汇报开复褫职处分县知事岳福等照章另行任用缮单呈鉴由，呈悉，均准如拟分发。此令。大总统印　中华民国十年六月二十四日　国务院总理靳云鹏　内务总长齐耀珊。②

不知何故，分发岳福的指令迟至做出准予开复原官分发山东任用决定一年

① 《咨山东省长开复褫职处分县知事岳福分发山东任用请查文》，《内务公报》第82期，民国九年七月（1920年7月）。

② 《大总统指令》第一千四百九十二号，《政府公报》第一千九百十七号，民国十年六月二十五日（1921年6月25日）。

之后方才颁发。岳福赴山东后最先做的当为“山东督军田中玉的幕宾”[1]。按，田中玉，河北临榆（今属秦皇岛市）人，北洋出身，民国八年（1919）12月至民国十一年4月间任山东督军，故岳福任田中玉幕宾最长的期限当在民国九年下半年至十一年4月之间，为期并不长久，若从民国十年6月算起则更短。

由上文所述岳福于民国初期在河北睢县、广东龙济光处、山东田中玉处任职的事实可知，王文所述岳乐山在民国时期的任职履历应该是可信的，尽管迄今无史料以资证明其任“北方地方检察厅检察官”“京兆公署执法长官”“山东公报处处长”“唐（山）大（沽）公安局秘书长”诸职的情形。从岳福在民国任职的总体情况来看，除睢县知事一职为地方主官外，其他职务要么与司法事务相关，要么与文牍事务有关，由此似可知，岳福擅长这两个领域的事务。有说岳福尝“攻法政”，又在刑部（法部）任过主事、员外郎，是为其在民国从事司法事务之渊源；从《尘》之写作又可证岳福长于文才，故从事文牍事务自是驾轻就熟[2]。

不知岳福于何年退居青岛养老。按，岳福生于同治十年（1871），至民国十年北京政府颁布分发山东任用指令之时，已是知天命之年。至出任“山东督军田中玉的幕宾”“山东公报处处长”“唐（山）大（沽）公安局秘书长”诸职之后，估计已过55岁。从岳福之出身以及任职情况来看，其属北洋政府体制内人士。迨至国民革命军北伐、1927年南京国民政府成立，前清知府岳福在官场上可能已处弱势，兼之年岁渐高，故只能退居青岛，依儿养老，一边注册以中医行医，一边呕心沥血撰写《尘》稿。岳福改名岳乐山当在退居青岛之后，从青岛市档案馆所藏敌伪档案中介绍岳乐山以中医行医情况的记载来看，其行医注册即用岳乐山之名。

三、岳福出身旗籍

王文说岳乐山先世原籍浙江杭县（另说浙江余杭），“祖辈经商在北京落户”；又说其父娶那拉氏远亲女子为继室，尝任“新疆四大将军之一的塔城将军”。若后说为实，以常识判断，岳福家族绝不可能是汉人，也不太可能是汉

① 石业华《民国奇书〈尘世奇谈〉历难记》说其为“山东督军田中玉的总文案”。
②《尘》主人公邱山在新疆塔尔巴哈台参赞大臣处也主要从事文案工作。

军旗人，故只可能是满洲旗人或蒙古旗人。

王文说岳福之父受光绪皇帝重用，赐姓忠，尝任新疆塔城将军，可尝试从此入手一探其家族渊源。清朝赐姓情况，笔者未见专门研究，但以涉猎所知，清廷赐姓多针对不甚开化的边民，如康熙、乾隆时曾对台湾少数民族赐姓潘，赫哲族人有被赐姓伊尔根觉罗等，但未见赐姓“忠”之类。清代对汉人的重用，往往以编入汉军旗为笼络之道，如台湾延平郡王郑克塽降清入京后被编入汉军正红旗。由此可大致判断，岳福之父赐姓“忠”之事绝非事实，不过这个“忠”字倒是可为本节之探讨提供线索。按，新疆塔城，全称塔尔巴哈台，清廷平定阿睦尔撒纳叛乱之后于乾隆二十九年（1764）设塔尔巴哈台参赞大臣，辖地甚广，设满营、察哈尔营、绿营驻军，参赞大臣受伊犁将军节制。查清季塔尔巴哈台参赞大臣，有一位名叫忠瑞的官员曾于光绪三十年（1904）十月至次年二月间“暂护”“署理”塔尔巴哈台参赞大臣。兹录忠瑞履历如下：

忠瑞，现年五十八岁，系正蓝旗蒙古连福佐领下人。由领催在神机营当差，于同治五年随营在奉省打仗得力奖给七品军功。七年出直隶兵，因侦探事当差勤奋奖给六品军功。九年赴张家口防堵。十年赴伊犁塔尔巴哈台等处差委。十一年驻扎库尔喀喇乌苏一带，因护解饷银并随赴俄国公干，蒙伊犁将军奏保以骁骑校尽先即补。十二年办理塔尔巴哈台粮饷事宜并侦探零匪得赏。光绪二年蒙参赞大臣奏保补骁骑校，复以佐领尽先即补，先换顶戴。嗣因防剿窜匪出力，六年四月经参赞大臣奏保赏戴花翎。九年防剿伊犁回匪馀孽窜扰边境出力，酌保补骁骑校后以佐领尽先即补，再换三品衔。十三年因办理塔尔巴哈台屯田出力，奏保补佐领，复赏加参将衔。十四年调边防印务章京，承办中俄交涉事宜。十九年经伊犁将军奏保原借巴尔鲁克山全境收回异常出力，请免补骁骑校，仍以佐领遇缺尽先即补。二十年呈请回旗并回赴神机营当差。二十二年抵京，蒙神机营王大臣派充左翼右营队官。旋于二十一年经前参赞大臣奏保在塔城九载边防异常出力，请俟补佐领以护军参领补用，先换顶戴。二十四年经前参赞大臣奏调由驿前赴塔城差遣，当奉朱批著照所请，该衙门知道，钦此。遵于六月由京启程。二十五年抵塔，蒙委署边防印务章京，接办中俄交涉事宜。二十六年委署新满营右翼协领兼步军翼长，旋于四月经前参赞大臣奏保拿获绥来回变败逃首匪出力，请俟补佐领后以护军参领尽先即补，补缺后加副都统衔。二十八年经前参赞大臣奏请实授塔城新满营右翼协领，六月奉朱批著照所请，该部知道，钦此。是年复经奏奖塔城边防九载出力，给予加一级。二十九年经前参赞大臣奏奖塔城两届中俄司牙仔办理积案完竣出力，边疆有用之才，请将忠瑞破格录用。三十年三月承准军机大臣寄字原片奉旨留中，钦此。是年五月因病禀请开去边防章京并右翼协领各缺回籍调养，旋经前参赞大臣据情代奏，十月奉朱批著照所请，钦此。嗣因病痊禀请回京，是月接奉军机处密电，奉旨春满电奏悉，塔尔巴哈台参赞大臣前已有旨著徐炘署理，未到任以前著忠瑞暂护，春满著准其开缺进关调理，钦此等因。遵即于十月二十日接印任事，旋于是年十二月初一日署理哈台参赞大臣，徐炘抵塔当即于是日交卸护印，具折拜发恭报卸护声明，迎折北上，趋叩阙廷，跪请圣安。于光绪三十一年三月十九日接到兵部火票，递回原折，于正月二十七日奉朱批知道了，钦此。钦遵于本年四月二十四日由塔起程，十二月十八日抵京。[①]

按此履历，忠瑞约出生于道光二十七年（1847），于同治十年（1871）首赴塔尔巴哈台等处差委，光绪十四年（1888）承办中俄交涉事宜，二十二年回京归神机营当差，二十四年再赴塔城差委，三十年十月至三十一年初“暂护”“署理”塔尔巴哈台参赞大臣，三十一年四月由塔城启程回京，是年末抵京。以忠瑞履历与《尘》主人公邱山在新疆的经历相对照，多有暗合之处。先须指出，《尘》写邱山17岁从军赴新疆，其时左宗棠刚收复新疆大部，可见时在光绪三年（1877）左右，而当时《尘》作者岳乐山（岳福，1871—1943）才6岁，故《尘》此般描述绝非依据岳乐山（岳福）亲历之事。笔者可在此做一大胆假设，《尘》主人公邱山在新疆的经历，其本事很可能多是忠瑞之事，而忠瑞很可能即《尘》作者岳乐山（岳福）之父。以下为小心求证。

王文说《尘》作者岳乐山之父赐姓忠，为当时新疆四大将军之一的塔城将军。上文已证“赐姓忠”非事实，而此说之来源很可能是其父之名以“忠”字

---

① 秦国经主编：《中国第一历史档案馆藏清代官员履历档案全编》第7册，上海：华东师范大学出版社，1997年版，第516—517页。

为首，忠瑞庶几近之。按，塔尔巴哈台长官为参赞大臣，并非将军，自光绪十九年四月起，塔尔巴哈台参赞大臣由伊犁八旗驻防副都统兼任，副都统之职仅次于驻防最高长官将军，将副都统俗称为将军亦无不可，故所谓塔城将军实即副都统。忠瑞有副都统衔，且在光绪三十年（1904）十月至三十一年初“暂护”“署理”塔尔巴哈台参赞大臣，故称忠瑞为塔城将军亦可。再，副都统为二品官，《尘》第一回说邱山父亲为“二品武官”，此亦与忠瑞之官级相合。此其一。其二，《尘》写邱山17岁从军赴新疆，若以岳乐山（岳福）生年（同治十年，1871）衡之，其17岁之时是在光绪十四年，其年忠瑞“调边防印务章京，承办中俄交涉事宜”，故岳乐山（岳福）于是年“赴新疆投父求职”完全可以发生。至于《尘》说邱山在新疆十二载，显示岳乐山可能于光绪二十六年离开新疆回京，其年忠瑞仍在塔城，“委署新满营右翼协领兼步军翼长”。其三，忠瑞于光绪十四年“调边防印务章京，承办中俄交涉事宜”，此或即《尘》主人公邱山“曾任中俄交涉员”之所本，若忠瑞果系岳乐山之父，则后者在新疆随父办中俄交涉，并参与边防军事任务。《尘》出版说明中说岳乐山“在新疆其父帐下任中俄边境交涉员”，是不错的。其四，光绪十九年忠瑞因在“原借巴尔鲁克山全境收回异常出力”而得到伊犁将军奏保。《尘》出版说明中说岳乐山跟随其父任中俄边境交涉员时“在马尔太划界中为中国争回大片领土”，当与收回巴尔鲁克山之事相关。又，光绪二十九年忠瑞因塔城两届中俄司牙仔办理积案完竣出力而经前参赞大臣奏奖破格录用，《尘》第18、20回写邱山因在斯（司）牙仔办理积案而被保举七品京官、主事，五品顶戴，两事有相合之处。其五，《尘》说邱山为河北兵家子弟，以“兵籍子弟”身份应募前往新疆，前文已述兵家（兵籍）当指旗籍。忠瑞系正蓝旗蒙古旗人，初在神机营当差。《尘》写邱山曾任正蓝旗蒙古都统，暗示《尘》作者岳乐山家族出自蒙古正蓝旗，与忠瑞所属旗籍正合。

四、结论

上文解决了两个问题：一是《尘》作者“岳乐山”之署名并非其本名，其本名为“岳福”，自清末至民国前期，该作者在官场上任职一直使用岳福本名，直至退出官场定居青岛方才改以岳乐山之名行世。解决这一问题是进一步探讨《尘》作者身世之谜的关键，循此以求，方能有所斩获。二是《尘》作者岳乐山出身蒙古正蓝旗，世居京师，其父忠瑞由神机营调派新疆塔尔巴哈台，后在塔城多年，累官至署理塔尔巴哈台岳参赞大臣；岳福年轻时赴疆投父，参与中俄交涉事务，因功得到保举；《尘》述在疆之事系综合其父经历及自身亲历等演绎而成。

附带再提出一个问题：岳福晚年为何以岳乐山之名行世，其子岳廉识为何讳言其旗人身份？总是因为旗籍身份在民国地位低落，身处山东青岛这样的中原地区，隐瞒旗籍身份，对于生活、职业有利而无害。不过，若以今日文本诠释学的路径，对《尘》做一番全面的研究，当能揭示岳福隐姓埋名呕心沥血创制长篇自传体章回小说的心路历程。

亦师亦友30年：回忆与细谷良夫教授的交往

刘小萌

2021年6月23日，中国清史、满族史学界的老朋友，日本东北学院大学教授细谷良夫与世长辞，享年86岁。先生1935年12月25日生于东京，祖上悬壶济世，世代行医。二战中，先生被疏散回原籍山形县。高中毕业后进入东北大学文理学部，攻读东洋史专业。1975年担任日本国立弘前大学文学部副教授，6年后晋升教授。1986年获日本东北大学文学博士学位，论文题为《清朝八旗制度的研究》。两年后转任东北学院大学教授，2009年荣休。同时，兼任东洋文库清史研究室研究员、日本满族史研究会会长等职。先生从事高等教育近40年，桃李满天下；在清史、满族史、八旗史研究领域，亦取得卓越成绩。关于先生的学术贡献，同行已有定评[①]。在此，仅就与先生的长期交往谈一点个人感受。

我第一次见到先生，还是1990年在长春召开的国际清史研讨会上。会议结束，组织到吉林市参观，在松花湖的游船上，见一位个子不高、头发蓬松的老人倚舷眺望。有人告诉我，那就是细谷良夫先生。当时，先生已就八旗问题发表过系列论文，故先生之大名，对初出茅庐的我来说，早已如雷贯耳。1985年，我完成硕士论文《八旗户籍中的“开户”问题》，而在此19年前，先生已就此问题发表专论[②]。但当时中日间学术交流的大门开启不久，在国内各大图书馆均找不到这本杂志。直到多年以后我第一次到访日本，先生才亲自把这篇论文复制给我，我也向先生呈递了自己的硕士论文。研究兴趣的契合，成为我与先生日后合作的契机，而合作的真正起步，则始于2001年在中国的清朝遗

作者系中国历史研究院近代史研究所研究员，吉林师范大学历史学院双聘教授。

① 东北学院大学学术研究会：《细谷良夫教授退任纪念号》，载《东北学院大学论集·历史与文化》第44号，2009年版。

② 细谷良夫：《清朝中期八旗户籍法之变革》，《集刊东洋学》第15号，1966年5月20日。

迹调查。因为调查的关系，每年见面机会大为增加，往来也日益密切。

与先生最后一次见面，是在2019年4月。那次先生携夫人来北京，我特意叫儿子开车，一家三口陪两位老人到雁栖湖畔游览。那是个细雨霏霏的日子，沿湖的柳枝吐出了嫩芽。但盎然的春意并未令我释然，我发现先生的腿脚明显发僵，迈不开步子，只能搀扶着往前挪着碎步。没走多远，我们只好打道回府。数日后，将两位老人送到首都机场，望着他们相扶远去的背影，心中异常沉重，深知先生此行已是告别之旅。2020年下半年听说，先生身体欠安，已住进医院。我早有打算，疫情结束即往仙台探视，谁知疫情肆虐到第三个年头仍不见尽头，日本之行终于落空。

在长期交往中，先生给我印象最深的有如下五点。

第一，专注研究，心无旁骛。在日本几代学者中，先生正好处在一个承上启下的阶段。先生曾对我说：第二次世界大战结束后，在日本学界曾为显学的满蒙研究一度陷入沉寂。正是在这一领域空前冷清的50年代，先生决定把清史、满族史作为毕生研究的对象。此后，先生就清初史、八旗史发表了一系列论文，围绕八旗户籍与“开户”、八旗制度演变、觉罗佐领、八旗米局与八旗生计、八旗汉军、三藩之乱与尚氏家族、清代中期旗人与旗地、内务府汉姓人与满族关系、满族的政权性质等专题做了深入探讨。迄至今日，这些论文仍为学界研究八旗问题的必由之阶。

我平日喜看日本电影。对我们这代中国人来讲，演员高仓健、中野良子、山口百惠、三浦友和、田中裕子无不耳熟能详。尤其高仓健，他以北海道为背景拍摄的系列电影，如《远山的呼唤》《幸福的黄手帕》《追捕》《一个人的车站》等，我不仅都看过，多数还不止一遍。我知道先生平日很少看电影，有一次就开玩笑问道：“高仓健的电影看过吗?”先生居然摇摇头，表示没有印象。先生平日专注研究，心无旁骛，不知道高仓健倒也合乎情理。2005年年初，先生开车带我去他的老家山形县。那年的雪特别大，路边积雪有一米多深。途中，先生指着远处一处村庄说：“那儿，就是阿信的故乡。”电视剧《阿信》讲述的是明治年间山形县佃农谷村家女儿阿信（原型是和田加津）百折不挠，最终成为大型跨国公司（八佰伴）老板的励志故事。阿信的主要演员是田中裕子。我想，《阿信》的故事之所以能够打动我们两个人，应该是她在创业过程中百折不挠的精神吧。其实，像我们这些终日埋头于故纸堆的人，尽管与经商创业的环境迥然不同，但在人生追求中，何尝不是秉持着同一种锲而不舍的精神？而先生以毕生之力专注于清史、满族史研究，又何尝不是这种精神的化身？

第二，文献与调查，相得益彰。读万卷书，行万里路，一向是史家倡导开阔眼界、丰富见识的好办法。先生不属于那种常年栖居象牙之塔、两耳不闻天下事的学者。在他的学术生涯中，文献研究与田野调查，从来是相辅相成、并行不悖的双轨。2001年起，我与先生合作，开始从事清朝遗迹的调查。20年间，共同调查50余次，平均每年调查两次以上。考察足迹遍及中国大部分省份，尤其是广大边疆地区。调查重点包括：八旗驻防遗址与满族聚居地；“三藩”与南明史迹；古关隘与战场；川西藏区与茶马古道；清代衙署、土司衙门；河西走廊与大运河沿线；江浙地区辛亥革命史迹[①]。

图1　细谷先生在川西藏区居里寺（左一为管寺人洛桑）（2012年9月摄）

图2　细谷先生在新疆莎车烽火台考察（细谷夫妇）（2011年9月摄）

其中印象特别深刻的，还是先生领我在日本开展的考察。先生多次邀我访日，并在东北学院大学执教。乘着外出开会或者节假日机会，先生和夫人领我走遍日本诸岛。北起北海道小樽，南迄九州平户。或乘飞机，或坐新干线，或搭轮船，或由两位老人亲自驾车，参观的博物馆有东京上野国家博物馆、大阪民族博物馆、北海道北方民族博物馆、北海道北方开拓博物馆、盛冈县博物馆（藏有中国古印、八旗佐领印、吴三桂印）、山形县博物馆、仙台市博物馆、青森县博物馆、岩手县博物馆、伊万里有田陶瓷博物馆等。在北海道，我深入了解了爱奴即虾夷人传统文化与萨满教的关系、东北亚贸易与虾夷锦的传播、间

① 刘小萌：《清朝遗迹的调查·序言》，北京：中国社会科学出版社，2020年版。

宫林藏（《东鞑纪行》作者）出发地及其在黑龙江下游的探险。在九州，到访了松浦史料博物馆、下关日清和谈纪念馆（春帆楼）、爱新觉罗神社。在平户，考察了郑成功史迹、清代中日航海贸易史。在先生引领下，我还凭吊了“日本满文第一人”高桥景保在东京上野源空寺的墓地[①]、仙台鹿角市东洋史泰斗内藤湖南先生故居等。这些内容丰富的考察，令我眼界大开，不仅增进了对日本传统文化、中日关系史的了解，对日本清史、满族史、满文研究的缘起、发展、成就、特点，也留下了全新印象。

图3 “日本满文第一人”高桥景保墓碑（日本东京）（2004年12月摄）

图4 与细谷先生在岩木温泉（2009年11月摄）

在中国的长期调查中，我们拜访故老，踏勘史迹，搜集文献与口述资料，并拍摄大量照片。通过调查，加深了对清朝历史首先是满族各聚居地历史与现状的认知，有助于把握不同地区或不同时期满汉关系的变化与特点。每次调查，对我来讲还是学习与思考的过程。在此基础上，我和先生都取得了阶段性成果。一是撰写系列报告。2020年，我与先生的清朝遗迹调查报告在中国、日本两地分别结集出版。二是撰写系列论文。我陆续发表的《清朝皇帝与保

① 高桥景保（1783—1829），高桥至时之子，天文学者，兰学者。出任幕府天文方，并通晓地理学。1811年，根据高桥景保建议，幕府户设立洋书翻译局。曾与其父一同协助伊能忠敬完成对日本全岛的测绘。为了交换洋书，他擅自将伊能忠敬测绘的地图交给德国人西鲍鲁特，事发入狱，亡于狱中。他也是日本掌握满文的第一人。

姆》《关于清代北京的俄罗斯人》《旗籍朝鲜人安氏的家世与家事》《晚清八旗会馆考》《公主陪嫁人里的“三藩”旧人》，都是先在调查中得到启发，而后才撰为专文。

2013年9月，先生在给吉林师范大学师生做报告时，曾谈到长期从事史学研究的一个心得：对历史资料始终持怀疑态度，经常进行质疑，史书为什么要这样写（人或事），而不那样写。如果换个角度考察，会有哪些新发现。由此我想起先生一再征引的名句：“历史总是胜利者写的。”先生研究“三藩”、研究杨起隆之变、研究“三藩”之一的尚氏家族，均重在披露官修正史背后的真相。如对尚之信被康熙帝以“反叛”罪赐死、乾隆年间又被平反问题的考证，揭示了政治冤案背后所掩藏的清廷阴谋。先生指出，田野调查可以校正史书记载。如明人记载赫图阿拉城内外居数万人，但通过实地考察，发现城内面积有限，根本容纳不了大量人口。先生说，不但对文字史料要持怀疑精神，对历史遗迹同样应抱审慎态度。并举1905年（内藤湖南先生）、20世纪80年代（神田信夫等先生）、21世纪初（细谷良夫先生等）前后三次对赫图阿拉城的考察图片为例，说明当事者基于无知或实际功利的驱动，往往会对历史遗迹加以“改造”。在长期实地调查中，造伪的例子屡见不鲜。先生还跟我说，他的怀疑精神源于二战失败造成的巨大失落，也就是天皇“从神变成人”的转变对自己思想产生的巨大冲击。

先生在吉林师范大学的报告中，曾总结自己长期从事田野调查的特点：即使有大量实地照片，仍坚持每天写考察日记；不仅对存有遗迹的地方进行考察，而且对那些据说遗迹无存的地方也要亲眼看一看，并从中有所发现。先生曾到吉林师范大学满族文化研究所查找“三藩”史料，接待人员说没有发现新

图5　细谷先生受聘吉林师范大学兼职教授仪式（右为杨景海校长）（2013年9月摄）

图6　细谷夫妇与北京学者的合影（在北顶娘娘庙前）（2019年摄）

资料。先生仍坚持要看家谱目录，最终发现“三藩”尚氏（尚之信）在黑龙江肇东一支的家谱，是康熙年间安置到当地的站丁后代。

先生一向喜欢爬山运动，攀登过许多名山，如堪察加半岛、喜马拉雅山。他说过：“最喜欢走别人没有走过的路。”在田野调查中，几十年如一日，工作态度认真细致，一丝不苟。不管身体多么劳累、环境多么困难，仍不改初衷。先生晚年，冒着风险做了腰椎间盘手术，目的就是为了能够继续来中国考察。仅此一事，足以彰显先生坚忍的意志和对事业的不懈追求。

第三，中日交流，贡献尤多。在海外学者中，先生属于来华次数最多、与中国学者关系最密切的一位。对推进中日共同研究做出了重要贡献。

1976年“文化大革命”结束，中国的清史研究走向繁兴。自20世纪80年代起，在中国学者参与下，日本学者对东三省清朝遗迹开展新一轮考察。这一历时多年的大规模学术活动成果，收入先生主编的《中国东北部的清朝史迹》一书。作为日本满族史研究会专刊的《满族史研究》（早期称《满族史研究通讯》），迄2019年已出版18号。其中除刊载专论、书评、讯息，还收有中日学者关于满族以及蒙古国、俄罗斯境内历史遗迹的调查。

先生在中国，曾经访问包括中国社会科学院近代史研究所在内的众多科研单位和高校，受到热情接待。其中，与中国人民大学清史研究所、北京市社会科学院满学研究所、吉林师范大学满学研究院关系尤为密切。先生先后受聘为中国人民大学、吉林师范大学兼职教授，多次莅临两校进行交流并做学术报告。在与吉林师范大学师生合作调查期间，先生总是把自己的调查方法、经验以及地图文献照片等资料，无偿地分享给大家。他乐天达观的人生态度、平易近人的性格、入乡随俗的生活方式，同样获得师生们的钦佩。

我在东北学院大学任教期间，先生曾领我去隔壁的日本东北大学参观。校园内还保留着鲁迅先生在仙台医专求学时的教室。我曾在鲁迅先生的座位上留影，并缅怀这位在中国文学史上留下不朽身影的巨擘。我们还到鲁迅先生的故居凭吊。鲁迅先生的诸多文章中给我印象最深的莫过于《藤野先生》。照片上的藤野先生面目清癯，留着小胡子。他对中国留学生的关照，通过鲁迅的文章传递给不止一代中国人，温暖了亿万中国人的心。不少中国学者曾受细谷先生之邀到访东北学院大学。其中，我与张永江教授受惠最深。先生对到访的中国学者安排周到，关怀备至，令我们倍感亲切。

先生晚年，特别关心中国年轻一代满文人才的培养问题，曾多次向我询

图7 在日本东北大学校园内鲁迅先生座位上的留影（2004年10月摄）

图8 细谷先生在围场县考察（2007年7月摄）

问："在中国年轻人中，谁的满文最好？你推荐一下，我们以后跟谁交流？"当时，中国满语人才的培养工作虽已起步，但足堪大任者仍寥若晨星。先生的一再催问，促使我更加重视满族史与满语言人才的培养，并成为我9年前（2013年）受聘于吉林师范大学的主要动机。目前，我的博士生已有8人取得学位，包括3名锡伯族、1名藏族学生；在学博士生7名，其中2名蒙古族，其他为满汉等族。在杜家骥教授、华立教授、楠木贤道教授和本校老师的共同培养下，他们中的大多数都较好地掌握了满文翻译和史学研究方法，并在各自岗位上努力工作。我想，这是我唯一可以告慰先生在天之灵的一点成绩，也是我在有生之年继续执着前行的目的。

第四，心有大爱，忠厚长者。在我的心目中，先生不仅是学问渊博的史学大家，还是德高望重的忠厚长者。在长期调查中，我与先生朝夕相处、同甘共苦，形成亦师亦友的亲密关系（中国话叫"忘年交"）。无论治学还是待人处事，深受先生熏陶。实地考察，尤其是对边疆地区考察，环境比较艰苦，有时还遇到人为的障碍。先生无论遇到何种窘境，从来都坦然面对，不愠不躁。对随行晚辈如我等态度温和，毫无迁怒之色。对大自然的一切，无论是巍峨的雪山、汹涌的江河、深邃的蓝天、变幻的白云，还是烂漫的山花，则怀抱一颗挚爱之心。最难忘先生斜卧在草地上，手握相机，聚焦于星星点点几朵小花的情景。美丽不以平凡而逊色，生命不以纤细而卑微。借助田野调查，我不仅加深了对研究对象的认知，还领悟到许多人生哲理。总之，无论治学、做人，还是生活态度，先生之于我都堪称楷模。

第五，平易近人，不拘小节。先生平日着装，不像其他学者总是西装革履、衣冠楚楚。遇到隆重场合，如谒见校长、参加学术会议或者正规聚会，先生总是换上一身紧身西服，系着领带，来到我的研究室，然后两手一摊，微笑说："没有办法吧？"先生知道我也不修边幅，同样不喜穿西服。这些都是小节，却是我们在着装上的共同之处。先生平日发式也很随意，头发蓬松，与随和的性格倒很般配。2006年，我们在河西走廊考察，在武威城门内一个小广场，人头攒动，熙熙攘攘。一个六七岁小男孩儿看到先生，忽然抬手一指，大声喊："爱因斯坦！爱因斯坦！"[①]此情此景，把我一下子逗乐了。先生一时没反应过来，还困惑地问我："什么？什么？"

我与先生走南闯北，见到形形色色的人，不同身份、不同民族、不同阶层、不同文化、不同职业。其中，交流最多、关系最密切的还是知青。因为我写过《中国知青史》《中国知青口述史》，各地都有知青朋友。他们都很热情，对我一见如故。同行的细谷先生，也沾了我的光，他被知青朋友们视为"最好的朋友"。每到一地，知青朋友会为我们接风，虽是家常便饭，气氛却极其热烈，每每觥筹交错，一醉方休。他们还想方设法，为我们的考察提供诸多便利。先生经常为知青的诚挚感情所打动，"为什么初次见面，却像老友重逢？"对这种现象，我早就习以为常，先生却感到有些难以理解，不止一次跟我讲："你把知青的书给我找来。我也要了解知青的历史。"有一次造访重庆知青联谊会，接待人请我为《中国知青口述史》签名，说这些书是从网上购来的，希望经我签名后，在知青活动上出售，以换取一些活动经费。我当然义不容辞，先生也主动题签。于是，在几十本书的扉页上，都签上了我和"日本友人"的大名。

① 阿尔伯特·爱因斯坦（Albert Einstein；1879年3月14日—1955年4月18日），德国犹太裔科学家，创立狭义相对论和广义相对论，后移居美国。1940年加入美国籍。他的理论为核能开发奠定了理论基础，开创了现代科学技术新纪元，被公认为是继伽利略、牛顿之后最伟大的物理学家。

图9　细谷先生在福建泉州与郑成功后人合影（2009年12月摄）

图10　细谷先生与广州满族历史文化研究会会长汪宗猷先生合影（2002年12月摄）

有一次先生来北京。我为了第二天出行便利，邀请先生和夫人在望京的新居住宿。先生为给我贺新居，特意从日本带来一个精致的石英钟。中国人旧俗，送礼不能送钟，因为“钟”与“终”同音。先生不知此俗，我们也就欣然接受先生的好意。谁知这口钟特别“执拗”，每天走的都是日本东京时间。你把时针调到北京时间，它还是会回到东京时间。直到今日，将近20年过去

图11　细谷先生在家门口（2014年5月摄）

图12　细谷夫妇家祭遗像（2021年9月摄）

了，这口钟依旧在墙上不紧不慢地匀速前行，十分精准。钟声依旧，送钟的老人却渐行渐远。睹物追思，不禁潸然泪下。先生鹤驾西行仅3个月，2021年9月23日又传来细谷夫人逝世的噩耗。夫人仁厚慈祥，爱心满满。最后想说的一句话：尊敬的细谷先生和夫人，你们永远活在我心中！

后记

《满学论丛》是由北京市社会科学院满学研究所主办的学术论文集。自2011年创编以来，至今已出版10辑，内容涵盖满族历史、语言、文化等。

2021年6月20日，满学研究所举办纪念满学研究所建所30周年学术座谈会，来自中国历史研究院、北京大学、中央民族大学、中国第一历史档案馆、北京市社会科学院的专家学者出席会议。会议总结了满学所30年的建所经验和实践成果，明确了未来的发展方向。满学研究所的30年，在历任院领导、学界同仁的帮助下，老中青三代学者共同努力，成绩斐然。回顾过往，展望未来，我们将继续关注学科理论建设和人才队伍建设，重视满族史、满文档案文献、满语文的研究，加强对清前史的研究。同时，在满学视野下，对北京历史文化进行深入发掘。《满学论丛》的编辑出版，也将继续以论文质量为先，保持其在满学领域优质学术辑刊的地位。

本辑论丛设“纪念满学研究所成立30周年专栏”，收录部分领导、专家的发言5篇；同时收录学术论文12篇，内容涉及清代档案文献、口述资料、满语文、边疆治理、旗人文学等方面。2021年6月，日本著名清史、满族史学者，日本满族史研究会原会长细谷良夫教授逝世，本辑收录追忆文章1篇，借此表达对细谷先生的敬意和怀念。

在《满学论丛·第十一辑》付梓之际，谨向编委会的各位学者、外审专家、供稿作者致以衷心的感谢！辽宁民族出版社的吴昕阳副总编辑、杜璐珊编辑给予我们大力的支持，在此一并致谢！

辛勤三十载，满园有芬芳。满学所全体同仁将继续发扬本所前辈筚路蓝缕的学术开创精神，不忘学术初心，不辱历史使命，进一步提升研究所的整体学术水平，把满学所建设成为更具影响力的学术机构，贡献于学界和社会。期待海内外研究者继续为《满学论丛》惠赐佳作！